U0548402

樂府

·

心里滿了，就从口中溢出

文字之福

周退密的百岁人生

沈迦 编

北京联合出版公司
Beijing United Publishing Co.,Ltd.

图书在版编目（CIP）数据

文字之福：周退密的百岁人生 / 沈迦编 . -- 北京：北京联合出版公司，2022.5
ISBN 978-7-5596-5682-7

Ⅰ . ①文… Ⅱ . ①沈… Ⅲ . ①周退密—纪念文集 Ⅳ . ① K825.6-53

中国版本图书馆 CIP 数据核字（2021）第 220113 号

文字之福
周退密的百岁人生

编　　者：沈迦
出 品 人：赵红仕
策　　划：乐府文化
责任编辑：肖桓
特约编辑：黄珊珊
责任印制：耿云龙
装帧设计：李猛工作室

北京联合出版公司出版
（北京市西城区德外大街 83 号楼 9 层　　100088）
北京联合天畅文化传播公司发行
北京启航东方印刷有限公司印制　　新华书店经销
字数 240 千　880 毫米 ×1230 毫米　1/16　19.5 印张
2022 年 5 月第 1 版　　2022 年 5 月第 1 次印刷
ISBN 978-7-5596-5682-7
定价：128.00 元

《安亭草阁》，章耀画，2021 年

序

我与沈迦先生因一本我们家族传记的印行事宜而得以相识。前不久，先生发来了一批他收集到的有关我祖父的各种文章，数量竟有三十余篇之多。先生有意将这些篇章做成一本纪念集，希望借此让更多的人了解周退密的著述与成就。在与我统一意向后，沈迦先生更通过网络征文、征图。纷至而来的投稿使本集的内容更加丰赡，可读性也更强了。

我无比感恩能有机会如此集中地阅读到这些篇章，文中的记述让我看到了祖父另一面的精彩。在阅读来稿的这段时间里，我每有疑问便向沈迦先生请教。虽身为祖父的嫡亲孙女，但到了与学者沈迦先生就周退密的著述、交友这两个方面进行探讨时，我几乎不占优势。沈迦先生自出版《立雪》和《周退密先生题签集》，到近期辑撰此册，而至目前开始筹划编撰周退密年谱，他对我祖父早已有了相当程度的了解，这从他编排本书的体例上就可窥见一二。

本书虽是一本追思性质的纪念集，但编者却刻意避开了灰色哀婉的基调；虽有不少讲述友情的见证，却没有集体合影的堆砌；作品插图合宜而节制，独具匠心；开篇与结尾遥相呼应，意喻深长。真是一本用心做的书！

我身居海外多年，每次回沪探亲，祖父母除了与我聊聊家常琐事，也会向我“汇报”一下他们的社交活动。本书中许多作者的名字就是老人家常常挂在嘴边的。祖父非常珍惜每一段翰墨情缘，哪怕是飞来的友谊，即便是素未谋面，但只要是同好就会“一见如故”，神交如旧识。对有些新交也会有“相识恨晚”的感慨。祖父与朋友们常书信往来，诗词唱和，诗画共赏，切磋琢磨，可谓再现了《陋室铭》中的生活方式。

编者在篇尾选用了我的一张摄影小作《窗外》。像这样窗外的景色，我每次回到上海家中都会拍上几张。安亭草阁窗外的花园里有一种别号叫白头翁的小鸟经常在树梢间穿梭，时常会飞上晾衣的竹架稍作停留，若屋内恰有雅集，它们也会凑过来旁听。它们也都是草阁主人的好朋友。

祖父于 2004 年出版《退密存稿》,在“弁言”中他这样写道:“……窃思古今能诗者奚止千万，其作品得传者恐千不及一，其幸而得传者必得天时、地利、人和三者之助……”可见，当时祖父为自己的著作能得以出版而感到庆幸、欣慰。如今这本纪念集即将面世，想必亦是天时、地利、人和的再度眷顾吧!

我忽记起祖父那次倚窗而立时的絮语 :“我周退密何德何能? 将来到了阎王爷那里，阎王爷问，周退密，你在人间都做了什么事情呀? ……”我已不记得祖父当时在自问后有否自答，但如今，因着这纪念集的即将面世，我忽起谬想 :“这下我爷爷在阎王爷那里可有交代了! ”凭此一册，不知祖父在他界能否谋得个一席之地? 又或许他仍旧选择退藏于密呢?

是为拙序。

周京

2021 年 4 月 20 日

书于澳大利亚黄金海岸蔼香簃

目 录

下篇

念远怀人

附录

《石窗夜坐图》 贾光义绘 王蛰堪题词 1997 年

上篇　海上仙人

周退密自传

我名周昌枢，字季衡，退密是我的别号。1914 年 9 月 2 日生于浙江鄞县湖西虹桥故居。父亲周慎甫，在汉口开过保和堂中药店，他淡于名利，不善经营，一卷在手怡然自得。他有中医开业执照，乐于为人义务诊病。父亲继娶宁波王氏，生我们兄弟姐妹七人，我是幼子，童年时代随母亲在家乡生活。家里有两所父亲营造的住宅，都濒临月湖，环境幽美，得天独厚。现在两宅均不存在，其地已辟为环湖公园。

我们家里请过馆师，哥哥姐姐们都是先在家里读书然后进学校。我出生晚，没有赶上。六岁那年直接进省立四中附小。高小毕业正好北伐胜利，一时政府更易，青黄不接，省校无法开学，我不得已进了私塾清芬馆。塾师是前清廪贡生黄次会先生，挺有名望。他摹仿孔夫子分科授徒的方法，每科都有教材：以《四书集注》为德行教材；以《左传句解》《战国策》为言语教材；以《纲鉴易知录》为政事教材；以《史记菁华录》《古文观止》《唐诗三百首》为文学教材。四书、古文、唐诗都须背诵，《纲鉴》则由老师每次讲解三五行之后让学生自行阅读，从明代开始，由近及远，极有见地。1930 年又在另一位老秀才孙仲闿处读了一年古文。第二年春季，我考入上海老西门石皮弄的上海中医专门学校，攻读中医。一学期后退学回到宁波，拜名医陈君诒先生为师，边读医书边侍诊，一年又半已能独立为人治病。由于我大哥的鼓励，又于 1932 年考入上海震旦大学（院）预科，重新开始接受现代化教育。在陈君诒先生家里，我结识了他的四女陈文菊，1935 年我俩结婚，翌年春有了独子周元。又过两年，不幸母亲病逝，妻子奔丧回乡，直至 1940 年下半年，她好不容易携带儿子坐沙船，绕过敌寇的海上封锁线回上海，路上倍受惊吓。

1940 年夏，我毕业于上海震旦大学法学院法律系。那时国内正处在抗战敌我双方对峙状态，上海成为孤岛，百姓受尽敌伪政治上的凌辱，经济上的压迫，生活上的磨难，我感到前途渺茫、彷徨和苦闷，原拟赴法深造，也成泡影。于是不得已而求其次，我到震旦法学院比较法学研究所读了两年国际司法，同时还在高中部当外国史教师。那年冬天我已从重庆国民政府司法行政部领到了律师甄别证书和律师证书，立即花了六十元银元加入上海律师公会（在复兴中路黄陂路口），那时设在法租界的第二特区法院已被汪伪接收，只有设在公共租界的第一特区法院可以出庭。后来太平洋战争爆发，日寇进入公共租界，第一特区法院也被接收，有民族气节的律师已经没有活动余地。通过同学关系到萨坡赛小学（现为卢湾区中心小学）当教务主任。一年之后，汪伪接收法租界，我就辞职，不与合作。当年下半年，到中法私立法商学院担任法学教授。这个学校原是著名的法政学院，因避免向汪伪立案才改了名。

与此同时，我进了中国通用化学公司当职员，后兼银行工作。在此以前我干的都是自由职业，到现在才放弃了自己的本行。1945 年抗战胜利，举国腾欢，在永泰银行吃过年夜饭之后，我决计辞去两处职务和震旦同学前辈、上海名律师费席珍合作，在他飞龙大楼的事务所挂牌子，开始我第二次也是最后一次的律师生涯。但是造化弄人，此路不通，曾几何时解放来临，把挂上去不久的律师招牌重新卸下，同日卸下的还有费席珍、王恒颐、王士宗三块招牌。

1948 年秋季，大同大学校长胡敦复先生想请人教大一国文，我当然愿意。胡氏在天平路寓所接见了我，问了一些对大一国文设置的看法以及以后怎样去教会学生读通文言和用文言表达思想。这简直是一场口试，出乎我的意料。我急不择言，就把过去自己在私塾里学到的一套说了一通，胡氏频频表示放心。隔不多久寄来了副教授的聘书，结果在大同连续教了三年半。那时法币贬值，物价一日数涨，薪水以每课时六块银元计算，得之不无小补。

1950年5月我加入教育工会，领到工会会员证，旁人羡慕，自己喜悦。与此同时，我堂哥周昌善（1898—1985）准备离沪去香港，行前他把全部房地产托我代为照顾。那时我还在大同授课，有多余精力和时间，就答应了下来，直至1956年公私合营手续办理结束，把一应事宜移交给了他的胞妹周亦珍之后，我丢下了这个包袱。我决定应聘去哈尔滨外国语学院任教。1956年12月3日抵哈尔滨，迎接的是西语系主任宋元卿。在这个当时还不是人人想去的东北边远城市，我居然耽了八个年头。

哈尔滨旧有东方巴黎之称，教堂是这里的特色。据说过去全盛时代有教堂七十所，建筑风格各异。在我们住过的南岗大直街的一个十字路口，就有东正教、天主教、基督教三个教堂，早晚钟楼上还不时地传来悠扬清脆的钟声，使人悠然神往。

除千姿百态的教堂外，同样显得古色古香的是这里外文旧书市。一个波兰籍的旧书商曾经告诉我说，凡是世界上不同语种的书籍他都卖过。过去的哈尔滨充满着诸色人等和异国情调，这里有政治流亡者，有国际冒险家，也有一般的旅游观光者，各种文字的书籍跟着人的踪迹而来。我在上海就是一个淘旧书癖者，来此不久就开始我的猎奇，我曾经看到过的有一部古版俄文莎翁全集，它有极其精美的木刻插图，装订考究，就是一部值得收藏的珍本。我为了编写法语读物，凡是看到有用的法语书籍就尽量买下，这些书有帝俄时代出版的，也有东欧和西欧国家出版的，从这里可以看出过去法语在世界上的地位。我买到波特莱尔的《恶之华》、比加尔的《童谣》、彩色插图的《唐吉诃德》以及屠格涅夫等几个俄国作家用法文写的剧本和小说。这些都是可遇而不可求的东西，是否有经济价值我就不问了，能够满足我癖好的就是一本有价值的书。

1964年5月我从黑龙江大学西语系奉调至上海外国语学院，秋季学年开始就在新办的留学生出国预备部工作，学员尽属全国教学科研机构保送来的优秀干部，因对法语尚系初学，所以应付裕如。每星期上课十八节，从无怨言。

那年我们夫妻正好五十岁，媳妇莫经莲生第一个孩子周京，我们夫妻就决定把她留在身边。这时儿子周元正好从山西洪洞县完成“四清”来沪省亲，他说这是“三喜临门”，可是好景不常，等着我们的竟是一场史无前例的十年浩劫。

1966年夏，“文化大革命”的风暴席卷整个上外，由西班牙语系同学掀起的“八一一斗鬼会”开场了。那天主要揪斗对象是该系“学术权威”浦云南，突然，他们把全校八十三位教师和干部一股脑儿列为陪斗对象。从此之后，校无宁日。全校学生整日整夜地处于狂热的浪潮中，教师们提心吊胆地生活在恐怖之中，现在事过境迁，我不想再加描述了。

1968年，孙儿周越在北京诞生。

1972年我终于从靠边和打杂的环境中被重新起用，调到“法汉词典组”参加编写。全组有六十余人，有出版社的编审以及从各单位借调来的各科专家。因为我是法语教师懂得语音语法，又因为原先是读法律的，所以有关那几方面的条目要我多负些责任。出版社傅欣说，你一个读法语的人参加编写一部法汉词典，这是一个莫大的幸福。我十分欣赏他这句话，并受到鼓舞。我自思一生对社会没有什么贡献，这次参加编写词典是一个奉献机会。所以在长达八年岁月中，我始终努力工作。我参加编写与校对，对条目的国际音标注释反复看了三遍。当1979年这本四百万字的《法汉词典》清样出现在自己面前时，真有说不出的喜悦和欢慰。这是一本积九年之久的岁月和数十人集体智慧的结晶，它填补了过去法语工具书的空白，可以说是来之非易。1979年，《法汉词典》在上海出版。

词典工作结束之后，我调回预备部给两位青年教师上课，暑假后，我被借至上海第二医学院，给医师和教师上了一学年法语课。1980年暑假之后，校内新成立外国语言文学研究所，我在那里工作了一年，和王坚良同志合写了一篇关于比较文学的论文，刊登在上外学报上。当年冬天我退休回家，年六十八岁。

从退休到现在已经八年，这八年中是我一生中悲喜交集，丰富多采的时期。1983 年 9 月 6 日我妻子因车祸去世，使我深深地陷入了黯淡的痛苦之中。我们结缡四十七年，患难与共。她为人明敏果断，治家勤俭，教子有方，是一位难得的贤妻良母。在痛定思痛之余，我勉力振作自己。当年 12 月我应老友柳北野之邀，去镇江参加了江南诗词学会，当选为理事。上海诗词学会成立，我又当选为理事，同年在广州游览了不少名胜，瞻仰了黄花岗七十二烈士陵园，买到一方肇庆出产的绿色端砚。1985 年又应儿子全家邀请去香港观光。

我还爱好书法和诗词。过去老家就有不少碑帖，以后又从上海有正书局、文明书局、商务印书馆买回大量珂罗版、石印的碑帖，凡是他们出版的碑帖，我几乎十有八九了。解放后，我乐此不疲，又购进了不少碑帖拓本，收藏价值增加，实用价值已经不多了。近年瑞金街道开办了老年书画班，把我叫去发挥余热担任书法指导。不久，卢湾老年大学又请我去当书法教师直到目前。

我与当代诗人陈声聪老先生等有诗交，参加过“五老会”，意思是星期五上午的老人碰头会。与会者九点左右次第扣开诗坛盟主声老家门而入，来则清茶一杯娓娓而谈，也有各出所藏或自己的作品来此同赏的。先后刊印过的同人诗词唱和集，有《能兴集》《夙诺集》《和陶九日闲居诗》《松蜕唱和词》等。

1986 年秋，我承陈声聪和郑逸梅联名推荐入上海市文史馆。1988 年初，我与施蓓芳女士再结连理。同年 7 月我被批准为馆员，离声老去世不过半年光景，天不憖遗一老，使之无法看到我的入馆，真是遗憾。我在挽联中曾经有“步兵青睐，山公启事”的句子，就是指的这件事情。

1989 年　周退密

（原刊《上海市文史研究馆馆员传略（一）》，上海市文史研究馆编，1990 年）

退密留影

年轻时的周退密

1935 年摄于上海幸福坊

1940 年震旦大学法学院法律系毕业生合影（前排左二为周退密）

而立之年，摄于 1943 年

1948 年摄于上海复兴中路复兴坊三楼家中

不惑之年，摄于 1954 年

1959 年 3 月 14 日，摄于黑龙江大学南岗五辉楼宿舍

年过花甲，摄于 1976 年

摄于 1997 年，时年八十四岁

摄于 2005 年，时年九十二岁

期颐之年

安亭墨萃

周退密 1979 年致沈迈士诗札（《立雪：宽斋藏周退密诗翰》）

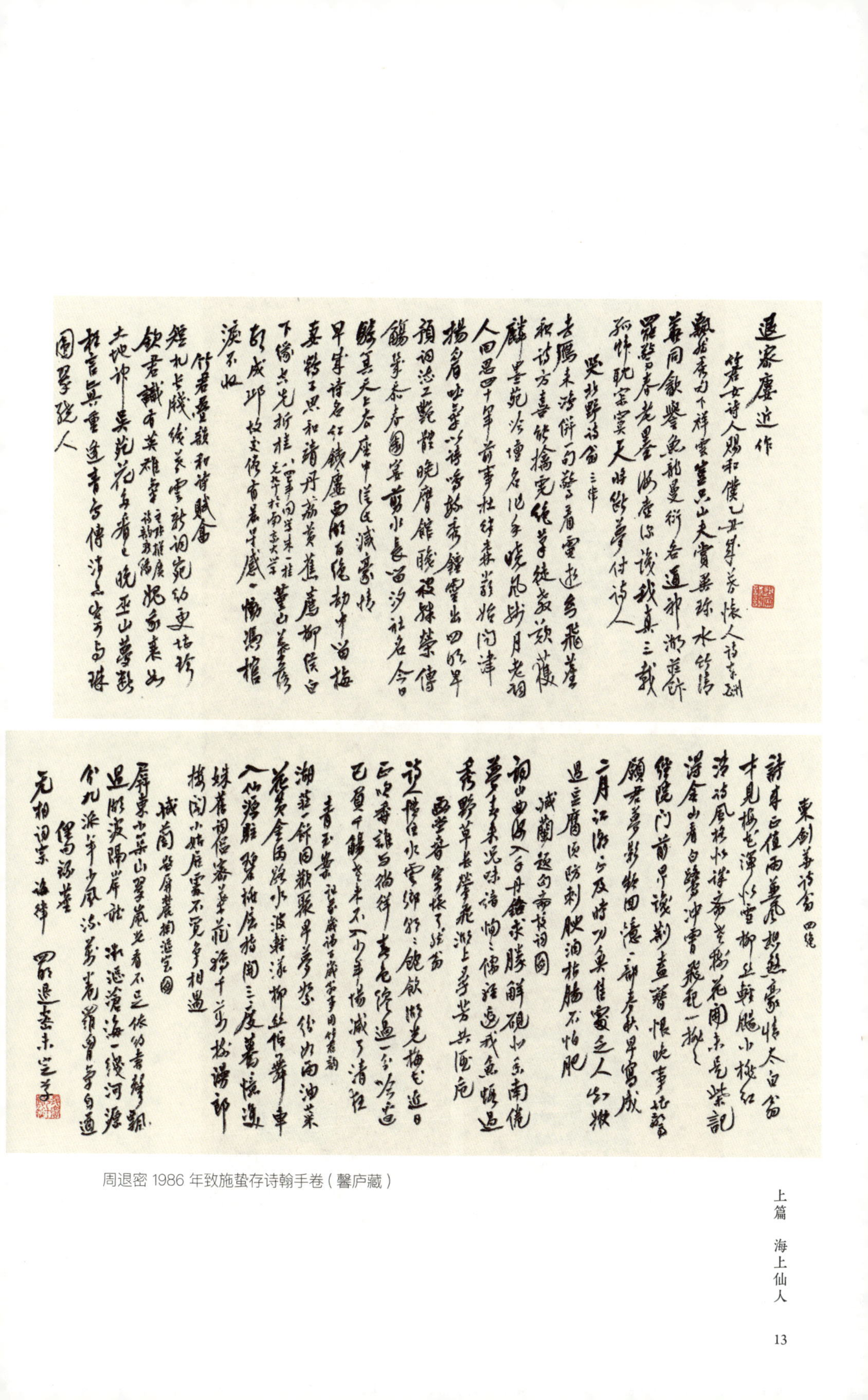

周退密 1986 年致施蛰存诗翰手卷（馨庐藏）

周退密隶书四言对联“山随画活，云为诗留”，1996 年

上皇崴得於華崴於
朱方未遂吾翔也廼
裹以玄黄之幣藏乎
山之下仙家石旌事
篆銘不朽詞曰相此
胎禽浮表留唯髣髴
事亦微厥土惟寧後
蕩洪流前固重爽塏
勢掩華亭爰集真侶
瘞尔絳山徵君丹楊
外仙尉江陰真宰紀
也華陽真逸

周退密擘窠大字临《瘗鹤铭》残字全文，1999 年

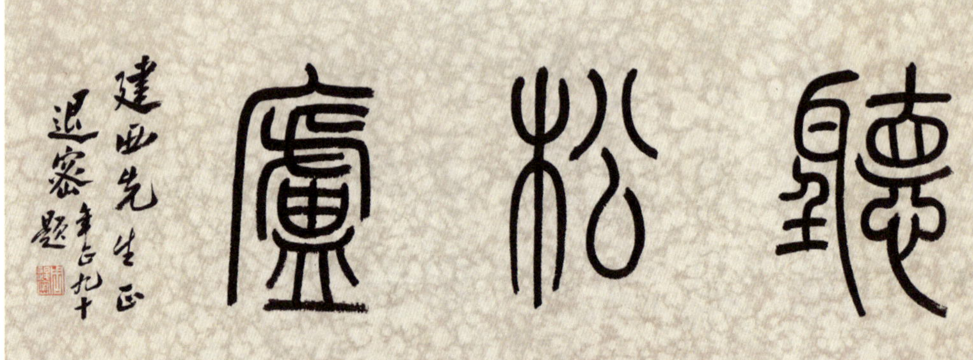

周退密篆书“听松庐”横幅，2003 年

周退密行书题汉砖拓片，2004 年（金翔藏）

周退密行书题跋，2007 年（赏墨斋藏）

周退密隶书题签
“日利长年”，
2008 年（小得斋藏）

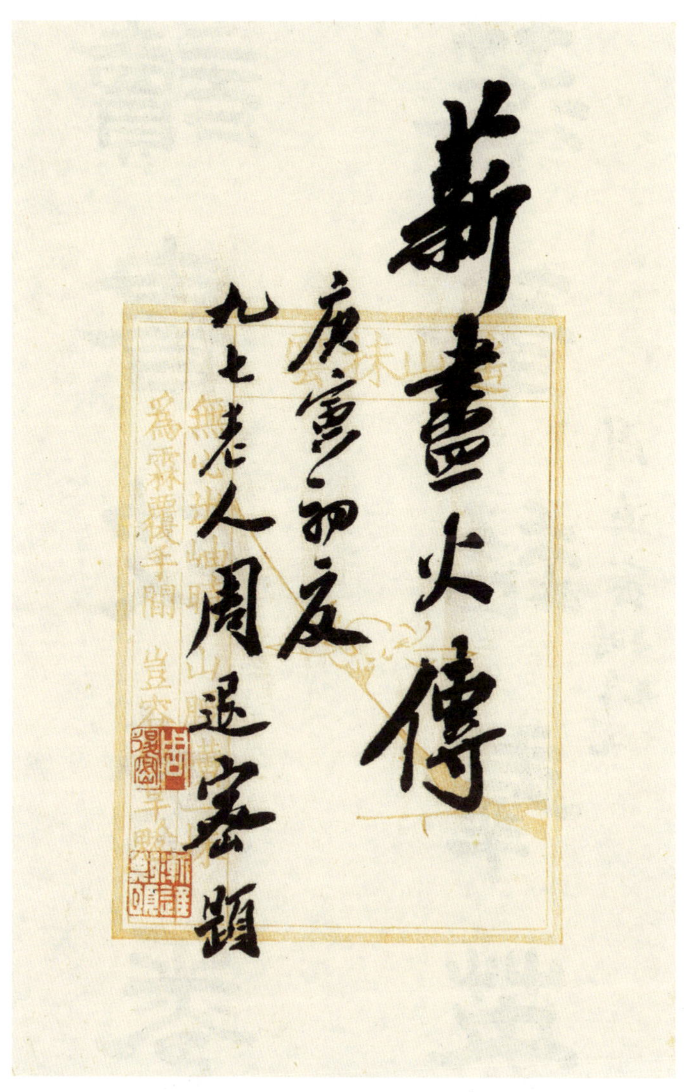

周退密行书题词“薪尽火传”，2010 年（春兰草堂藏）

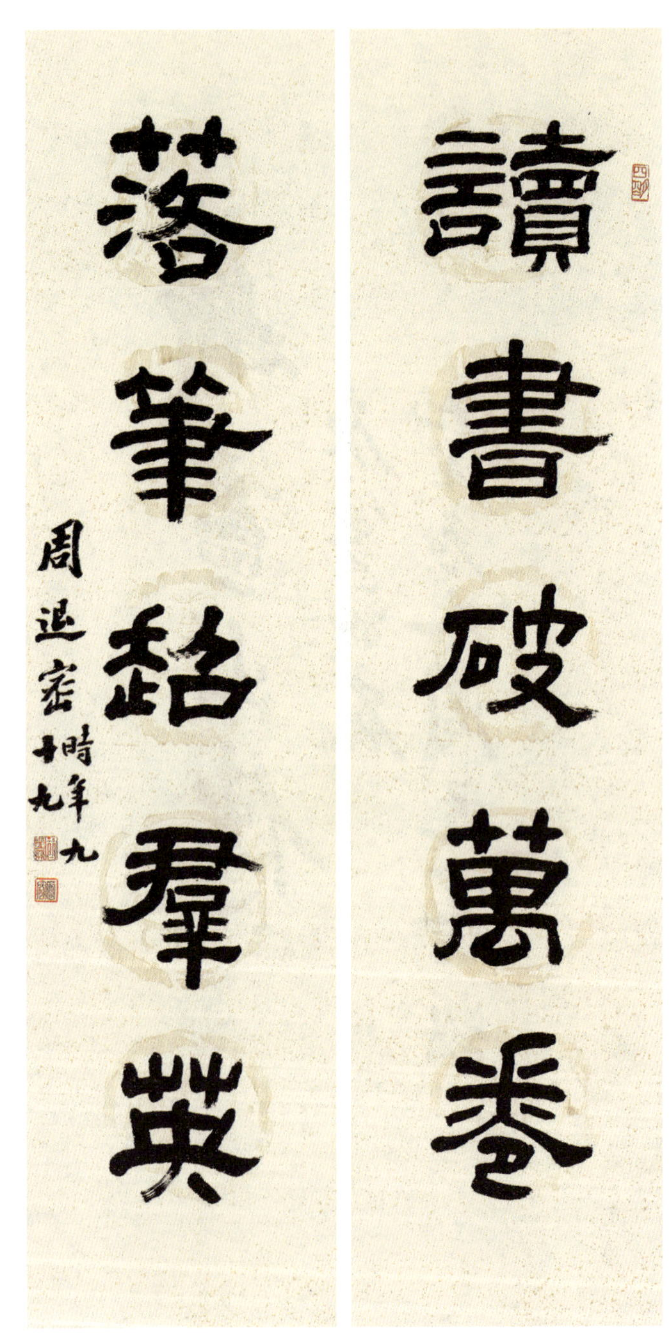

周退密隶书五言对联“读书破万卷，落笔超群英”，2012 年

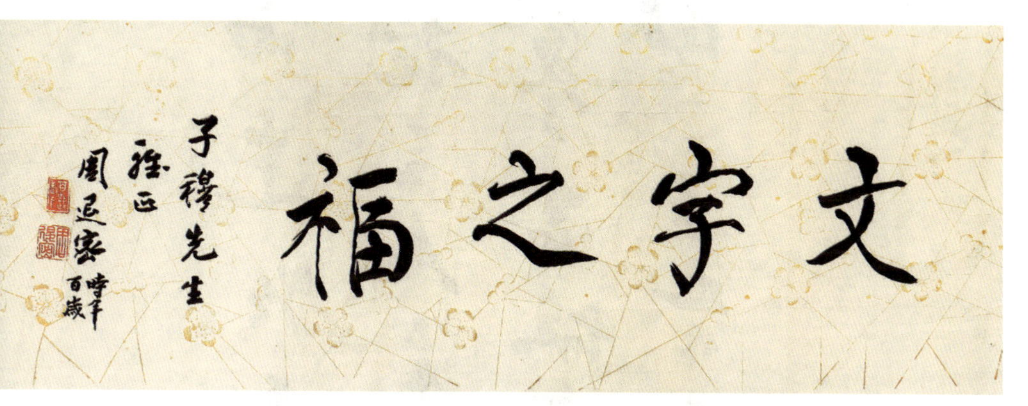

周退密行书“文字之福”，2013 年（步黟堂藏）

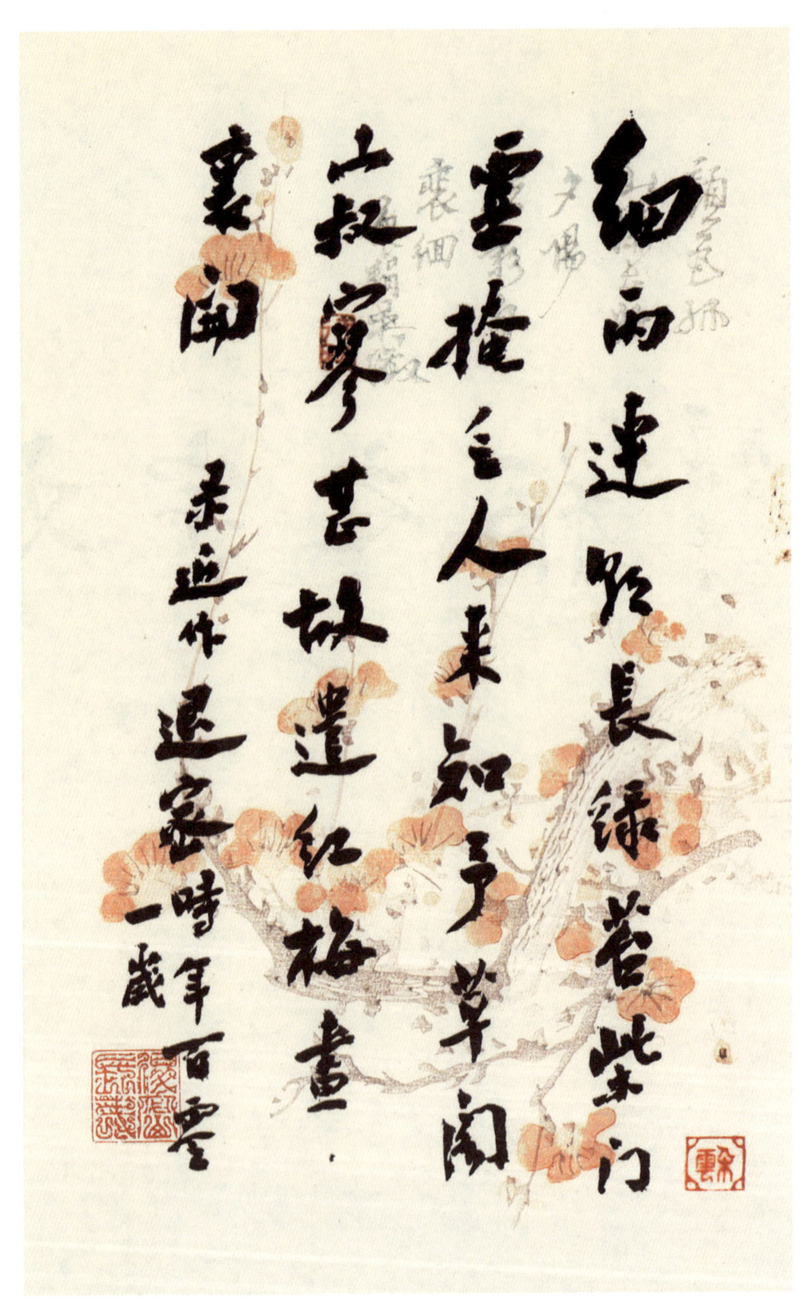

周退密行书诗笺，2014 年（甲乙堂藏）

周退密隶书“金刚般若”横幅，2017 年

《退密先生九六小像》
周栗、许宏泉合绘
2009 年

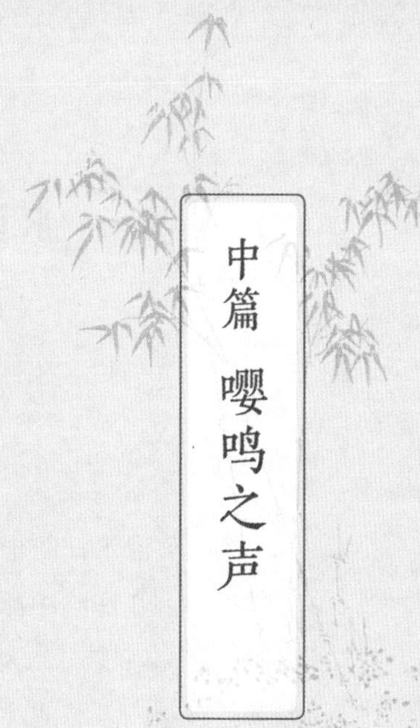

中篇　嘤鸣之声

水调歌头

沈迈士

共饮吴淞水，四十二春秋。奇文赏析无尽，快意豁吟眸。几许胸中冰雪，洗发笔端神韵，淡宕逐轻鸥。窈窕石窗句，涵泳大江流。　墨华新，月湖秀，照明州。美成才调雅在，娩美有清讴。行迈松花揽胜，笑傲东篱采菊，都付锦囊收。与子袖沧海，长笛起琼楼。

（原刊《石窗词》）

沈迈士（中）与周退密，右为同学张宜永摄于1975年9月26日。（周京提供）

周退密 1973 年
致沈迈士诗札
（《立雪：宽斋藏
周退密诗翰》）

沈迈士 1978 年
致周退密词稿
（《立雪：宽斋藏周
退密诗翰》）

浣溪沙

朱大可

七宝楼台羡梦窗，草窗也有好词章。近来更数石窗强。　　记得彊村曾诏我，须溪一派要恢张。敢将此语告周郎。

（原刊《石窗词》）

读周退密翁楷法

沈轶刘

四明接会稽，艺事天下绝。
兰亭揖古欢，雪窦访今逸。
草窗理前绪，褪却十瓮笔。
有古无古间，不隶不草壹。
世方役蛇蚓，公独退而密。
此意白鹅知，山阴识严律。
故当烧黄庭，老兵呼骑劫。
还谢主人去，出门追涂乙。

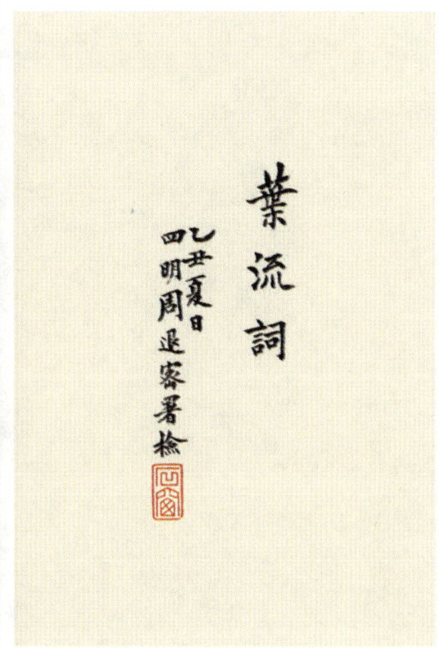

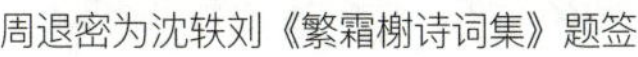
周退密为沈轶刘《繁霜榭诗词集》题签

周退密夫妇五十齐眉祝之以诗

施蛰存

秋菊有佳色，周郎识雅音。
知非共知命，同寿证同心。
岁月缘情迈，金兰阅世深。
莫为其雨怨，古有五噫吟。

题周退密诗卷

施蛰存

席帽辽东管幼安，猪肝一片累归翰。
政缘道术居成邑，欲办莼鲈计转难。
冲雪角声憎去雁，夕阳筝语怨离鸾。
怀人忆旧垂垂老，剩有新诗似走丸。

（原刊《北山楼诗》，华东师范大学出版社，2000 年）

施蛰存与周退密

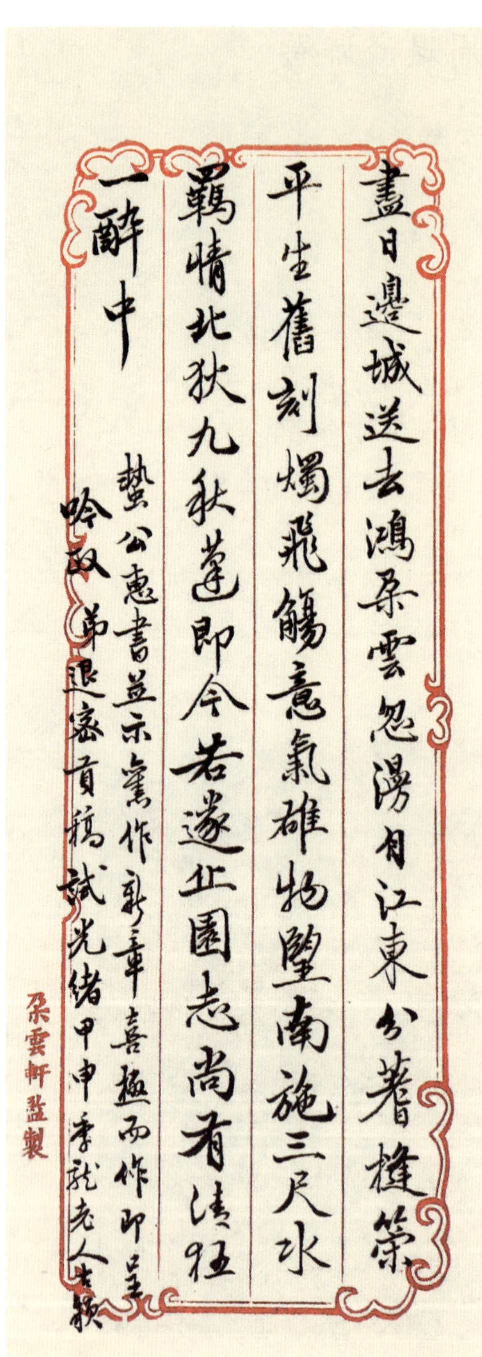

盡日邊城送去鴻朵雲忽湯自江東分著撻策
平生舊刻燭飛觴意氣雄物望南施三尺水
羈情北狄九秋蓬即今若遂莊園志尚有清狂
一醉中

蟄公惠書並示窯作新章喜極而作即呈
吟政 弟退密貢稿 試光緒甲申季秋老人書穎

周退密致施蛰存诗札
（陆灏提供）

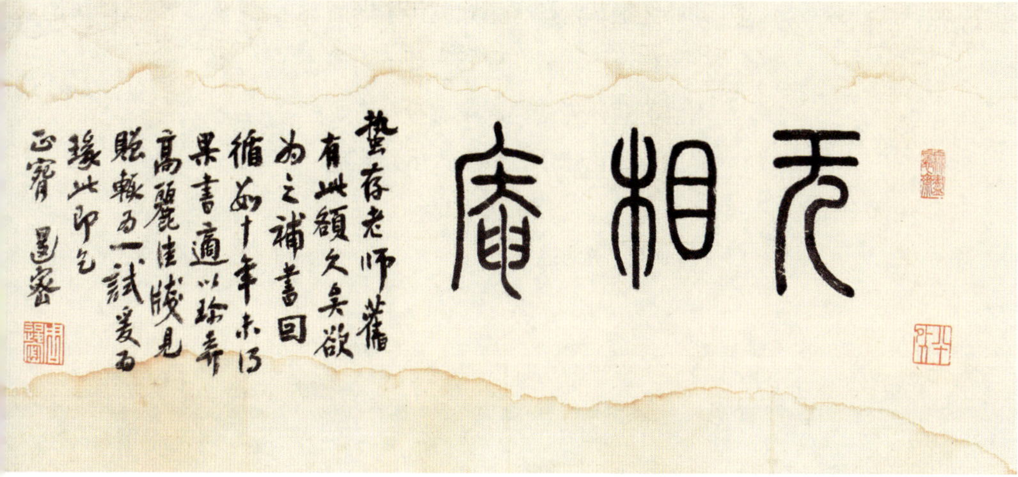

周退密为施蛰存题“无相庵”斋名（胡同提供）

寿周退密五十

苏渊雷

词心久挹草窗妙，墨戏频传米老颠。
失喜相逢松水碧，何妨同证玉山禅。
闲庭莳药怀先德，虎室耽吟发古妍。
馨逸忍冬花味永，故应大衍到忘年。

（原刊《苏渊雷文集》第 4 卷，上海人民出版社，1999 年）

减兰·贺中国韵文学会成立和周退密先生

寇梦碧

沽河歇浦,好借琴声寻梦路。未断清愁,试问连环解得不。　墨池如海，恨不从君舟共买。渔唱湖东，招隐他年认鄮峰。

七绝

吴小如

九五吟翁自作诗，时清人瑞语非虚。
已将迟暮供多病，似此精勤我不如。

（原刊《三老吟草》，中华书局，2013 年）

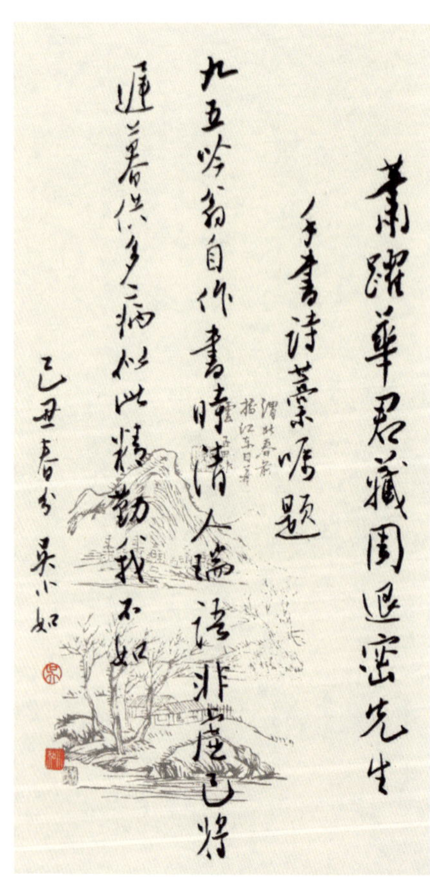

吴小如题周退密
手书诗稿
（《三老吟草》）

周退密丈百龄双庆敬步赐诗原韵

陈以鸿

诗坛前辈周退密丈，著作等身，夙负时誉。现为上海诗词学会顾问。丈擅法语，执教高校有年。去岁九十贱辰，蒙丈赐诗，惶悚莫名。今岁值丈百龄双庆之期，敬步赐诗原韵，恭祝千秋。丈寓安亭路，次句故云。

宅畔常停问字车，安亭雅室羡安居。
宏编夙负吟坛誉，能事兼通别国书。
桃李秾华南极老，鲲鹏大化北溟鱼。
期颐岁月夸双健，翘首台莱颂九如。

海上呈周退翁

冯其庸

九十衰翁诗笔健，唾壶击碎读新篇。
平生独爱周公句，戛玉敲金字字圆。

四海何人敲短韵，申江尚有周先生。
新诗却比梅花瘦，老干槎枒铁骨铮。

不见稼翁已十年，更无消息到窗前。
举头常望中天月，料得清光到枕边。

2005 年 8 月 25 日

（原刊《剪烛集》，青岛出版社，2014 年）

《石窗词》序

郑逸梅

周子退密，四明之髦俊也，乙卯（一九七五）秋把晤于施氏之北山楼头，气度渊懿，一见如故。嗣后往还频数，成缟纻莫逆之交。周子固赡于才艺者，遂佉卢文，纂彼邦汇辞之书，嘉惠学林，厥功綦伟。秉铎之余，兼治我国金石碑版，又复致力诗若词，踔厉风发，求诸侪曹，罕与俦俪。然余所得而窥测者仅海之于蠡，豹之于斑，未克尽其恢廓也。

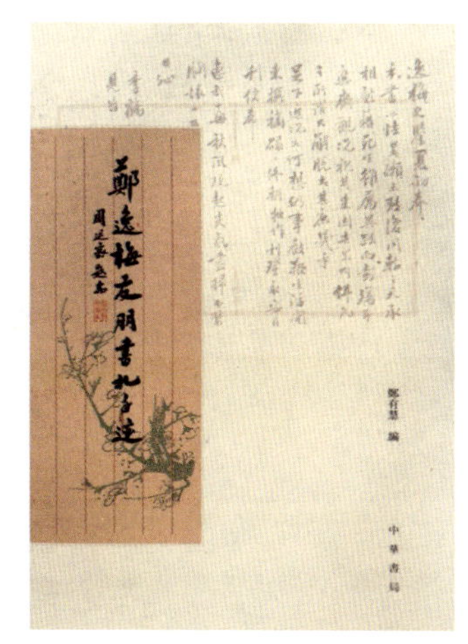

周退密为《郑逸梅友朋书札手迹》题签

一昨蒙枉顾寒斋，出示《石窗词稿》，裒其新旧佳什，都为一编。希古抗心，自成馨逸。其中多师友唱酬，夫妇涉胜以及赏花题画之作。托兴寄怀，缅缅不绝。诵之倏然而清，眇然而远，幽秀之致，挹之无尽，为之倾折者再。

夫前彦以文为主体，目诗为文之余，词为诗之余。此尊文而鄙薄诗词，余则期期以为不可也。盖文有文之意境与性习，诗词亦各有意境与习性在，有文所不能达者，或藉诗以达之；有诗所不能达者，或藉词以达之，无所谓"文余"与"诗余"也。彼崇泰岱而卑华岳，扬黄河而抑长江，徒见其轩轾失当耳。余也学术谫疏，时宜不謥，承周子谦光下逮，属赘数言，爰抒井甃之见，以供大雅商榷，非敢云序也。

丁巳（一九七七）暮冬郑逸梅时年八十又三

（原刊《石窗词》）

周退密谈上海第一号汽车

郑逸梅

上海第一号汽车，大家都知道是四明巨商周湘云的。我所撰的《上海旧话》一书中，曾有这么一段的记述：

> 周湘云在工部局方面花了很大的代价，捐得汽车第一号的执照，引以自豪。那汽车司机，必须领有执照。当时大名鼎鼎犹太人欧爱斯哈同司机的执照为第一号，因此哈同很想用第一号司机驾第一号汽车，成为珠联璧合。便和周湘云相商，请他情让，可是周湘云坚不答应。哈同靠了他的恶势力，特地雇用了一批流氓，预备等待一号汽车出来，一拥而上，夺取执照，按租界章程，如此行径，最多罚款了事。结果这消息给周湘云听到了，把这一号汽车，终年锁在汽车间里，不再驶出。后来绑票风气大盛，一号汽车太引人注意，越发不敢乘坐了。

日前晤到湘云的侄子周退密，谈及这件往事，才知我的记述错误了，大家的传说也错误了。这辆第一号汽车，不是湘云的，而是湘云的弟弟纯卿的。纯卿也是一位巨商，有花园在沪西华山路，取名“纯庐”，占地四十亩。可是他患着精神恍惚症，平时闭门谢客，外间知道他的不多，不若乃兄湘云名声的响亮，因此第一号汽车，便传说是湘云的了。

一九四五年，纯卿病逝上海，出殡的一天，盛列仪仗队，大事铺张，曾以一号汽车，拖运灵柩，招摇过市。实则一号汽车，为十九世纪末期的出品，式样陈旧，行驶时摇摇晃晃，车窗玻璃也往往琤瑽作响。车头两盏灯儿，又很笨重，一无可取，真如处士般所谓纯盗虚声罢了。

周氏长袖善舞，也颇风雅，喜爱文物书画，收藏之富，可和庞虚斋相媲美。尤其退密为后起之秀，名昌枢字季衡，一九一四年生于故乡四明。童龀时，肄业清芬馆，从名宿黄际云拔贡，攻读经史古文，和那著《竹人三录》的秦彦冲为同砚。他聪颖异常，窗课“鉏霓触槐论”，文词纵逸，别有见解，大为老师所赏识，认为可造之材。一九三〇年，入上海中医专门学校，未卒业，改从四明名医，也就是他的岳丈陈君诒习岐黄。既而因其胞妹昌芷患脑膜炎死，认为中医诊断无佐证，中药少特效，便改习西医，进上海震旦大学医科。奈体弱多病，功课繁重，又改习法律，毕业后，一度任律师。震旦大学是重法文的，由于他法文造诣很高，大同大学聘他教法文，和施蛰存为同事。解放后，任教哈尔滨外国语学院。一九六四年，才调来上海外国语学院，任职至今。编写《法汉词典》，出版行世。

他渊源家学，十二岁从他的尊人，习《说文部首》，临写《篆书建首》，此帖为乾嘉时拓本，迄今他犹保存着。他的尊人，在竹臂搁上，篆“耽书是夙缘”，他把这五个字奏刀镌刻，居然成品。他于书法，喜王觉斯，倪鸿宝，一度临翁覃溪的小真书，得其神髓，兰陵左诗舲孝廉见之，谓足以凌轹时辈。曾撰《论书绝句》四十首。又性嗜印章，著《论印绝句》二十四首。平生藏秦汉瓦当及砖文甚伙，常用老子语“道在瓦甓”，倩高式熊、钱君匋刻为印章，钤于拓片上。又用顾贞观寄吴汉槎“金缕曲”首句，刻“季子平安”四字，那是柳北野的手笔。他的诗集，为《忍冬华馆诗稿》，忍冬华，为其尊人最喜爱的花木，既可入药，又供观赏，植于庭除，老干蟠拿，别饶意致，花时清芬四溢，一室皆香，诗稿命名，殆有孝思不匮之意。擅填词，著有《石窗词》，我为他作序，其中多师友唱酬，夫妇涉胜，以及赏花题画之作。刻有“老去填词”印，则是用小长芦钓师“解珮令”句，也是很恰当的。搜罗文物，有魏正始的“高勾骊残碑”，是发现此碑的吴光国自己的藏本，有吴氏亲笔题跋，尤为可珍。又“汉三老碑”，今在杭州西泠印社，而他所藏，则为该碑尚在客星山周氏时所拓，亦与西泠所拓，有上下床之别。又无意中获得“秋海棠赋”手稿，书作小行楷，寓娟秀于古朴之中。他一见即断定为阳曲傅青主真迹，及考文内所及年月，与霜红龛的出处年月，完全吻合，引为奇遇。又藏“天发神谶碑”三段的整张拓本，也极难得。又“四明名画册”，那是溧阳叶志诜平安馆旧物，虽其中宋画，未必是真，但其它都是前人精构，足以怡赏。又有从印度流入中土的牙雕孔雀明王像，高五寸，宽亦五寸左右，法相庄严，孔雀羽毛作开屏状，雕镂细入毫芒。有戚串求助于他，他没有现资，便把这珍品慨然给戚串易钱了。

（原刊《郑逸梅选集（第二卷）》，黑龙江人民出版社，1991 年）

《上海近代藏书纪事诗》序

郑逸梅

我嗜书成癖，自幼即喜购置一些杂书，此后罗致了文史笔记凡数千册，编《纸帐铜瓶室书目》沾沾自喜，大有贫儿炫富之概。奈浩劫来临，悉遭秦火，在废纸堆中，仅检获《吴梅村词》，为漏网之鱼，聊以遮眼，言之抑何可慨。

心灰意懒之余，为求简括计，乃偏读有关典籍一类的著述，尤其如叶鞠裳的《藏书纪事诗》，既叙述了藏书家的生平及藏书的书目，且附以绝句，丝丝入扣，节短韵长，耐人玩索。王佩诤老友，受其影响，有《续补藏书纪事诗》之作，年代较近，列入王铨济、王蘧常、王大隆、瞿凤起、卢前、谢国桢、蒋镜寰、范祥雍、徐澂、巢章甫、徐益藩、姚方羊、金天翮、冒广生、陆鸣冈、胡蕴等，均和我有苔岑之契，尤感亲切。胡蕴尤为我的先师，我读书草桥学舍，他老人家起居小楼一间，即有“四壁纵横五千卷，一楼坐卧十三年”之句。此外有伦哲如的《辛亥以来藏书纪事诗》载天津《正风》杂志，他所藏书，辄自行雠校，绘有校书图，题句有“千元百宋属我有，眼倦灯昏搁笔初”，为时传诵。又徐信符有《广东藏书纪事诗》，书成而未刊，其子汤殷，以父手迹付诸影行。解放后，文献出版社复以王佩诤的油印本《续补藏书纪事诗》改付铅印，由甘兰经附加《王佩诤先生事略》及《藏书家姓名笔画索引》，以便利读者。又有雷梦水的《书林琐记》，为纪无诗。其后藏书纪事诗之作成为绝响。不料绝响竟有嗣音，这是多么难能可贵啊！那嗣音发于东海之滨的上海，即宋路霞和周退密合作的《上海近代藏书纪事诗》，宋路霞固华东师大图书馆的主持人之一，坐拥百城、见闻广博；周退密则四明名宿，为海上寓

《上海近代藏书纪事诗》
（与宋路霞合著）
华东师范大学出版社
1993 年

公，擅诗词，有《石窗诗词稿》，为上海文史研究馆馆员，二人珠联璧合，相得益彰。藏书纪事诗往例，皆出一人之手，今乃合力为之，亦属创格。况上海为近代富商巨贾荟萃之地，书香门第寥寥无几，藏书为稀有之事。即有，亦什九于沧桑世变中归诸公库，难于稽考。兹在《上海近代藏书纪事诗》中得六十家，可谓煞费苦心。深希此书早日出版，俾各地人士应运而起，循此例而普及于全国，凭此更突出了祖国的文明灿烂，光照寰宇。承索一言，耄荒薄殖，愧无以应，姑识此以塞责。

九七叟郑逸梅
一九九一年三月于纸帐铜瓶室

（原刊《上海近代藏书纪事诗》，华东师范大学出版社，1993 年）

荷堂诗话·周退密

陈声聪

前数年又从蛰存获交四明周退密，所居相近，过从遂密。君尊甫慎父先生、令伯湘云先生皆海上收藏家，多蓄法帖名书，君少即寝馈其间，至老不倦。故虽精佉卢文，为教授，而临池之功，伫兴之什，固未尝一日废也。有《忍冬华馆诗稿》，多佳篇。如《思古斋兰亭残石拓本装成，与室人同赏》四绝句："禊帖如名士，黄庭似美人。天心安可问，几作九衢尘。""棒喝净云（僧名）业，机锋尺木（彭绍升先生）诗。秋波公案旧，解说与谁知。""我鬓园南柳，君颜霜后花。楹书相对在，即此抵还家。""常觉多情累，抱残亦苦心。冻云吹不散，梅阁昼愔愔。"古气盎然。《岁暮漫兴》云："红烛高烧映鬓丝，惟将读易慰衰迟。一年韵事从头数，看了桃花和了诗。"《夜起》云："短梦蘧蘧入睡乡,醒来花气自幽飏。虫声如海天如水,领略清宵一倍凉。"此皆不甚着力而皆佳者。近诗功愈猛，予有作必和，《兼翁示和靖希翁七律次韵》云："知味何须食马肝，从游真似孟随韩。敢云文字论交易，晚觉灵机独至难。遣日虞卿勤著述，经霜季子报平安。残春过尽逢长夏，犹有风翻花满栏。"又《次韵兼老谢赠笔二绝句》云："宋诗元画晋唐书，老辈风流愧不如。走俗抗尘浑未了，一灯吟罢晚餐余。""风帘垂地护兰花，干酪烧汤佐荻芽。留得一分真实感，古人和我不

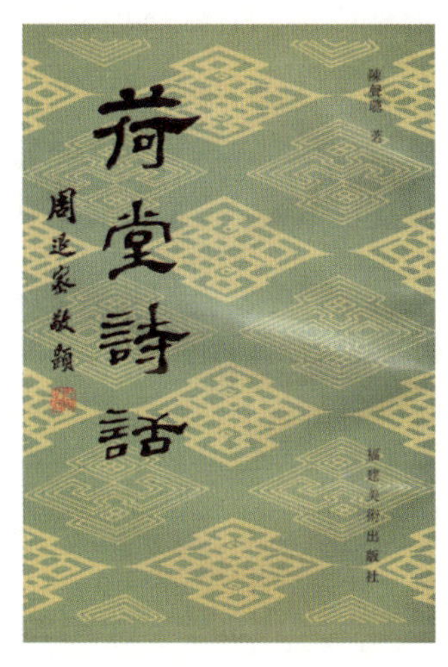

周退密为《荷堂诗话》题签

陈声聪（左）与周退密在兼于阁（周京摄）

相差。”诗成亦甚速，谓多在上灯前，晚餐后也。

去岁（癸亥）君夫人陈文菊女士不幸罹车祸以殁，所作多伤情，有数首最佳。《次答了然》五律二首：“急雨千林净，氛围暑渐清。残霞红若醉，月魄冷初生。为道常攻愧，无心浪得名。陈言犹未去，何足敌新声。”“向晚虫声沸，延凉不掩扉。孤吟凄四壁，密阴黯空帏。入世行吾素，问年过古稀。旧缘消未尽，所得是忘机。”又《儿媳莫经莲自海外归，携其展先室骨灰盒于龙华殡所》二首“迢递龙华路，伤心几度来。魂无重返日，痛彻未亡哀。何地埋芳骨，经年话劫灰。木樨徒自好，不识为谁开。”“古寺栖真地，龛灯昼夜青。拈花尚微笑，殒玉倏惊霆。仙佛非同辙，嗔痴不易醒。原知皆梦幻，犹冀一通灵。”皆可存。

荷堂诗话·退密补录

陈声聪

余九十生日，同人多和余《丙寅元旦述怀》四首韵，退密之作，词意特重大而沉挚。其一云：“万事无如心太平，笔耕终岁对寒檠。闲中酒至壶堪隐，海上潮来月自明。盛日听歌惊隔世，韶年对策展前程。若教重作玄都客，百亩桃花尽后生。”其二云：“再续诗篇断自庚，赘余俄看五年更。严同杜老精持律，才似淮阴善将兵。美女时花情独至，行云流水态纷呈。春风从此勤嘘拂，膏馥沾人永不盈。”其三云：“偶然墨戏世俱惊，渌竹猗兰喜气迎。石室缘深谁匹敌，鸡林价重早流行。平原笔有千夫勇，栗里诗饶一往情。我恨苔岑迟结契，园葵原为向阳倾。”其四云：“九十齐眉乐事并，百年徐待阅枯荣。诗追江（弢叔）郑（子尹）前修美，人列同光后劲名。万籁风生声各异，一春花好鸟和鸣。不须别向方壶去，天意安排见晚晴。”

君诗力，近精进颇猛，有《连日读〈兼于阁诗选〉，老有所得，赋呈壶公用集中次答琴趣韵》：“中年抱残卷，作者几某某。汝南月旦评，不能无可否。佳句出自然，灵感来亦偶。文字天壤间，精粗各自取。得一固可喜，逢十或遗九。吾学本空虚，吾才原筲斗。岂不思骞腾，终愁居牛后。巍巍兼于阁，当今推作手。阅历九十载，何啻蕴万有？新著时时来，讯息传万口。揄扬及下驷，于我良云厚。天马行空衢，驽骀亦骧首。”《读〈兼于阁诗选〉再呈壶丈》云：“诵诗三百愧无功，老辈风华总不同。意境萧疏神益淡，身边琐屑语能工。它年或笑曾亲炙，晚学诚难但苦攻。架上瑶编漫搜讨，烂然朱墨付鸿濛。”又《壶丈赐读词学新著，喜赋呈教》云：“东南福地著文星，晚岁论诗眼倍青。快阁沙龙忝末座，一编枝语吼千灵。学惭行潦终朝尽，妙拟天花别样馨。老去逢秋同作健，黄华能与制颓龄。”读此数篇，足见其于诗之不断研求，而于余独有针磁之契，良愧对矣。

君又有《读疑庵诗》六首，录二云："诗坛巨子许疑庵，温李昌黎共一龛。毕竟龙门疏凿手，嶙峋风骨作奇男。”“富春江水碧粼粼，好景全凭吐属新。古韵兼通无上法，敢将此语语通人。”第二首谓其近体律绝各诗用韵，凡古韵能通者，亦皆通用之，破除老辈之固执成见，为旧体诗谋解放，在先生当时亦颇不易。《虹口公园感旧》云:“春色东园一惘然，桃花又值艳阳天。惊鸿瞥过曾留影，锦瑟闲抛不抚弦。伤别久无诗动魄，背人惟有泪如泉。瑶窗独对西沉月，何处魂归泣杜鹃。”君悼亡后，此类诗甚多，漫录其一，非其至者。

（原刊《荷堂诗话》，陈声聪著，福建美术出版社，1996 年）

《退密诗历三续》序

何满子

退密翁吟坛宿耆，久所钦仰。上世纪八十年代当从老友王西野及苏渊雷诸人处得略读其所作诗。历时久远，除文辞清丽、格律严谨尚留有印象外，余均淡忘。顷读此自书诗，皆近数年所作词三卷，歆佩无似，其一为耄耋之年而诗中毫无老态，除杜工部所谓“晚节渐于诗律细”之外，绝无衰疲之气，亦无倦于世情之态，此真寿征也。其二为九旬老人仍能远近漫游，触景生感，发于吟咏，当世殆少见矣。诗以第一卷七律为最优，而以末卷长短句为差逊。此盖亦今人通病，按曲牌填句而无甚乐曲意味，成通病矣。此册字体亦韶秀可爱，与诗相称，二美兼具，近来所罕见者也。

戊子岁暮，何满子读后谨志

（原刊《退密诗历三续》）

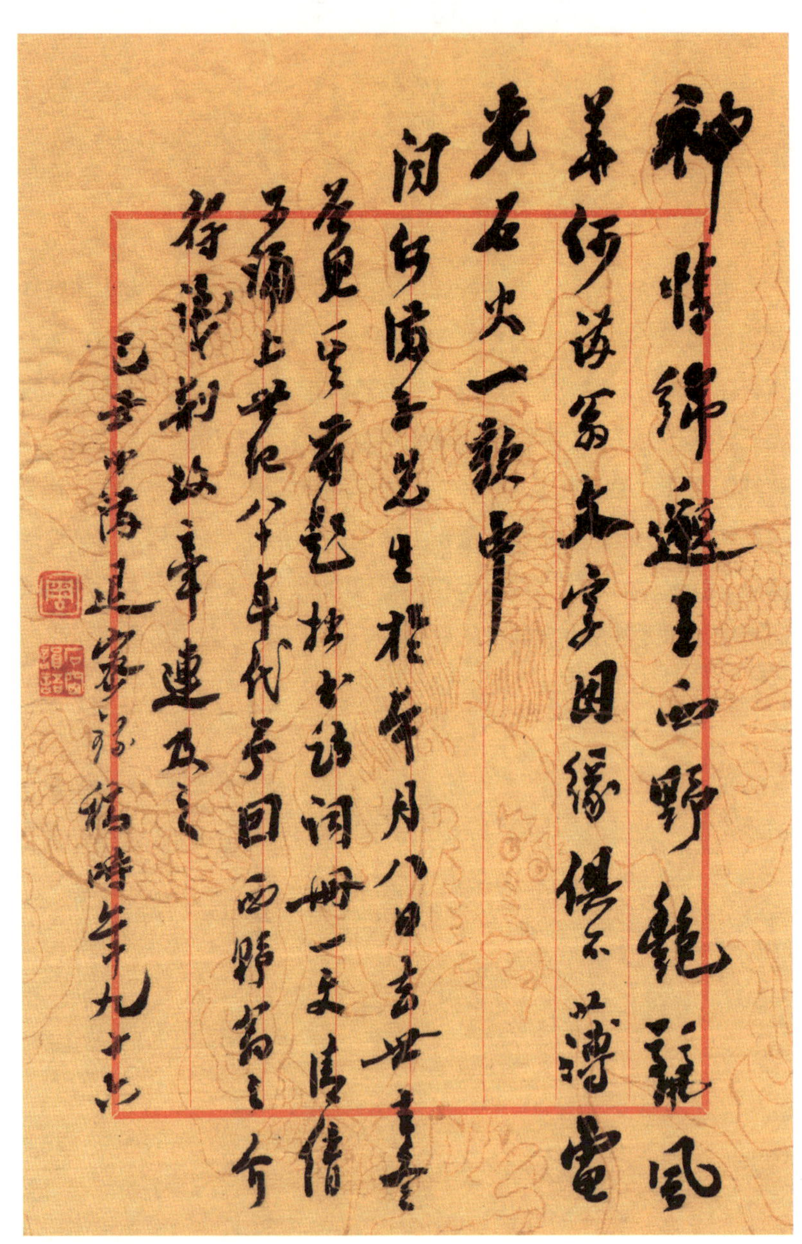

周退密 2009 年诗札（萧跃华藏）

不曾谋面的忘年交

——记周退密先生

陈巨锁

四明周退密词丈，久居沪上，年高九十有一，是我仰慕的学者之一，相交方二三年，时有书信往来，却不曾谋面。

五年前，九五高龄的施蛰存先生赠我签名本《北山楼诗》，就中有《周退密夫妇五十齐眉祝之以诗》和《题退密诗卷》二首，皆施公早年之题咏，时退密先生尚于役辽东。2001 年 12 月施先生又赠我《北山散文集》两巨册，其中书信部分，收入施先生致周退老函札就有 68 件之多，为收信人之最。于此可见二老的交往之密和情谊之深了。我拜读这些函件，如对二老，品评碑贴，切磋词翰，商借资料，相约晤面，互致问候，无不赤诚相见，真情感人。2002 年 8 月，施公再以大著《北山谈艺录续编》见赠，此书扉页之题字便是周退老手迹，秀逸中见神韵天成，劲健处知人书俱老。

感谢施先生的惠赠，我的对周退老的了解，不少是从施先生的著述中知道的。年前，施蛰存先生以百岁高龄作古了，我深深地怀念他，在我的书架上，不独陈列着施老的多种签名本著作，还有我最为钟爱的施先生在 30 年代所编的《晚明二十家小品》的重印本，这是我于 1984 年自泉州携归的，于今也有 20 年的历史了。

话已扯远，言归正传。在 2002 年 2 月，我请上海季聪兄与周退密先生转上拙作散文集《隐堂随笔》一册，以乞教正，到六月间，得到周老回函，并赐法书数件，令我喜出望外，其函曰：

隐堂先生：月前季聪同志来，读尊著《隐堂随笔》，至为感谢，足下文笔斐然，引人入胜，至为钦佩。敬书奉匾额、楹联、

文隐书屋，周退密题，2002 年

> 条幅等数件，聊博大雅哂正。并志墨缘，非敢以云报也。即颂文祺，并祝潭吉。弟退密匆上恕率。二〇〇二年六月二十四日。

先生以隶书“文隐书屋”、篆书“隐堂”、行书条幅书王西野诗《九华山遇雨》，楷书拙联“青潭白龙时隐现，丹崖古碑任摩揩”为赠。先生于我初交，何厚幸如之！我感激不尽，遂即修书再三致谢。至同年 11 月，周先生又以大著《捻须集》见赠，此书收先生十年中五言律诗 160 首。遂置诸案头，不时品读，先生虽年登耄耋，却诗思敏捷，诗律精微，能不令人钦佩。

去年春天，拙作书法长卷《陈巨锁章草书元遗山论诗三十首》，由荣宝斋出版，奉寄印品一件与周先生，敬请赐教。未几，得周老长跋一则，跋语错爱过甚，我实不敢当，然前辈提携后学，奖掖新人之心，跃然纸上，殷殷可鉴。今抄录于后，权当鞭策，惟努力奋进，以谢先生之厚望。

> 巨锁先生：昨以《章草书元遗山论诗三十首》长卷见视，展卷观赏，老眼为之一亮。信夫，当今艺苑之照明珠也。章草书，近日有以用笔凝重，结体奇古为工者，望之若夏禹岣嵝之碑，古则古矣，其如人之不识何。今先生之书则异是，盖能以二王之草

法，融入汉人之章草，化板滞为流畅，精光四射，面目为之一新，而结体一仍其旧，规范斯在，为尤可宝也。先生生长于忻州，沐山川之灵气，得遗山之精教，以绘事名噪南朔。予尝读其诗若文，均秀发有逸气。此卷八百五十字，连绵若贯珠，一气呵成，无懈可击，洵可谓之优入圣域者矣。诵厉樊榭之“清诗元好问，小篆党怀英”之句，吾意欲之遥企山居俱远矣。爰书所见，以求印可，幸先生进而教之。二〇〇三年三月晦日，四明弟周退密拜草。”

周老赠我大跋后，遂即拨通先生电话：

“是周先生家吗？”

“是。”

“请周老接电话。”

“我就是！”我拿着电话，有些吃惊了，九十老人，声如洪钟，铿锵有力，若非神仙中人，焉能如此精神健旺。我在电话中感谢老人惠赐大跋，并谈到施蛰存先生与周老的 68 件函札。周老说：“那只是施公在‘文革’后给我的，‘文革’前的均丢失无存了。”听声音，不无惋惜之感。最后我祝愿老人保重身体，健康长寿。

先生曾命我作画，有函云：“倘得一小幅法绘，作为家珍足矣。”长者之言，焉敢不从，遂画梅花一纸，献拙于先生。至癸未立秋，始得先生函件，方知先生曾因胆囊炎住院。沪晋千里，山川阻隔，未及慰问，深感不安。惠函附寄诗作二纸，其一为：

巨锁先生赐红梅小堂幅，率赋俚句奉谢：
一幅红梅远寄将，高情厚意雅难量。
昨来自觉衰颓甚，读画权当礼药王。

老树嫩枝疏着花，野梅合在野人家。
若非貌取凭知己，一任横斜映浅沙。

右诗作于今年六月二日，时正因胆囊炎住院三周后出院回家之际，故有自觉衰颓之语。旋于当夜急诊，再入院，直至手术摘除胆囊，故迄未写奉也。八月八日癸未立秋退密又识。

其二为：

垂爱劳良友，兼旬积牍重。
侑觞新画卷，倾盖老宗工。
物作青毡守，珍当焦尾同。
小诗申悃愊，远寄托飞鸿。

病中荷巨锁先生撰联并书及惠赠法绘红梅小中堂，情谊稠迭，至为感激，率赋俚句，以求鉴宥，即乞吟正。九十弟退密更生后拜稿。

拙画一幅，竟劳先生费神，吟成三首，并抄寄于我，真是投之木桃，报以琼瑶，藏于箧笥，随时展玩，每每想见周老捻须吟咏之情状。

得此诗函，遂致谢忱，并将所藏贺兰山岩画拓片一帧以赠先生。未出月，又得惠书云：

隐堂先生侍右，奉月之望日手翰暨贺兰山岩画拓片乙纸，无任欣慰，弟素喜收集古刻拓本，惟岩画一门，当以此为创获，诚为石室中一大特色，欣喜之余，即写一跋尾，兹先将原稿乙纸附呈郢正，希不吝加墨其上掷还，以便打字，至企至企。秋虎可畏，未知尊地已能进入秋凉否？病后手颤，草草复奉，即请文安。弟退密顿首。八月十六日。

又《贺兰山岩画放牧图拓本跋》：

贺兰山岩画有狩猎、放牧、舞蹈等诸刻，曾见诸报刊介绍，为吾中华大西北之远古文化遗产。向往已久，亦淡然忘之久矣。日昨忻州市文联作家吾友陈君隐堂（巨锁）忽以拓本一纸见赠，衰年得此，为之狂喜不已。

岩画为阴文凿刻，与嵩山汉画像石刻之作阳刻者异。亦制作愈简朴，年代愈悠久之一证也。画中可见者：人二、马一、羊三。左起一人握长竿，从马背跃起驱策羊群，马张口而前，马前又一人握长竿徒行，意在束羊使之就列，以免散逸者。羊三头首尾相衔，行进中时时作回头状，形象极其生动。君于拓本空白处题诗“日之夕矣，牛羊下来”二句，盖明此刻为放牧而非狩猎也。爰为拈出，以著君之精鉴，不如仆之一览而过，泛泛不求甚解也。

抑仆又有言者，辛巳（2001）之春，君曾于役银川，亲临贺兰山下，目击岩画，有“观之再三，不忍离去”之语，其好古之情，殆如蔡中郎之于《曹娥碑》，欧阳率更之于索靖书矣。昔香山居士有云：“劚石破山，先观镵迹，发矢中的，兼听弦声”之数语，以之移赠吾隐堂，可谓恰如其分际。君其莞尔一笑，受之可乎。二〇〇三年八月二十日。四明周退密，年九十更生后，书于海上安亭草阁。

读先生跋文，我不禁汗颜，贺兰山岩画拓片藏我处多时，实匆匆“一览而过”，其题句曾不假深思，亦顺手拈旧句书其上，仿佛而已，大略而已。而先生对岩画拓片，观察之细密，考究之精审，又将此岩画的形象，逼真地再现给读者，这一切无不令我叹服。从中正可窥见老先生治学的严谨，行文的高妙。

随函尚附有《退密诗历》复印件二纸，存录诗稿6月2日2首，7月17日至31日7首，8月2日2首，8月10日6首，8月17日1首。于此，足见周丈与诗为伴，不废耕耘。愈感先生宝刀不老，诗思如泉。

周老好酒，见有句云：“我虽户名小，亦颇酒思汾”“枯肠无酒润，闲坐听茶笙”“酒中有深意，浅酌幸毋呵”……我生愚钝，得交周丈，自感幸甚，何日携汾酒赴沪上，一睹先生仙颜，把盏乞教，其乐何如。

先生与我诗、书（信）、题跋等已集录多多，从这些文字中不正可以读出周文的道德和文章吗？

（原刊《隐堂琐记》，陈巨锁著，三晋出版社，2008年）

周退密：与书相伴是“清福”

吴孟庆

周退密先生生于1914年9月，用他的话说是“不知不觉地已经活了95个年头”，至今仍眼不花，耳不聋。写字，犹笔力苍劲；作诗为文，则思潮如涌。但周老从小体弱多病，到了30岁左右，身体也不见佳，打针吃药是常事。他生下来是平脚，上下学时跑步比赛总是倒数第一，所以从小不爱好运动，缺乏锻炼。他有三个哥哥一个二姐，他们都会骑自行车。他胆小，看他们边学边摔下车来，害怕不敢尝试，所以到老也不会。现在看到邻居几位老人经常以自行车代步，在马路上悠闲地“按辔徐行”，常常为之羡慕不已。

可是人们却羡慕他的健康长寿。那么，他有怎样的养生之道呢？

恒常的文化追求

周老出身于书香门第，从小得名师指点，在私塾打下扎实的古诗文基础后，1931年春，他考入上海中医专门学校，攻读中医，后退学回到宁波，拜名医为师，边读医书边侍诊。1932年，他考入震旦大学预科，开始接受现代教育。1940年夏，周老毕业于震旦大学法学院法律系，又到震旦比较法学研究所读了两年国际私法，同时还在高中部当外国史教师。这年冬天他从重庆国民政府司法部领到了律师证书并加入上海律师公会，由于不愿与汪伪政权合作，他曾到一所小学当教务主任，再转到中法私立法商学院担任法学教授。与此同时，他又进了中国通用化学公司当职员，后兼银行工作。1945年抗战胜利后，他与人合作又开始了第二次律师生涯。1948年秋，他应大同大

周退密展示自己的拓片收藏，摄于 2004 年（周京提供）

学校长之邀去教大一国文，直至解放后，加入教育工会，成为一名人民教师。1956 年，周老应聘去哈尔滨外国语学院任教，在那里待了八个年头，至 1964 年从黑龙江大学西语系奉调至上海外国语学院。1966 年“文革”席卷上外，周老和许多老师都成为批判对象，1972 年才从靠边和打杂的环境中被重新起用，调到“法汉词典组”参加编写工作。经过八年努力，这本 400 万字的《法汉词典》终于完成。之后，他又被借至上海第二医学院上课和做研究工作，直至 1980 年 66 岁时退休。

无论何时何地，周老对读书写作从不懈怠，他把向实践学习和向书本学习结合起来。自 6 岁上学识字开始，就和书结下深深的缘分。说是缘分，是指并不是每个人都有这个条件，或者虽有条件并非都有这个兴趣。比如买书、读书，乃至晒书、修补书籍等繁琐的事情，只有对书有缘分、有兴趣的人才肯做。周老的三个哥哥，除了大哥较早离家远赴福州工作外，二哥、三哥一样生活在这个富有藏书的家庭里，却对晒书、修补书籍这类事一点也不感兴趣。而小时候的周老将这些琐事看作是一份“清福”。他在《我的书缘》一文中生动地记述了这份童年时代就养成的雅好：

> 记得童年时代放晚学回家，就向母亲要了书楼的钥匙，独自一人上楼开启书橱，有时并不是为了看书求知识，而是去闻闻从古籍中间散发出来的一种氤氲香味。这可能就是人们常说的书香门第的“书香”吧。开启书橱以后，常常抽出一部看看翻翻，立即又把它放回原处。有时只是立着看看书的标签，摸摸刻本的书根也会觉得有一种说不出的快乐，真可谓之爱书爱到发痴的程度了，真的和书结下不解之缘了。

喜好中国传统文化的周老，自然爱好线装书，当年上海出的线装书，周老是逢出必买，偶有未购得的，也在旧书摊上留意寻觅。他有一个习惯，每到一地总要买本古籍回来以供日后怀念之用。买回来后认真研读，并将心得体会写在空白处。周老原先的老家就有不少碑帖，以后又从上海有正书局、文明书局和商务印书馆买回大量珂罗版、石印的碑帖，凡是上述三个出版社出版的碑帖，他几乎十有八九。解放后，他仍乐此不疲，继续购进碑帖拓本。他对这些碑帖细心琢磨、赏析、临摹，取法乎上，使自己的书法造诣不断提高，行书和隶书尤为精到。退休后借书法消遣，笔力不减当年。有人对他说，书画家长寿的多，您老一百岁没问题。对此，周老认为，写字只是轻微的体力劳动，借此习静，对于心身都会有益处。至于寿命长短，还得看本人的体质，以及如何讲究养生之道来决定。画家中有长寿的齐白石，也有短命的陈师曾。可见书画本身并不决定人之寿命长短。

恬淡的生活方式

古人说“食色性也”。食欲和性欲，是人类与生俱来的大欲，也是健康生活不可缺少的。但是都要讲求适度，符合客观规律，不宜率性而为，更不能恣意妄为。前人以“慎言语，节饮食”为养生之道。周老从小家境甚好，衣食无忧，但并不挥霍浪费，不大吃大喝。进入老年，他每天早餐一杯牛奶，两片面包，午、晚餐各一小碗米饭。菜肴则粗细不论，从不挑剔。蔬菜在必吃之列，水果也不缺乏。晚年患上痛风之后，好些东西都不能吃，如海鲜、豆制品、菌类植物等都在禁吃之列。烟、酒之类，更是不碰。事实上从 1933 年起，他和猪肉断了缘分。按照中医理论 :“猪为寒水之畜”，吃猪肉会生湿生痰。周老一生除了伤风咳嗽会有吐痰现象，平时从没这种毛病。他认为可能就是不吃猪肉带来的好处。其次，《内经》上还有一句名言 :“膏粱厚味足生大丁（疔）。”意思是说，饮烈性酒和吃肥肉极有可能引发疮毒。过去他有好几位亲友都因爱喝烈性酒和吃肥肉而患上了癌症。书上说的“大丁”可能就是今天我们所说的肠癌或胃癌。周老说，这只是他个人的体会，并无科学根据，如果有些可信之处，不妨提供给病理学家作为参考。周老童年时代受父亲影响，曾经接触过一些中医经典，从中懂得一些养生之道，如《内经》中说的“冬不藏精，春必病温”这句话，他结婚后一直奉为信条。

达观的精神状态

古稀不稀、期颐可期。周老认为，生命只此一次，人活在世上总得为自己、为社会留下点什么。只有这样，活着才有意义。他感到自己要做的工作不少,可是留给他的时间越来越少了。大有孔老夫子“假我数年，五十以学易”的迫切愿望。他说 :“长寿不是目的，长寿只为工作。”退休后，他去街道办的老年书画班当书法指导，又到区老年大学做书法教师。1988 年他被聘为上海市文史研究馆馆员，更是积极参加文史馆的各项活动。为了防止老年痴呆，他每天从事脑力劳动，通过写作诗词活跃思维。有时一天写数首诗，几年内已出版了 7 本诗词集。可以说环顾当今上海,如此高龄仍能勤奋写作者,屈指可数。何以能如此，他说，这主要应归功于社会的安定、医药的进步和有规律的生活习惯。同时也与老伴和小辈的护理、关怀分不开。当然，更与他达观的生活态度分不开。周老年轻时曾用“半龛”作笔名，并请人刻了印章。人问为何不要“全”而要“半”，他答 :“凡百事情，难得其全，能得其半，已属不易。譬如人生百岁，百不获一，苟得其半，则五十亦不为夭。古人半耕半读，今人半工半读，半以养生，半以怡情。我自幼好书，覆枕卧读，置书半床，便于翻阅。凡此种种，可谓无往而不半也。”佛教倡导“以出世的精神做入世的事业”，对自身存在则讲“超脱”。对佛学颇有研究的周老，2005 年写过一首题为《买钟》的诗，读来诙谐而有趣。诗曰 :

世人多忌讳，送物不以钟。

有生必有死，有始定有终。
徒以谐音故，美事变为凶。
习惯成势力，思之笑煞侬。
吾钟用之久，机械失玲珑。
走走复停停，老态现龙钟。
两针失功用，时时为所蒙。
晨起抬头望，错指在日中。
有钟诚如此，非易不为功。
自易非人送，讳避吉斯从。
能用三五年，足以伴老翁。
人寿何能必，一笑对长空。

作者在诗后还加了个注，说白居易的《就花枝》诗中有“自量气力与心情，三五年间犹得在”，“我今年九十又二，三年为九十五，

与书法爱好者交流（周京提供）

参与公园的自由涂鸦，
书写“寿”字
摄于 2004 年（周京提供）

五年为九十七岁，能活如许之久，亦可心满意足矣”。现今他已 98 岁，仍悠闲自在，忙创作诗词，忙读书练字。

如此云水胸襟、旷达精神，焉能不长寿？

（原刊《仁者寿：文化名人的长寿人生》，上海文史研究馆编，中西书局，2013 年）

前踪后躅皆成史　并入诗人百载心

——周退密先生诗词散论

熊盛元

我初识周退老，是在 1991 年重阳节的次日，当时趋府拜谒，曾赋绝句一首以呈，诗云：

盘中苜蓿枕边书，心远何妨闹市居。
一缕吟魂疑化蝶，茶烟轻飏梦蘧蘧。

退翁读毕，颔首称善，谓“盘中”云云，颇切其日常起居，并云，近日次和友人一绝，亦以“盘中”开头。言讫，为余书一斗方，上录其诗云：

盘中芋栗是家风，蕉叶三杯酒不空。
和罢新诗人未老，黄花烂漫夕阳红。

其恬淡安贫之高风，令我景仰万分。自此，与周老鱼鸿不断，颇受教益。每至沪上，亦必拜访。今年 1 月，退老又作《自述一首次无咎居士〈新岁自赞〉二十四韵》云：

一室供坐卧，家具占其半。
乱书叠如山，终究非美观。
客来感局躅，举步愧怠慢。
壁上何所有，有画工与漫。
但求自怡悦，不强人赏看。

桌上何所有，有瓶复有罐。
真赝辨之艰，甲是忽乙叛。
惟有墓中砖，岁月淹晋汉。
好古莫泥古，老夫语灌灌。
玩物莫丧志，迷途致长叹。
譬如溺水人，援之使上岸。
譬如夜行者，提灯使如旦。
我亦爱书法，二门与二爨。
碑帖杂新旧，罗列满几案。
纵览识今古，为学乏炼锻。
率更为家法，笔阵未敢乱。
知偃不知扩，知敛不知散。
垂老苦无成，百年几劫难。
无咎吾畏友，述此求为判。
童年学为文，未遭义法绊。
但求文字顺，但求逻辑贯。
本是袜线才，无须更装蒜。
画虎思马援，画马慕韩干。
长谣舒胸膈，和句聊为赞。

此诗不仅抒发其恬淡之性情与谦抑之德操，亦见出其收藏之丰富及书法之渊源所自，更难能可贵者，诗中还表述了衡量诗文的基本标准："童年学为文，未遭义法绊。但求文字顺，但求逻辑贯。"当今不少诗人，或求奥衍，或堕险怪，或流于尖新，或耽于古僻，而文不从字不顺，气不畅理不明，观周老此语，或能憬然有悟乎？

"童年学为文，未遭义法绊。"所谓"义法"，乃桐城派始祖方苞为文密诀，其《书〈货殖传〉后》云："《春秋》制义法，自太史公发之，而后之深于文者亦具焉。""义"即"言之有物"，法即"言之有序”，本有其合理因素，但后人法之，往往偏重“起承转合”，成为僵化的八股模式。是以刘师培对此批判云：“其墨守桐城文派者，亦囿于义法，未能神明变化。”（《论近世文学之变迁》）周退老不愿受其羁绊，而倡之以“但求文字顺，但求逻辑贯”，的是悟道之言。尝自云：“早年问诗法于其父，父曰‘多读。’垂老又问诗于朱大可与陈兼与，朱曰‘多做。’陈曰‘避熟。’”是以周老诗词，不拘一家，自铸伟辞，独抒高抱。如《岁暮怀海内诗坛诸君子》诗云：

诸公健笔久凌云，湖海名篇世共珍。
吾亦以诗为性命，差能投老见精神。
花开有意春何晚，梦断无痕幻似真。
七字酬君娱岁暮，灯前酒后易怀人。

此诗作于1985年，首尾两联，紧扣题旨，中间四句，抒写怀抱，颔联流水，可知其耽诗成癖，老而不衰，大有王子安“老当益壮，宁移白首之心；穷且益坚，不坠青云之志”之概。颈联寓慨遥深，“花开有意”，谓童心犹在；“春何晚”，叹老来方遇明时；“梦断无痕”，谓少年时理想落空；“幻似真”，则言暮齿仍怀憧憬。字里行间，流露出几多怅惘，而格调却高昂放旷，虽不免有义山“芳心向春尽，所得是沾衣”与放翁“梦断香销四十年”之悲抑，但给人的总体感觉，则是屈子“余幼好此奇服兮，年既老而不衰”的向上精神。

顾炎武《日知录》云：“诗文之所以代变，有不得不变者。一代之文，沿袭已久，不容人人皆道此语。今且千数百年矣，而犹取古人之陈言一一而摹仿之，以是为诗，可乎？故不似则失其所以为诗，似则失其所以为我。李杜之诗所以独高于唐人者，以其未尝不似而未尝似也。知此者可与言诗也已矣。”周老之诗，从体式上看，应该是与古人相似，这得力于他能“多读”“多做”；而就其精神实质看，却又独具自家面目，完全不似古人，此则得力于他能做到“避熟”。顾炎武认为“不似则失其所以为诗，似则失其所以为我”，成功之作应该“未尝不似而未尝似”，亦即处于“似与不似之间”。周老之诗，可证亭林此论之确。二十多年来，我从周老那里得到的最大收获，就是粗识个中三昧。

“前踪后躅皆成史，并入诗人百载心”，此周退老《奉题沈树华〈论画诗一百二十首〉稿本二首》之妙句也，窃以为最能显示其凛然风骨与幽窈诗心。忆客岁仲夏，我赴其府上拜访，周老正伏案校对黄山书社的《周退密诗文集》样稿。见我来，停下手头工作，与我纵论百年来诗风之流变，以及上海老辈文人之轶事。我草就一律以呈：

槐花落尽桂初馨，小巷深深梦自宁。
九域风云来歇浦，百年文献贮安亭。
生丁劫乱乾龙蛰，话到沧桑泪雨零。
休为曳轮悲未济，吟眸豁处远山青。

几天后，周老寄示和作二首，题曰《八月二十日老友晦窗词兄偕李舜华教授枉存，晦窗有诗，喜为继声，却寄并柬舜华》，诗云：

草阁迎来客座馨，兰言娓娓各安宁。
诗词并茂逢清照，孔墨兼参得考亭。
盛世小民惟一顺，地球末日化为零。
斧斤赦后余年在，长对女贞嘉荫青。

果真庭桂已初馨，月色照人共淡宁。
一病缠绵乏灵药，廿年荏苒长安亭。
龟超狡兔由于早，鸟筑危巢始自零。
好句骈阗吟不绝，双瞳肯负短檠青。

以年近百岁之老人，而才思却如此敏捷，真令人惊叹。其中“盛世小民惟一顺，地球末日化为零”二句，诗后有小注：“少时每于夜间纳凉时，常见彗星照亮长空，一掠而去。大人云此即星球陨落之象，以为地球亦当有其终极之日。但不知其在何年何月耳。倘一旦果真如此，则世界上一切人文现象，科学成果不皆化为灰烬乎？其更可惜者，茫茫宇宙，更谁知有此一有人居住过，与夫文化灿烂之人类世界耶？”细加玩味，可知周老不仅如定庵所说，有“童心来复梦中身”之企盼；更对人间浩劫作出了深刻反思，以为倘不顺从客观规律，则人类文明必将随同地球一起毁灭，这是何等深邃的忧患意识！以下“斧斤赦后余年在，长对女贞嘉荫青”及第二首“龟超狡兔由于早，鸟筑危巢始自零”，均由此生发，抚今念昔，百感茫茫。杜少陵诗云：“庾信文章老更成，凌云健笔意纵横。”殆退老之谓乎！

我最赏周退老《九九抒怀四首》，其一云：

历劫吾犹在，行年九九春。
闲非如懒汉，穷合作诗人。
屈指同胞尽，盘胸中表亲。
临风丛百感，老泪一沾巾。

自注曰：“予同胞兄、姊、妹七人，今惟予独存。姨表兄黄金贵曾为予讲说英法语言上之异同；舅表兄王石君每赠予藏品无吝色。”

其二云：

周季非苏季，论材实下中。
所思在远道，为学只粗通。
运厄鱼罹网，身安雀处丛。
名言经百载，忼慨忆元戎。

自注曰："1912 年民国肇造，首任大总统黎元洪曾有'有饭大家吃'之语。"

其三云：

海外洵多事，眼花缭乱稠。
朝为座上客，暮作笼中囚。
卫国叹英烈，称臣拜冕旒。
是非与褒贬，秉笔待春秋。

其四云：

博弈非吾事，弦歌赏偶然。
犹多开卷乐，不费买书钱。
得砚凹如掌，涂鸦老失妍。
墨缘从此断，万事付云烟。

自注曰："广州之《诗词》、南京之《开卷》、濮阳之《书简》、济南之《日记杂志》等等多年来均免费赠阅，至于朋好著作尤更仆难数，得益匪浅。心怀感激，愧无报答。南京章风堂兄斫大歙砚一方见赠。予因体力日衰，再三声明停止笔墨之役，请勿再有诿嘱。"家国之感，身世之悲，都融于恬淡之语中，可谓深衷浅貌，炉火纯青。此等境界，正如东坡所云："凡文字，少小时须令气象峥嵘，彩色绚烂。渐老渐熟，乃造平淡。其实不是平淡，乃绚烂之极也。"（《与侄书》）

周老诗中，此类佳作不胜枚举，聊摘警句若干，以尝一脔于九鼎："冥色满楼期月上，孤眠一枕得诗多"（《次和九思前辈》）、"晚晴滋味甘逾蔗，半日清游意胜醪"（《鲁迅公园游后忍庵有诗见示更为继声》）、"花蒙不洁寒犹放，草本连根绿易滋"（《春分后一日过复兴公园》）、"诗满奚囊多益善，酒斟犀觯快当呼"（《王忍庵词长九十寿》）、

“书经横扫留非易，梦及初醒觅尚温”（《凝视》）、“水墨交融气象新，赤城霞蔚最精神。野梅远胜官梅好，爱煞诗人作画人”（《苏春生嘱题其尊甫钵水翁遗绘二幅》）、“晚晴天意两堪怜，小草居然占独先。早起主人相对揖，白头闲话到开天”（《自题安亭草阁图二首》）……

周退老之词，浸润于五代、南唐，陈机峰先生谓其《梦余词》“假事兴感，迷离惝恍，颇具花间意趣，但感情则不失为现代人感情也”，允为知言。试以其《虞美人》为例：

> 踏青重上龙华路，总被春鸠误。几番唤雨欲魂消，却见桃花浥泪不胜娇。　　劫余留得青山在，悔亦无从悔。聪明老健是天恩，赢得今朝有幸作诗人。

此实步静安原韵，观堂词云：“碧苔深锁长门路，总为蛾眉误。自来积毁骨能消，何况真红一点臂砂娇。　　妾身但使分明在，肯把朱颜悔？从今不复梦承恩，且自簪花坐赏镜中人。”王国维《人间词话》论词曰：“词之为体，要眇宜修。”可见词与诗体式不同，风格亦当有别。退老深明此理，故倚声之际，激情内敛，将劫后深悲，打并入儿女之情。“聪明老健”，本宜大有作为，却只能权作诗人，岂不可叹？放翁诗云：“此身合是诗人未”，而词则云：“幸眼明身健，茶甘饭软；非惟我老，更有人贫”（《沁园春》），可旁证退老此词之旨，更可明诗与词表达方式之不同也。

退老之词亦时有二窗（周密与吴文英）之风，我尝见其印钤云“与草窗同姓，与梦窗同里”，可知其宗风所在。如“临宝镜，整云鬟。怜他顾影看。离鸾应是在人间，天涯重回艰”（《阮郎归》）、“词苑诗坛，著个无知我。壶天大，凝神默坐，叶叶林间堕”（《点绛唇》）、“深沉庭院，漠漠飞莺燕。芍药枝头春尚浅，只许窥帘一见”（《清平乐》）……但遣辞立意，则仍见退老之清恬晓畅之个性，而去尽二窗之晦涩低沉也。

周退老在《梦余词》小序中云："于是按韵索句，凭空构想，竭数夕之力，全帙脱稿。"窃以为"凭空构想"四字，妙不可言。昔金风亭长尝云："老去填词，一半是空中传恨。"盖词不能太实，倘过于粘滞，则失灵动飞扬之致。廿余年来，我学填词，虽主要得益于吕师小薇，而石窗词丈，亦为我开启无量法门也。

周退老年臻期颐，诚人瑞也。承杨兄逸明不弃，嘱我评介周老诗词。匆匆走笔，言未尽意。姑录我2005年岁杪所写《乙酉孟冬寄怀石窗丈海上》一诗，权作本文煞尾：

我倚章江滨，神驰春申浦。
茶烟袅安亭，静谧如紫府。
梦边蝶纷飞，笔底香暗吐。
胡床供高卧，瑶琴容闲抚。
学问兼中西，流变通今古。
欲趋路迢遥，幽怀托鸿羽。
盈襟绪风寒，转觉心煦煦。

2012年5月18日于南昌青山湖畔

《周退密诗文集》序

刘梦芙

周丈退密先生之大著诗文集列为中华诗词（BVI）研究院项目《当代诗词家别集丛书》，付梓之前，嘱予为序，然实难膺此重托。盖先生与吾师孔公凡章为震旦大学同窗，年高德劭，余既为晚辈，安可僭越，此其一。诗文集中诸卷已有多篇序文，如郑逸梅、陈兼与、沈轶刘、包谦六、王瑜孙、王西野、徐定戡、彭鹤濂、田遨诸公，皆海上前辈名家，于先生著作之精妙多有阐发，珠玉在前，小子奚能赞一辞，此其二。辞之再三，先生坚执不允；且忝为丛书主编，负有向读者绍介本书之责，乃勉为其难，略述读后心得，谬妄之处，祈先生与诗坛诸君子教正。

周丈原籍在浙社鄞县（今宁波市），与南宋词人吴梦窗同乡。祖上七世业儒，至清末废科举，先生之尊翁弃儒为医，经营中药商务，而家中富有藏书，传统教育未尝中辍。先生幼承庭训，髫龄入书塾清芬馆，读儒经古文，厚植根基，然心之所嗜，则在历代名家之诗与书法。及稍长，肄业上海中医专门学校；弱冠入震旦大学习法律，通法兰西文，鼎革后为外国语学院教授，以迄退休。观先生久居十里洋场与夫受西学教育之经历，宜为欧风所化矣；而先生视其所学仅为谋生之具，始终不易其以诗书为性命之情怀，数十年创作殊丰，较诸专治国学者，弥为纯笃。盖二十世纪百年间风云变幻，沧海横流，吾国旧有文化所遭劫难尤为深重，处兹礼崩乐坏、学绝道丧之世，知识人士逐名利、堕气节者不知凡几，清介独立、自守家珍如先生者岂易易哉！此百数十万言之诗文巨著，内涵广博深厚，风格缤纷多彩，区区一序焉能包举，姑从以下诸方面概而言之：

《周退密诗文集》
黄山书社，2011 年

一、仁者胸襟与高士品格

读先生诗文，余感受殊深者为先生性情之淳厚，襟怀之旷达。夫吾国儒家圣人之教，以仁为核心要义，孝悌为行仁之本，推己及人，民胞物与，无非一念之仁。诗为心声，合情感之真、德性之善与辞采之美为一体，方为传世之精品；文虽体式不同，心境则一也。先生于祖宗、父母、兄弟、师长、友朋皆怀有深挚之情感，儒家道德践履于人伦日用之中；心光所照，遍及于书画文物、山川草木，昔贤云仁者通家国于一身，与天地万物为一体，先生之诗文处处可证。“文革”后诗词复兴，先生诗情泉涌，交游极广，无论前辈名家抑或青年才俊，先生皆乐于唱酬，待之以诚，持之以敬，有谦逊之怀，无门户之见。集中《岁暮怀人诗》绝句即逾百首，次韵之古近体诗与长短句更沉沉伙颐，非徒见诗事之盛、交谊之隆，契尼山“诗可以群、可以兴”之义，诗中霁月光风之气象与夫海纳百川之襟抱尤见仁者之涵养修为，揆诸当代诗坛，实不多觏也。先生大半生值国家多难之秋，未能一展鸿鹄之志，沪滨高隐，独善其身，箪食瓢饮，不改其乐，较诸汲汲于富贵、戚戚于贫贱者，境界若霄壤之殊，斯则仁者而兼智者。夫仁智双修，知行合一，关爱人生而洞明世事，方能以不变之坚贞处万变之

时局，护持斯文一脉于不坠，光芒德泽见其辉耀流衍于神州禹甸，可大可久也。先生诗文浑涵之义理、卓立之品格，足以风末世、启后学矣。

二、忧患意识与批判精神

先生诗词多纪友朋交谊、图书文物，兼写山川名胜、花鸟虫鱼，当世诗人笔下亦多有此类题材，论者斥之为“三应诗”，盖应世应人，流于肤泛伪饰；应景之作则吟风弄月，玩物丧志也。然先生之作，远非时下庸庸者可比。为先生撰序之前辈名家，多着眼于先生诗艺之高妙，罕有抉发诗中之思想意识者。余则以为先生诗词中极可贵者乃上承千古诗人之真精神真气质，旷达之情怀不掩其疾恶疾俗之锋颖，超逸之气格时见其忧国忧民之仁心。“浩劫来临，鬼瞰其室，心旌悬摇，朝不保夕者凡数载。藏书万卷去其泰半，旧作及译稿则均付诸一炬”（《闻一波波影楼诗集序》）；“在书房中不知写了多少次的交代，绞尽过多少脑汁，为自己的‘罪恶’搜索枯肠，上纲上线，不断拔高。……在单位写了不算，回到家里还得不尽地写。夜深人静，一灯如豆，凭着这张书桌苦思冥想，究竟我错在哪里，何以相煎如是之甚。往往一人书空咄咄，也不时地为之苦笑不已”（《我的书房》）。此为万千老辈“文革”中经历，季羡林先生《牛棚杂忆》、韦君宜先生《思痛录》皆有类似纪事。而周先生诗词弥为痛切，诸如“鬼与为邻，生真若梦，历劫茫茫长夜”（《台城略》）；“劫罅全生得退藏，回思余悸尚惶惶。身当风浪难为定，谋有阴阳岂易防。读史难忘三字狱，治家犹好一言堂。落花尽逐东流去，几度消沉到霸王”（《读史》）；“画地为牢缧绁亲，十生九死记犹新，纤儿撞坏出何因。忠字当头甘活殉，生祠遍野祀天神，堪怜可笑是愚民”（《浣溪沙》）；“在劫难逃岂止予，荒唐岁月那堪居。应教杜甫生今世，可有马迁作史书？运恶为牛同受轭，门虽失火亦殃鱼。回思往事犹余痛，度日如年万室如”（《和喻蘅老鱼韵》）；“放言原欲输忠荩，严谴终难问是非。天下寒心从此始，千夫失望觉来迟”（《定翁示和人无题诗，为作旁白一首博笑》）；“漫道当家作主，如同与虎谋皮。醒来一梦觉全非，变本反而加厉。空有辉煌宪法，公然践踏成泥。四凶当道万家啼，伤了神州元气”（《西江月》）；“曾经九折坂，曾历浩劫陡。高明鬼瞰室，漫藏贼伸手。忆作长帽翁，狼狈通衢走。横扫及无辜，牛鬼十八九。煮豆而燃萁，饮鸩而非酒。天意终难违，金刚终必吼。不待蓍龟卜，昭然是非剖。世有董狐笔，严必暴其丑。前事之不忘，后事可师否”（《九九牧歌五和遨公述往事》）……笔挟风霜，辞严斧钺，不以藻绘为工，而铸鼎燃犀，堪为史鉴，“文革”为中华民族史无前例之悲剧，其祸乱之根源未经全面深入之揭示与反思，国家即转入改革开放时期，拜金之风甚嚣尘上，权贵谋私，烝民困顿，先生对貌似繁华而危机四伏之世相极抱深忧：“文化曾遭浩劫，后遗之症弥彰。三人众里几文盲，却是当年刘项。才免饥寒交迫，便营酒肆淫房。一呼百诺俨侯王，道有冰山靠仗”（《西江月》）；“膏肓之疾上而下，贪墨多门北至南。江水泥沙流永在，鱼龙混杂战方酣”（《步何永沂韵》）；“贪夫靡不殉财死，我辈初非在位人。谁是今朝围猎手，草深狐兔巧藏身”（《丙戌中秋抒怀》）；“虫声凄蔓草，志士动悲吟。仓鼠何由磔，人权莫见侵”（《和寿荪夜起》）；“狐兔鹰同击，蚊蝇草共烧。黎民望郅治，那得待明朝”（《望治》）；“不涉兴亡事，焉能责匹夫。如川安可防，有罪得同诛。白日走仓鼠，青灯笑腐儒。刑天舞干戚，吾道岂云孤”（《漫兴》）；“颂骚先以兰为佩，观政还期酒返醇”（《和幼惕社长》）；“贫富悬殊分两极，龙蛇迭起问苍天”（《次吴定中贺新韵》）；“读史徒多新涕泪，濯缨难觅古沧浪”（《甲申》）；“难同强者论平等，且吁苍天祝有秋。天下兴亡谁负责，几人后乐几先忧”（《兆俊寄示新作及小令，喜酬一律》）；“举世唯阿危论少，满场靡曼郑声喧”（《次思维追怀鹤濂、寿荪二翁原韵》）；“国犹如此民何待，取不由劳富可哀”（《喜艾若来沪枉存》）；“幸见太平日，终为驯服民。富强不在貌，亿万尚清贫”（《戊子母难日》）……警句佳章，举之不尽，凡此皆见老诗人忧国忧民之耿耿丹忱与刺邪刺贪之凛然正气。先生“不为歌德派，肯作附膻蝇”(《二○○八年岁阑杂感》)、“百年惭独善，无力救穷黎”(《园居遣怀》)；寄望于国家昌盛、黎民安乐:“不弃儒冠歌祖德，终期郅治望河清。愿他万劫从今尽，海日长悬紫气横”(《次谷风韵》)。九六高龄犹发雷霆之音：“愿将千金裘，换彼太白酒。愿登千刃冈，效作狮子吼。一吼阊阖开，再吼混沌剖。急挽天河水，一洗人间丑”(《九九牧歌八和遨公述近所患痛风状》)，可谓老当益壮，其志弥坚。盖儒家温柔敦厚之诗教虽旨在导人向善，而又有嫉恶如仇、金刚怒目之丈夫气概，秉持真性情之诗人莫不富有批判精神，扬善与抑恶乃一体之两面，皆本诸仁爱之心。孔子删诗存《伐檀》《硕鼠》之篇、变风变雅之什，一言以蔽之曰“思无邪”，即此意也。上引先生诗句，风骨峥嵘，可见先生健全之人格，卓荦之胆识，彼折腰媚世、宗朱颂圣者，奚足道哉!

三、融合创新、缤纷多彩之艺术风格

钱仲联先生《近代诗评》云:“夫正始之义，匪可浅言；风雅所趋，奚云小道？尝综其源流，寻其窔奥，窃以为华严之喻，难云妙悟；蜂鹤之禁，亦属外篇。斫梓染丝，学在始化，宏诵载籍，以充其气；审别俳伪，以正其趋。气充斯厚，趋正斯雅，然后调飞沉之韵，极情采之变。九幽觑怪，千仞刷翮，用能流响中韶，造端成化，千状万态，炉冶在我。”(《梦苕盦诗文集》下册，黄山书社版）此言为诗者不能仅恃一己之小智，或斤斤计较于律法章句;而当读书养气、积学富才，明雅俗之分，首途正大。必有深厚之根基，雅正之趋向，为诗方能神明变化，形成自家风格。纵观千古以来诗坛大家，无不循此规律，老杜“读书破万卷，下笔如有神”、“别裁伪体亲风雅，转益多师是汝师”，即言斯理也。周先生少年即具学诗之兴趣与灵慧，而博览群书，含英咀华，则为自成一家之必经阶段，所谓华严楼阁弹指即现，乃学富功深后之自然结果，废书不读、妙手空空者能臻此境乎！盖先生为诗人、词人，为书法家、文物鉴赏家，又熟谙法学与外语，一身而擅多能，才以学济，艺与道通，是以诗文有宗庙之富，百官之美，先生于书山艺海之中掉臂游行，得大自在也。就诗而言，先生兼工各体，五七言古风与律绝皆臻其妙，风格出入唐宋之间，复能融化贯通，无摹拟之迹。而温厚平和，乃先生之天性，故为诗走坦荡之途，奇诡与苦涩皆所不取，诗境遂如白云卷舒，清泉流泻，语言雅淡而自然，挹兹万象，着手成春，此炉火纯青之功候也。诗集中和韵之作颇多，“鱼”韵七律六十余叠，“寺”韵七古与《九九牧歌》“口”韵五古皆十叠，新意迭出，澜翻不穷，绝无枯窘之态、重复之篇。言次韵为作茧自缚无好诗者，乃学浅才弱之饰词耳。以词而言，先生早年从吴兴沈公迈士游，已有习作；六十岁以后专力为之，与南北词家陈兼与、徐竹间、徐稼砚、寇梦碧、陈机峰诸先生时相唱和，造诣益深。其小令取法《花间》、欧阳、二晏，清丽俊逸；长调则奄有白石、玉田、草窗、碧山之长，高华超旷。窃以为先生词中小令尤胜于长调，天然神秀，风韵飘潇，盖慢词每以雕镂为工，小令则似易而实难，非才思颖慧，罕有佳制，先生词集中空灵要眇之作居多，情意缠绵，味之不尽，此又与天性相关也。凡邃于国学之诗人词家，绝非抱残守旧，先生撰诗话即屡言创新，作品中多写时事，化用口语新词，不忌邻韵通押。然此“新”又非诗界俗子所谓之“新”，乃深入生活、烹炼语言，仍以雅正为依归，新而不失其美，无厚积之基、通变之才，创新岂易言哉！综上所述，先生之诗词师法历代名家，入而后出，变化生新，自成面目；诗词之风格体式多彩多姿，学养与才情交相映发，继往圣之绝学，启来轸以通途，于当代传统诗坛，是宜居高一席也。

四、博通之学，渊雅之文

先生勤于笔耕，吟咏与临池之外，著为文论，洋洋大观。体式为传统之文言序跋、札记，内容以诗词、书法评判与文物鉴赏居多。“自幼酷爱临池，家中亦薄有所藏。摩挲之余，闻有名迹，辄欣然往观，平生所见遂多，窃墨识其神韵体致，品第甲乙，自为月旦”；“自负鉴赏，于拓之先后、石之真赝可立辨”，此夫子自道也。《退密文稿》中序言多应现当代诗词名家之请，为其别集而作；《杲堂书跋》则属自读藏书札记，玉尺衡诗，称扬美善，兼述交谊，古道可风，既具知人论世之卓识，复见广纳万流之雅量。而鉴赏书画与考证文物之文，非专家莫办，诸如秦砖汉镜、唐碑宋帖，下至明清及近代名家墨迹，先生皆一一别其真伪，持其理据，博雅闳通，极富学术价值。诸多诗词评论与书画文物鉴赏之文皆精心结撰，与诗集中《岁暮怀人绝句》《墨池新咏》《四明今墨咏》《墨池今咏》合而观之，可见诗坛书苑之流变，其间穿插先生亲见亲闻亲历之人事掌故，堪为史料。先生诗中富学，运古为新；为文亦饱蕴诗情，于祖国传统文化之结晶极为珍爱，拳拳之心，令人弥深感佩。至若《谈诗小札》百余则，皆言之真切体验，不为空论，如话家常，于读诗与学诗者大有裨益。文言之外，先生亦作白话文，娓娓而谈，朴素清畅，能者固无施而不可也。

读先生诗文，如入建章之宫，上述数端，安能穷其堂奥，略备导游而已，世有解人，当谅余识卑学陋。先生年近期颐，而思力敏锐如昔，诗文创作纚纚不绝，继此集后必将再出新著，谨以小文祝先生寿域无疆，则华章宝翰，与日俱增，是今世艺林之幸也。

安徽后学刘梦芙

西元二〇一一年，岁次辛卯，清明前一日于淝滨寓居

周先生诗文集卷帙浩繁，电脑排印，多鲁鱼亥豕之误。先由桐城汪茂荣先生细为点校，余则负终审之责，学力所限，差错未免。先生亟盼出书，倘有疏失，尚容再版时补正。

梦芙附记

（原刊《周退密诗文集》，黄山书社，2011 年）

五四以来词坛点将录·周退密

刘梦芙

地空星小霸王周通　周退密

石窗丈早年毕业于震旦大学，曾任教于上海外语学院。拨乱反正后，多与沪上诸老切磋词道。近年复与海内中青年词友酬唱，耆龄健笔，霁月光风。倚声以小令居多，清丽自然，不假雕琢，于北宋近大晏、欧阳。徐穉研评其《菩萨蛮》十四首“胎息花间，取则温韦，稍逊其芊丽秾艳，而益以清新俊逸”。陈机峰丈评其《和观堂长短句》“假事兴感，迷离惝恍，颇具花间意趣，但感情则不失为现代人感情也”。周词题材多写恬居之生活情趣，一花一鸟，信手拈来，寓冲淡之情，有庄子濠上观鱼之乐。此为词中之另一境界，非多经忧患，勘破世相者，难以优游其中也。

（原刊《二十世纪名家词述评》，刘梦芙著，安徽文艺出版社，2006 年）

《退密诗历六续》序

黄思维

四明周退密先生，其诗文以才、学、识三长为士林所重，享“海上寓公”之誉。自2002年起，先生将所作诗词名之曰《退密诗历》，盖仿其乡先哲黄梨洲《南雷诗历》也。兹书于2004年自费印行后，先生耄期不倦，情随物兴，诗与时行，又次第印行《续编》(2007年)、《二续》(2009年)、《三续》(2010年)(以上已收入《周退密诗文集》)、《四续》(2012年)、《五续》(2013年)。先生之诗频繁结集，可谓天道酬勤矣。梨洲《诗历题辞》曰:“夫诗之道甚大，一人之性情,天下之治乱,皆所藏纳。”先生之诗亦然。尝有诗云:“诗虽一小道，实为终生艺。晓畅师白陆，博厚窥杜李。古往复今来，中当有一己。”(《学诗一首用五言三十韵原韵》)可见先生缘情骚雅，笃好研寻，终生以之。师法前贤，博厚晓畅，兼而有之。举凡天下事、身边事，无不写一己之性情，具个人之面目。先生在《谈诗小札》中称“漂亮”二字为诗之“高层境界”，而臻此境界，“乃属一己长期修养之事”。又称陈兼与先生“描写老年人日常生活情景，说得何等晓畅明白，也可说是属于漂亮一类的作品。”所谓漂亮，言诗之美也，内美而重以修能,绚烂而归于平淡是也。先生晚年诗也是如此。“体热惟求冰在握，夜凉可有月登台。”“闲来时得推敲乐，跌入诗中不羡仙。”能以寻常语说寻常事，善用健字活字，撑拄斡旋其间，不惟写得漂亮，且见性情之真，未始非长期修养之功也。

先生赋诗，兴到时一天数首，违和时整月无诗。《诗历》中曾多次标明某月无诗之记载。每当无诗之月，先生尝谓予以后也许不会有吟事云云。然而积习难改，一旦事物相感触，平日蕴于胸中之诗，汩汩然又注于手下也。正如先生哲嗣周元先生来书云：“写惯诗的人硬要不写，我想一定不舒服。”信乎知父莫若子也。顷又将一年诗稿编为《六续》付梓，若干未结集文稿作为《补编》附后。《左传》曰：“民生在勤，勤则不匮。”张平子曰：“人生在勤，不索何获。”先生乃勤而才情不匮邪？抑勤而收获可观邪？

日月逾迈，与先生忘年交垂三十年矣。先生之道德文章，如春风化雨，沾溉良多。而寿越期颐，犹日新创作，仰钦殊甚。先生《三续》，承不弃，尝为之序。而《六续》，蒙厚爱，仍同前嘱。深为感幸，不克获辞，乃谨述先生著述之勤、篇章之美与夫《诗历》之刊行始末云。

二〇一四年七月，后学黄思维敬书于凤翔轩

（原刊《退密诗历六续》）

才以学济　艺以道通

——我所理解的周退密

张瑞田

一

五年前有一次，我与周扬之子、作家周艾若谈到周退密，周艾若的眼睛里有了神采，他告诉我，他与周退密先生曾在黑龙江高等院校共事，他教中文，周退密教法文。他停顿了片刻，目光飘到很远的地方，继续说，周退密先生国学、西学的功底都好，诗词、书法都好，很想念他。

此后，周艾若去上海，与周退密先生相见，两位年龄相差 20 岁的文化老人，不知道说了些什么，遥远的黑龙江，在他们的生命记忆里有着怎样的分量。

黑龙江，与周退密先生联系在一起，让我茫然，也觉得自然。

周退密，1914 年生于浙江宁波。在上海震旦大学毕业后，先后在上海法商学院、大同大学、黑龙江大学、哈尔滨外国语学院、上海外国语学院执教，并参与《法汉词典》的编撰工作。自黑龙江返回上海工作，曾在上海外国语学院教法语，在语言文学研究所从事比较文学研究，同时涉足法律理论，著有《民法上的抚养义务及其在刑法上的制裁》《限定继承法》。2013 年年初，我到上海拜访了周退密，带去周艾若老师的问候，也提到他去黑龙江工作的因由。那是一个阳光明媚的下午，在安亭路一栋洋房里，他谈及在黑龙江的往事，表情轻松。1956 年，哈尔滨外国语学院请他去教法语。彼时，黑龙江与上海一样的洋气，只是远在东北的黑龙江寒冷异常，是否适应，是周退密的难题。房间里的采暖设备，让他对哈尔滨有了温暖的想象；另外一点，也是重要的人生暗示，周退密的父亲 42 岁那年曾去哈尔滨考察股票生意，周退密赴哈尔滨执教这年也是 42 岁，两代人与一座城市的缘分，充满了巧合，也充满了浪漫的诗意。眼下，在上海安度晚年的周退密依然记得哈尔滨中央大街的石头路，记得松花江翻滚的波涛，隐隐的疼痛，则是六十年代的饥荒，那种饥饿感让他感到恐惧。

1964 年，周退密被调回上海，在上海外国语学院教授法语。很快，“文化大革命”开始，社会动荡，周退密正常的生活秩序被打乱。1968 年，有人提出，有英汉词典，没有法汉词典，应该集中法语人才，编写《法汉词典》。于是，1968 年《法汉词典》编委会成立，地点在上海外国语学院，周退密参与《法汉词典》的编写工作，其中的法律辞条、国际音标，由他审定。自 1968 年到 1979 年，历时 11 年，周退密与许许多多的法语同行，一同完成了《法汉词典》的编写工作。一位诗人、书法家的现实生活，在上海、哈尔滨之间漂泊；他内心对文学艺术的热爱，如一条船，载着他的生命理想，历经四季。正如刘梦芙先生所言：“盖二十世纪百年间风云变幻，沧海横流，吾国旧有文化所遭劫难尤为深重，处兹礼崩乐坏、学绝道丧之世，知识人士逐名利、堕气节者不知凡几，清介独立、自守家珍如先生者岂易易哉！”

从这个角度看周退密，会看到一位诗人、书法家的精神真相。

二

对文字的力量心存敬畏。周退密的诗词与文章，直面人生，剖析自我，辞幽意长。读《漫兴》，我看到了这位老人年轻的思考，沉重的感悟：“不涉兴亡事，焉能责匹夫。如川安可防，有罪得同诛。白日走仓鼠，青灯笑腐儒。刑天舞干戚，吾道岂云孤。”

对当代诗词创作，有一点不满的情绪。诗词创作是文学创作领域重要的一环，理应有思考、有分析、有批评、有否定。优秀的文学作品，是需要面对苦难的。可是，当代一些诗词作品，成为简陋的宣传工具，谀世，颂圣，不敢表达对现实的真正理解，却不厌其烦地在平仄、韵律上钻牛角尖，回避诗人的历史责任。周退密的《漫兴》，让我看到一位真正诗人的襟怀。因此，见到周退密，当然会向他请教诗词创作的问题。

2013 年的周退密是 99 周岁的老人了，与他见面，幸福的感觉油然而生。记得我写下这样一段文字——“与周退密先生围坐一张茶桌，面对面地看着他，沐浴生命和智慧的灵光，踏实而富足。先生个子不高，肤色白净，目光温和、明亮。阳光从东侧的木窗逸逸而入，如轻纱披在先生的身上，有一种温暖扑面而来。”那一天涉及诗歌，他谈了两个问题，第一，诗韵问题。他表示，每一个时代的语言风格不同，韵律需要宽泛；第二，诗歌的功能。诗歌是写给朋友们看的，相互看看，才有意思。周退密的语气温婉、清晰，波澜不惊。看似简单的问题，他看到了深处。

与周退密见面之前，我注意到 2007 年他对《南方都市报》记者的谈话，他说：“诗歌本来不是这个样子，应该是更加人民化的东西，很接近生活，很接近人生，后来经过读书人这么修饰以后，越来越脱离群众了。现在的诗跟大众关系很少，对国计民生表现很少，看的人也少。现在广州比上海要好，他们敢写。”

他以“敢写”夸广州的诗人。他对我说，诗歌是写给朋友们看的。不同的场合，所谈的问题殊途同归。我刚刚读完他托唐吟方先生带给我的《退密诗历四续》，其中的一首诗，应该是诗人自己的写照：“名利场中无此人，潜修隐德信无论。凭君一管生花笔，网得珊瑚颗颗珍。”

周退密写诗，有童子功。周退密为《开卷》杂志所写的《我的书缘》是一篇情真意切的美文，其中一段可触摸到岁月温度的——“我和书真可谓之情有独钟了。记得童年时代放晚学回家，就向母亲要了书楼的钥匙，独自一人上楼开启书橱，有时并不是为了看书求知识，而是去闻闻从古籍中间散发出来的一种氤氲香味。这可能就是人们常说的书香门第的书香吧。开启书橱以后，常常抽出一部看看翻翻，立即又把它放回原处。有时只是立着看看书的标签，摸摸刻本的书根也会觉得有一种说不出来的快乐，真可谓之爱书爱到发痴的程度，真的和书结下了不解之缘了。”

与书的感觉写到这种程度不多见。周退密童年入私塾清芬馆习诗文，读儒经。在《捻须集》的序言里，周退密描述了学习的状况：“先君授读唐诗‘松下问童子’、‘打起黄莺儿’诸首以及《古诗十九首》，此情此景，历八十年而记忆犹新。”启蒙、吟诵、读书、思考，一个人的人生渐渐开阔起来，这是基于诗教、诗爱的人生，是以诗的视角感受现实，认识世界的选择。毕竟进入了二十世纪，“庚子事变”后，中国进入动荡期，政权更替，时代开放，社会结构开始历史性调整，传统文化危机四伏。周退密不可能像他的前辈一样衣食无忧地在书斋里读书写字，他要进入现实社会，而迎接他的现实社会需要贸易和法律。他学法律，他当律师。多么接地气的职业啊，周退密在内忧外患的中国，艰难地奋争。接踵而至的反右、“文革”，写诗的心情烟消云散，他像所有中国知识分子一样，万分小心地行进在脆弱的冰面上，直到改革开放的到来。

1981 年，68 岁的周退密退休。他离开上海外国语学院，专注诗词与书法。从有话要说，与朋友们默默交流的学者，到诗坛士林的耆宿；从法文教授，到浮想联翩的文人，周退密的晚年，创造了生命的奇迹。

对于周退密先生的诗词创作，我同意这样的美学概括：仁者胸襟与高士品格，忧患意识与批判精神。周退密诗词创作题材丰富，有精心佳构，有信口拈来；有纪事，有抒怀；有唱和，有赠答……总而言之，遵循文学创作规律，寄情言志，把对历史的思考，现实的审视，自我的反省，以及对他人的祝福，对自然的热爱，熔铸自己的诗句。周退密先生 96 岁时曾赐手札给我，言之诗词，表示自己的诗词不求有为而为之，是一个人的声音而已。他的声音怎样，这一年，他做《八和遨公述近所患痛风状》，一句句诗，如重锤击打心扉：“我生东海滨，非鱼不媚口。忆过鲍鱼肆，鳞介靡不有。欲攫爪伸猫，欲吞嘴张狗。终于食鲥鱼，引发痛风陡。迷阳行却曲，起立撑双手。缓若蜗牛爬，疾惭蚂蚁走。上策三十六，极限九十九。愿将千金裘，换彼太白酒。愿登千仞冈，效作狮子吼。一吼阊阖开，再吼混沌剖。急挽天河水，一洗人间丑。海客谈瀛洲，怪力夫子否。”从生活出发，这是文学创作的根本。对生活的审视与思考，有着超越生活本身的认知，才能产生审美价值。看似弱不禁风的周退密，生命的意志如此顽强。

因此，刘梦芙对周退密诗词的评价有代表性：“余则以为先生诗词中极可贵者乃上承千古诗人之真精神真气质，旷达之情怀不掩其疾恶疾俗之锋颖，超逸之气格时见其忧国忧民之仁心。”

三

2007 年，我和斯舜威担任策展人的“心迹 · 墨痕：当代作家、学者手札展”巡展在北京首展，展品系当代作家、学者的手札、诗札，甫一亮相，争鸣声不绝于耳。周退密是这个展览的特约作者，也是最年长的作者，他的手札和诗札同时展出，引起观众极大的欣赏兴趣。应该说，周退密的两件作品，是展览的亮点。手札形式契合古法，诗札的诗歌和书法同样典雅，从书法的角度看，无可挑剔，从文辞的方面欣赏，也会心满意足。“手札展”先后在北京、石家庄、烟台、东莞、杭州、深圳、大连、营口等地展出，我一路跟随，一是倾听观众的意见，一是感悟作家、学者们的墨迹。每一位作者的作品都有特点，不过，从手札、诗札的完整性上来看，周退密先生的作品无出其右者。如果评奖，一定是唯一一等奖的获得者。

这两件展出作品足以证明周退密的书法家的地位。这两件作品，也让我得出一个重要结论——周退密是当代书法大家，是文人书法大家，庸庸书界无出其右者。

不把书法作为笑傲江湖资本的周退密，把写字看成一种生活习惯。创作诗词，用毛笔录之，味道不同寻常。毕竟是从髫龄而来的修为，对书法的认知，是有文化深度的。因此，他书法的文化格调可望不可及。从“手札展”开始，我专注周退密的手札研究，我觉得，当代书法家的手札就是用现代汉语写的书信，不讲规矩，没有方圆，仅仅传达了世俗信息。周退密不然，他的手札由考究的文辞支撑，敬语、平阙、收尾，不离传统手札的格式，可谓字清意长。周退密是复合型文化人，他作诗写字，他研史读经，清代吴云的《两罍轩尺牍》，是他的枕边书，难怪他写手札下笔如神。

中国书法的名作庶几是手札作品，能够从手札的内部出发，窥探书法，做到读写自如，是需要刮目相看的。周退密的书法生涯如此铺陈，其落在宣纸上的毛笔字，有文化内涵，有艺术感觉，再正常不过了。

关于书法学习，周退密在不同的文章中有过陈述，在《我的闲章》一文说：“我自幼爱好书法，好像一生中从来未放弃过毛笔。退休以后用毛笔的机会越来越多，抄书、起稿、写信，多半用是毛笔。”在《人去嘉音在 思之增惆怅——为纪念施蛰存先生逝世三周年而作》一文中，他谈得更具体：“虽然我们两人都爱碑拓，但是目的略有不同。施老主要在于通过碑文作为文史研究的一个方面，他的《水经注碑录》就是一个例子；而我的目的则很单纯，只是想通过碑文上的不同风格书法作临摹、参考，使我的书法能够博采众长，融会贯通，精益多师，为我所用。免得墨守一家，成为三家村里的老学究：‘不知有汉，无论魏晋。’”

显然，周退密书法筑基深厚。我有幸听他谈学习书法过程：从欧阳询入手，上溯二王，临写兰亭序、圣教序几成日课。隶书从《华山碑》起笔，转至《礼器碑》，后对清代篆隶发生兴趣，研习朱彝尊、郑谷口等人的作品，力求书法语言的凝练，书法风格的凝重。周退密对清代隶书的青睐，令我为之一震。清代隶书是中国书法发展史重要的一环，艺术魅力不断被重新发现，周退密在清代隶书中看出了不凡，

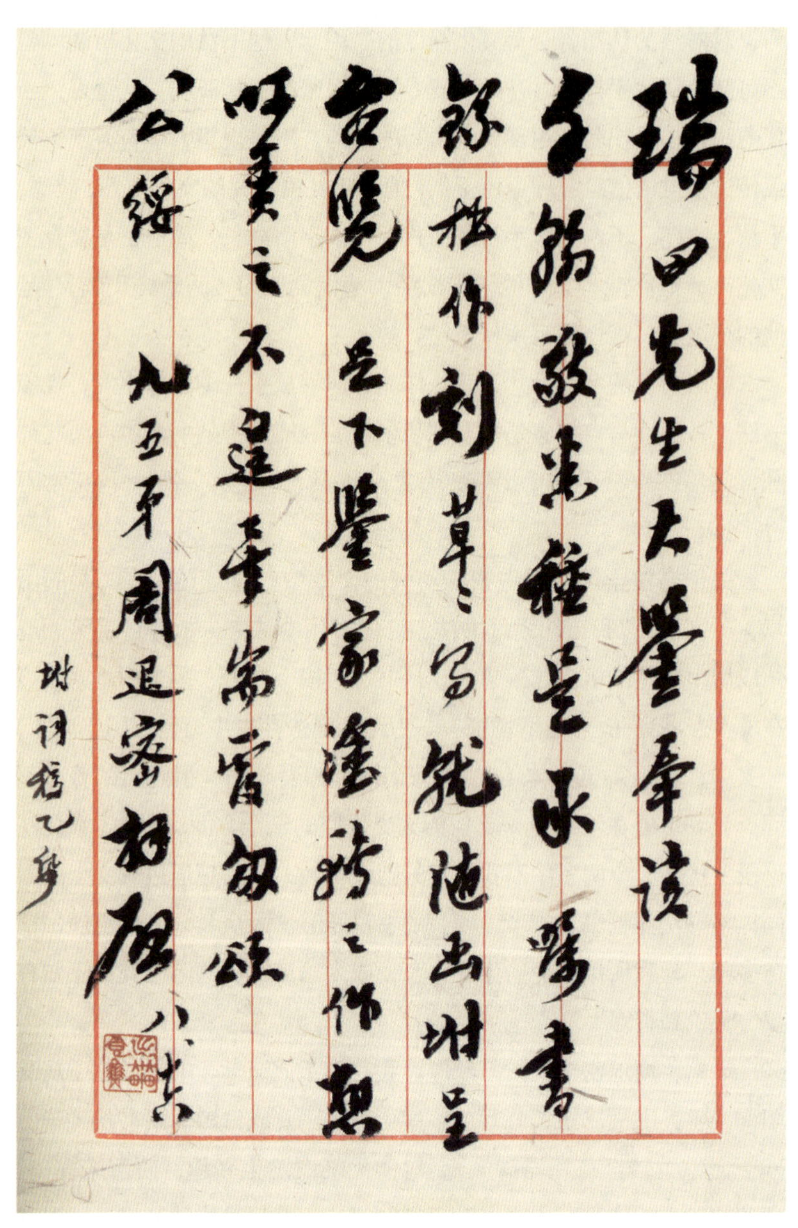

周退密 2008 年致张瑞田信札

说明中国书法史在他的内心世界里头尾相承。当然，这也是周退密艺术理性精神的体现。

欣赏周退密书法，手札，拟或条幅，行书，拟或篆隶，给人的印象的确凝练、凝重。周退密用笔坚实，笔画沉稳，结字稳固，又不失生动、飘逸。行书，羽扇纶巾，意气风发；隶书，方正豪迈，疏朗宽博。正如他的《墨池今咏》中的一首诗所言："墨海飞腾兴不穷，过庭书谱在胸中。忽然学作簪花格，便有山阴父子风。"另外一首也值得玩味："梅花消息问林逋，疏影横斜骨相殊。能作擘窠书绝妙，挥毫原有旧功夫。"

以年龄论，周退密是当今诗坛、书界第一高寿人，也是具备现代人格的知识分子。他的诗词、书法并峙，是文化高原上真正的文化高峰，值得我们敬仰、学习、珍惜。

（原刊《书法》2017 年第一期）

周退密：多一只眼睛求知识

李怀宇

访问时间：2007 年 1 月 16 日

访问地点：上海周退密家

上海西区一幢古朴的西式楼房里，周退密先生每天安静地在家中读书写字。卧室兼作书房，对周退密来说，晚年生活的主要内容是诗词创作和书法锻炼。

书是每天必读的。他说：“过去为了上床之后早些入睡，我把爱看并常看的书放在床头箱里，随心所欲地抽出一本用来催眠。近年来我睡眠特别好，已无此必要，更怕夜间上床看书损伤视力，所以一上床就把灯熄灭，让自己及早进入黑甜之乡。而那些爱看的书倒反而不看了，一如被打入冷宫的宫娥，不再有承恩的机会。”

老人晚年安居于上海安亭路僻静一角

书法几乎是每天必写的。他写书法，从小就练童子功，数十年不断。他说：“我父亲从前是科举出身，最注重的是欧字，用欧阳询的字打底。”家学渊源，祖上留下的碑帖烂熟于胸，又取法乎上，下笔气象不俗。年长后又在上海收集碑帖和拓本，从鉴赏、临摹到自成一体。在“文化大革命”期间，本来没法动笔写字，突然被调去抄写大批判的大字报。我笑着提起启功先生在“文化大革命”当中也写了很多大字报，说自己的字是“大字报体”。宾主相对一笑。

周退密感慨：退休以后，看书读报写作的时间比过去任何时期都多,老朋友也多了交往唱和。可惜许多老友已经逝世。谈起故交施蛰存，他说：“每年正月我都要到他那儿去，因为我有亲戚住在那边。后来他病得很厉害的时候，我要去看他，他们叫我别去，说你去看了会伤心的。”谈起郑逸梅，他则说：“我认识他比较晚。我十二三岁的时候已经读到他的作品，后来碰到他，我跟他说：‘读你的文章很早，相见很晚。’大家谈得很开心。他后来写《周退密谈上海第一号汽车》，这没道理，上海人就喜欢谈这些东西。”

出身中医世家，周退密却对中医持反对态度，只认为学中医对养生有好处。问起周退密的养生之道，他只用一句话概括日常生活：“一早起来，一杯牛奶，两片面包，中午一碗饭，晚上一碗饭。”

周退密热爱中国的固有文化，却非埋首古籍的文化遗民，他从年轻时靠外文来求知识，而不甘借助第二手的东西。他说：“学法文可以看看外面的世界，长知识多了一只眼睛。”晚年，他和老伴相依生活在上海，后代则分住世界各地：女儿在德国，儿子在香港，孙女在澳大利亚，孙子在伦敦大学教人类学。

1914 年，周退密出生于宁波名门，从小接近传统文化的教育，曾在私塾清芬馆攻读经史古文，与书结下不解之缘。1930 年，周退密入读上海中医专门学校，未卒业，改从名医陈君诒习歧黄，后成为陈君诒的女婿。虽然早年学习中医，周退密对中医却有自己的看法。

李怀宇：宁波周家在近现代出了不少名人。

周退密：周家从明朝末年定居宁波，世世代代是读书的。我的高祖是很有名的中医，人家称为“周半仙”。我的曾祖父也是中医，而且是内外科医生，后来家道中落，他的三个儿子都向外跑。我父亲曾经考过秀才，他后来到了汉口，开始在钱庄里当学徒。最有钱的是周湘云

耄耋老人依旧手不释卷

和周纯卿兄弟，周湘云是我的堂伯父，他们不是创业，是守成。兄弟俩有两个花园，一个东花园，一个西花园，各占地 40 亩，现在上海延安东路延安饭店和华山医院住院部后面还有残留的花园痕迹，古色古香，小桥流水。周家人数少，所以关系比较亲密。现在我已是周家的族长。

李怀宇：郑逸梅先生写过一篇《周退密谈上海第一号汽车》，说上海的第一号汽车是周湘云拥有的。

周退密：郑逸梅先是写错了，后来我帮他更正了。

李怀宇：你坐过那部汽车吗？

周退密：我小时候去看戏，同时放着两部汽车，一部是一号的，另外一部我记不得了。我坐在另外一部汽车里，我姐姐、哥哥坐在一号汽车里。他们那时候住的地方一拐弯就是大舞台了，很近，我想："哎呀，一会儿就到了。"我想多坐一会儿。

李怀宇：你小时候在家乡宁波接受的教育是什么样的？

周退密：我 13 岁在浙江省第四中学附属小学毕业的。毕业以后，国民党的北伐军队到了宁波，学校一时领不到经费没有开，我没有办法去上学了，只好上私塾。这个私塾叫清芬馆，老师黄次会是前清的贡生，他本来在宁波教浸会中学，后来改为四明中学里教国文，他很有经验，有新的头脑。教学方向按照孔子讲学的办法，分德行、言语、文学、政事四门，每一门课都有教材，德行教四书，言语教《左传》《战国策》，文学教《古文观止》《唐诗三百首》，政事教《纲鉴易知录》。我在这里念了两年多，打下了古文基础。

李怀宇：1930 年怎么想到去上海中医专门学校读中医？

周退密：我父亲也是中医，他是有执照的，民国十六年新的卫生局成立，他就到卫生局领了执照。我父亲的字写得很好，藏书很多。

李怀宇：在上海中医专门学校读了多长时间？

周退密：没有多少时间，一个学期。我去拜老中医陈君诒做老师，他是前清的拔贡。我跟他学了一年多，后来他成了我的岳父。我对中医是完全持反对态度的。因为我的嫂子得了乙型脑炎，就是陈先生来看，他说是“真头痛”，他没有办法，耽误了，等西医来治已经来不及了，死了。这是一个例子，还有其他的，所以我绝对不相信中医：太陈旧了，不能说中国几千年的东西没有根据，也有些根据。民国十七年的时候，已经有人提出来废除中医，后来有位叫焦易堂的立法委员提出来反对，所以中医还存在。现在香港中医是没有执照可以开业的，这在西医是不可能的。我也有一套中医理论，这是一套从中医来的理论，和人家就是合不来的。那天我到医院去看病，西医就说了，他们就是看不起中医，现在学中医的人很少。一般开明的家长，没有人让自己的孩子去学中医了。

中医作为养生有道理。《黄帝内经》有一句“冬不藏精，春必病温”，冬天不能够节约房事，到春天一定要生温病。中国的医书里最权威的就是汉朝张仲景的《伤寒论》，里面没明确提到温病，温病也就是发热。

放弃中医学习后，周退密入读以法语作为教学工具的上海震旦大学法律专业。他因此“多了一只眼睛求知识”，在这里，他学习法语。

1937年抗战爆发，周退密正在宁波度暑假，全家为了逃避日军飞机轰炸，到南乡樟村暂时居住。第二年，周退密只身回沪继续因战事中断一学期的大学法律专业。1940年大学毕业后，周退密当过律师，后在上海法商学院、大同大学任教。在大同大学期间，周退密与施蛰存同事，结下了数十年的情谊。

李怀宇：后来怎么进了震旦大学？

周退密：我没有读过中学，1931年先读震旦大学预科，后来选了法律。震旦大学有医科、工科、法科，我数学不好，小学毕业以后，中学没有念过，所以数学老是考不好，汉语和法语还是可以的，所以念法律比较容易。我父亲对这种事情不管，我的大哥对我讲：你现在只有一个眼睛，一个人应该有两个眼睛，只认识中文，不认识外文，就不行。所以我读了法语。

李怀宇：你的法律专业读得怎么样？

周退密：我大学里念两种法律，一种是比较法律，就是外国法律，一种是中国的法律，就是所谓的"伪六法"，现在我们是在向先进的法律建设迈进，例如《物权法》。解放以后不是说国民党的法律是"伪六法"嘛，好长时间，国家只有《婚姻法》，其他的东西都没有。我幸亏没有搞这个东西，如果搞了，恐怕会打成"右派"的。

李怀宇：读法律时对国民党时期的法律怎么看？

周退密：那个时期的法律是参照瑞士法律修订的，瑞士法律是最好的大陆法。我念的是法国法律，法国法律就没有瑞士的先进。教我们的是外国老师，教学和考试都用外语。

李怀宇：在大学读书时对外面的世界了解吗？

周退密：了解，宿舍里经常有各种小报，有延安方面的消息，我们都看。那时候功课很重，也稍微了解一些。

李怀宇：学法文时对法国当时的政局了解吗？

周退密：也不是很了解，就是知道他们政局动荡得很，不稳定，过去好像政局最不稳定的就是法国，党派最多。

李怀宇：在上海读书的时候跟周湘云和周纯卿两位尊长来往多吗？

周退密：来往的。他们是上海的地产大王。周湘云为人很正直，没有嗜好，他是收藏大家，收藏铜器、字画。周纯卿是一个享乐的朋友，吃吃玩玩，后来他身体不好，一直不见客。

李怀宇：1937 年抗战爆发，你曾一度回到家乡？

周退密：我到宁波，暑假回去不久，“八一三”抗战就发生。打仗前夕，我在上海华漕镇受军训，有大中学生一万多人。后来，团以下的人都打死了。我在乡下避了一段时间，就回到上海把学业读完。

李怀宇：毕业以后你去当律师了？

周退密：1940 年毕业以后，上海已经沦陷了。重庆方面跟上海在地下还是有联系的，所以我所领的还是国民政府的律师证书。

李怀宇：在上海孤岛时期，你的处境如何？

周退密：在孤岛时期，我不愿意在伪法院出庭当律师，所以我在商业机关里工作，饭总得要吃的。后来在解放之前，我到中法私立法商学院教法律。法商学院就是从前的法政学院，因为法政学院这个招牌不改的话，就得向汪精卫的南京政府注册，这样一来，学校就成了汉奸学校了，那时学校由法国人出面。胜利后我去了大同大学，是胡敦复先生让我去的。我教大一国文。

李怀宇：就是那时候和施蛰存先生认识的？

周退密：我上一年先进去，他下一年来，最近我在《新文学史料》写了一篇纪念他的文章。

李怀宇：1949 年以后，施先生处境不太好？

周退密：他挨过鲁迅的骂。他对书画碑帖也很有兴趣，但是他从来不肯替人家写字，除非来往信札。

李怀宇：有人写文章说，施先生家里挂过你给他写的字。

周退密：那副对联好像是他九十岁时我送他的。他的好多东西都送给北京现代文学馆了，听说把我这幅对联也拿去了。

离开大同大学以后，周退密一度在商业机构里工作。1956 年应聘到哈尔滨外国语学院教法语，1964 年调到上海外国语学院。1972 年到 1979 年，周退密被调去参加编写《法汉词典》。“文化大革命”期间，周退密因书法精妙，一度被拉去抄写大批判专栏。

李怀宇：怎么去了哈尔滨？

周退密：1956 年他们来聘请的。我不是充军。那时候我刚好 42 岁，我父亲 42 岁时去过哈尔滨想开股票公司，我想他能去，我也能去。听说哈尔滨很冷，到底冷得怎么样，想去试一下。就去了哈尔滨外国语学院教法语。

李怀宇：哈尔滨的生活怎么样？

周退密：很好。他们都有暖气设备，不像上海这么冷，很干燥，最冷的一天是零下 42 度。哈尔滨很干净，街道很好，松花江很好玩的，现在听说不大好，污染很厉害。

李怀宇：1957 年“反右”的时候有没有受到冲击？

周退密：还好，批判批判就算了。我政治方面从来没有关系的，家里面从来没有一个人做官的，连小官也没有。从来不跟政界打交道，没有背景，也没有党派，有党派就讨厌了。

李怀宇：在哈尔滨生活了 8 年，还算比较安定？

周退密：算安定了，挺好的，就是所谓三年自然灾害，那是很不好的，没有东西吃。听说沿着铁路两边，树皮都掰下来吃了。我们就是没有东西吃，冬天连大白菜也没有，后来好了，我们就有鸡蛋、牛肉、香烟配给，不是每个人都有，这是给教师的特别待遇。

李怀宇：1964 年怎么回到上海？

周退密：上面调回来的，不是我主动要回来的，到上海外国语学院，还是教法文。

李怀宇：后来就去编《法汉词典》？

周退密：回来以后，在“文化大革命”时期去的。有人提出来，英汉有辞典，法汉没有，应该把懂法语的人集中起来，编一本《法汉词典》，地点就在上海外国语学院，从1968年到1979年。很多单位的人调到一起编。这里面有很多法律的辞条，领导要我审定。国际音标都是我搞的。

李怀宇：编《法汉词典》期间，在“文化大革命”当中受冲击还大吗？

周退密：那当然也受冲击了。因为在编辞典，没有下乡。市里面有批示，凡是参加编《法汉词典》的人，一律不能动。因此，我是因祸得福。不然就要和别人到安徽那些地方去，很苦的。

李怀宇：你会书法，“文化大革命”被拉去写大字报了？

周退密：我一直没有间断写字，就是在“文化大革命”当中一个很短的时期，没有动笔。大批判时，每个大学在外滩都有一个大批判专栏，当时我在农村里面，他们把我调上来抄写大批判的大字报。

李怀宇：启功先生说他的字是“大字报体”。

周退密：不是我一个人写，有问题的“牛鬼蛇神”都在写，所以我的毛笔字一直没有放弃。

1981年，周退密在上海外国语学院退休。从此，他沉浸在书法与诗词的天地里，集成《退密诗历》《安亭草阁词》等，书法则是人书俱老。1988年，周退密受聘到上海市文史研究馆。上海豪门家族史研究专家宋路霞，有一次听说周退密家有一批家藏的碑帖意欲献出，便托人牵线想上门收购，因工作忙，一时搁置此事，不想周退密在家等候两周。宋路霞大受震动，此后每个休息日都去听周退密讲家族故事。终于周退密与宋路霞合作出版了《上海近代藏书纪事诗》一书，介绍了一批老上海藏书家的故事。

李怀宇：有人写文章说，你和宋路霞合作《上海近代藏书纪事诗》的缘起是，你在应允宋路霞的要求后，两个星期里一直守候在家不敢出门一步，让宋路霞听说后非常吃惊：在刚刚经历了人伦扫地、信用无存的动乱时期，怎么还会有如此认真忠厚的人？

周退密：我记不起了，那也有可能的。说明我急于把这个事情搞好。宋路霞写了很多关于上海家族的文章，她很用功的，写的东西都有根据的，到美国、日本、香港去采访很多上海豪门家族的后人，不是胡说八道的。

李怀宇：你什么时候开始学写诗词？

周退密：最早是在清芬馆，那时候读《唐诗三百首》，写得不成样子，后来就放弃了。主要写诗词是在退休以后，有时间，和几位老先生在一起写写。

李怀宇：你看新诗吗？

周退密：韦泱先生借过两本新诗集给我看过。看起来还是没有味道。新诗不能背，有些诗没有韵。中国旧体诗有韵，容易记，新诗怎么记？这个东西就不容易推广。现在懂旧体诗的人也越来越少，但也有一些年轻人写得非常好，跟古人的水平相比并不逊色。

李怀宇：近百年来有一个有趣的现象，很多新文学的猛将像鲁迅、郁达夫、聂绀弩的旧体诗都写得好。

周退密：唐朝不是以诗赋取士吗？像杜甫、白居易的诗还是很好的。诗歌本来不是这个样子，应该是更加人民化的东西，很接近生活，很接近人生，后来经过读书人这么修饰以后，越来越脱离群众了。现在的诗跟大众关系很少，对国计民生表现很少，看的人也少。现在广州比上海要好，他们敢写。

李怀宇：你一度放弃过书法，觉得现在的书法艺术问题何在？

周退密：对书法，我是非常爱好。书法是这样子，一种是规规矩矩的，一种是瞎来的，瞎来的东西怎么说是艺术呢？我看不懂，而且年轻人要求成名太快。这个事情不是很容易的，古往今来有多少会写字的人呢？传下来的有几个人是出名的？写字比画画更难，当然，画画要画得好也难，写字也难，同样道理。如果用五年时间规规矩矩地学画画，就能学得好，如果用五年工夫来写字，绝对写不好。现在功利思想太厉害，急于成名，好像活不到岁数一样，慢慢来嘛，到五十、六十、七十、八十、九十岁也可以嘛。另外，总向钱看，这个不是搞艺术。中国外国都是这样，生前的作品卖不出去，到后来很值钱，有的是生前很值钱，后来是没有人要。所以现在很危险，像中年一代可以把字写得好一点，就可以带动下一代。现在报上碰到古文的，有些连断句都断不了，而且一断就错。

（原刊《收藏·拍卖》，2011 年第 8 期，有删节，此为原文）

《草阁填词图》 学明绘 2009 年

下篇　念远怀人

悼上海周退密先生

毛谷风

安亭草阁论诗书，如坐春风乐有余。
文翰长留人驾鹤，碧天孤月夜窗虚。

缅怀退密诗翁

毛谷风

音容宛在恍如昨，几度安亭谒退翁。
浮世耽吟成巨帙，高斋畅叙坐春风。
词章协律传人口，翰墨扬名遍国中。
独善其身仁者寿，穷通得失笑鸡虫！

金缕曲·敬挽海上寓公周退密先生

施议对

周退密原名昌枢，号石窗，浙江宁波人。一九一四年九月二日生于浙江宁波，二〇二〇年七月十六日于上海辞世。享年一百〇七。上海震旦大学法学院研究生毕业。上海法商学院教授。上海市文史研究馆馆员。长期从事外国语教学工作。擅长诗词、法书，雅好收藏。郑逸梅称之为海上寓公。二十世纪八十年代为陈兼与茂名南路小沙龙座上常客。二〇〇四年冬至，趋府奉访，有《退密诗历》《退密楼五七言绝句》及《退密词综》等著作见贻。平生不作功名想，多愁合作工词客。贫亦乐，学关天；文字乐，属吾群。留得无声诗史在人间。一朝辞去，世人遥仰。为集其句，以寄怀思。庚子大暑前一日于香江之敏求居。

事业闲中寄。（玉楼春）半晴窗、断崖丛菊，扁舟云水。（眼儿媚）过雨溪流龙潭薄，雪溅偕携衣袂。（梦芙蓉）劫后身，人间原是。（鹧鸪天）烘醉东君夭桃面，向瑶台、曾作尘外计。（摸鱼儿）看纸上，龙蛇起。（青玉案）　可怜无补精神费。（临江仙）自三唐、谈碑说帖，钩沉援坠。（洞仙歌）百事不闻耽晚读，绮语白头妍未。（临江仙）任尊前，轻蝉迅似。（霜花腴）寿历周商灵椿树，啖琼林、以八千为岁。（沁园春）堪重宴，可仙拟。（浣溪沙）

悼念周老退密先生

杨逸明

昨夜雷鸣暴雨浇，惊闻栖老碧梧凋。
安亭终搁书生笔，陋巷谁怜处士瓢。
眼见百年桑与海，诗收几册汐和潮。
黄梅天里吟公句，湿重哀思忆峻标。

痛悼周退老

熊盛元

拟扶残醉访安亭，噩耗惊传讵忍听。
雨夜填胸伤老辈，骚坛浥泪想幽馨。
词摩宋季双窗垒，魂返林梢一点萤。
劫罅沉沉灯未灭，登楼望极海天青。

注：龚定庵《秋心》：“新知触眼春云过，老辈填胸夜雨沦。”唐荆川《永嘉袁君芳洲记》：“夫骚坛汇萃天下之香草美木，以况其幽馨窈窕之思，然皆未有特为之颂者。”周退老有闲章曰“与草窗（周密）同姓，与梦窗（吴文英）同里”。

水龙吟 · 石窗词丈挽章

王蛰堪

一声啼破层霄，哀鸿飞过春申畔。文星陨落，词林震荡，风流消散。歙浦云深，烟沽雨骤，梦边凄断。怅鄮峰黛损，安亭路隔，终归去，凭谁唤。　　卅载旧盟鸥侣，惹伤心、吟笺休展。扬风扢雅，忘年垂赏，别承青眼。淡泊襟期，冲虚怀抱，古贤同羡。是仙人谪满，九天重召，赴蓬山宴。

水龍吟
石窗词丈輓章
一聲啼破層霄哀鴻飛過春
申畔文星隕落词林震蕩風流
消散歙浦雲深煙沽雨驟夢邊淒
斷悵鄮峰黛損安亭路渺終歸
去憑誰喚　卅載舊盟鷗鷺惹傷心
吟箋休展揚風扢雅忘年垂賞別承
青眼淡泊襟期沖虛懷抱古賢同
羨是仙人謫滿九天重招赴蓬山宴
蟄堪倚聲

王蛰堪手书《水龙吟 · 石窗词丈挽章》

挽周石窗丈

刘梦芙

六合澄清志，终生憾退藏。
诗成尊巨擘，海叹变枯桑。
劫史心灯照，安亭泪雨凉。
当年曾侍坐，遥拜奠椒浆。

乔木凋伤尽，惟公过百龄。
载瞻门立雪，长感眼垂青。
鹤驾云霄去，人传翰墨馨。
那堪蓬岛路，雷雨夜冥冥。

注：丈与先师为同学、老友。拙著诗词集曾蒙赐序。并书赠楹联“读书破万卷，落笔超群英”（集老杜太白句）。

敬悼周退密先生

黄思维

梅雨今年久不消，惊闻鹤驾九天遥。
也同昨夜倾盆雨，来哭周公泪涨潮。

安亭草阁静无哗，翰墨谣吟兴自赊。
能作人间淡生活，故教毫底发天葩。

境多顺逆悟人生，今古三窗负盛名。
自是艺坛推作手，雁过天外尚留声。
注：先生号“石窗”，有闲章曰：“与草窗（周密）同姓，与梦窗（吴文英）同里。”先生《我的感悟》：“我在九十八年的历史长河中，在处顺境时，是保泰持盈，不敢妄作非为；在处逆境时，是含垢忍辱，耐心待变，听其自然，不灰心丧气，终于峰回路转，活到现在。”又《退密诗历五续》前言：“雁过留声，聊存一己之性情与夫面目而已。”

却逢青眼亦前缘，忘岁交情近卌年。
迭和歌诗盈箧底，再难赓唱转凄然。

《周退密书法展》观后

黄思维

平生万卷贮胸中，临古诸碑字势雄。
应是自开书世界，此来同仰四明翁。

注：先生书艺湛深，自成一家，享誉海内，但生前未举办过书法展。此次书法展，由夫人施蓓芳女史悉心整理，上海文史馆全力支持，终圆先生之梦也。先生所临《衡方碑》《爨宝子碑》后，均有“临古”二字。

碑帖沉酣岁月深，墨池三咏度金针。
兰亭拓本邀同赏，千载挥毫见匠心。

注：先生著有《墨池三咏》(《墨池新咏》《四明今墨咏》《墨池今咏》)，其所论述，亦如陈兼与先生“藉论书以扬扢风雅，用成韵以感事怀人”(见《自叙》)。先生藏碑帖甚富，尝见示“定武兰亭明拓本”，予乃赋《黑漆弩》二首记之，其一曰：“向晴窗禊帖同观，掩卷不能离去。恰钩摹直到毫芒，想腕底当时写处。”

大书急就墨余馨，草阁端居老复丁。
犹记国家多难日，耄年心愿是安宁。

注：兹展中有先生以隶书、章草节临《急就篇》二幅："汉地广大，无不容盛。万方来朝，臣妾使令。边境无事，中国安宁。"具有深意焉。

今年七月十六日，百七岁文化老人周退密先生仙逝，仅半载，其夫人施蓓芳女史亦随退老而去。退老有《病愈出院示蓓芳夫人》诗曰："海燕双栖乐太平，安亭草木亦多情。人生若有重来日，再结枝头连理盟。"弥见伉俪情笃。今次其韵，以悼念焉。

白头为侣养和平，三十三年响沫情。
草阁只今人去尽，安亭犹认旧时盟。

悼百岁诗人周退密先生

李葆国

仙翁歇杖揖余晖，盛世祥云送锦帏。
一棹艰辛随浪去，百年风雨逐尘飞。
聊将吟咏辞屏幕，化与禅茶释是非。
尽阅文坛多少事，吴东翰墨自轻肥。

鹧鸪天·哭石窗词丈

许全胜

忽隔仙凡在夜分，安亭法语梦难温。遗经独抱应高卧，诗卷千秋待细论。　　羲献帖，汉唐文。屏风赏析更何人。可哀最是黄钟毁，化鹤当惊八表昏。

注：文尝示所藏唐太宗屏风帖共赏析，此乐不可复得，岂不痛哉。

哭退翁

许全胜

抱研老人今逝矣，天丧我师痛何已。
大雅不作黄钟毁，帝胡为醉有如此。
先生本是旷达人，危机历尽厌谈鬼。
三绝闻名老斫轮，一瓣心香到栗里。

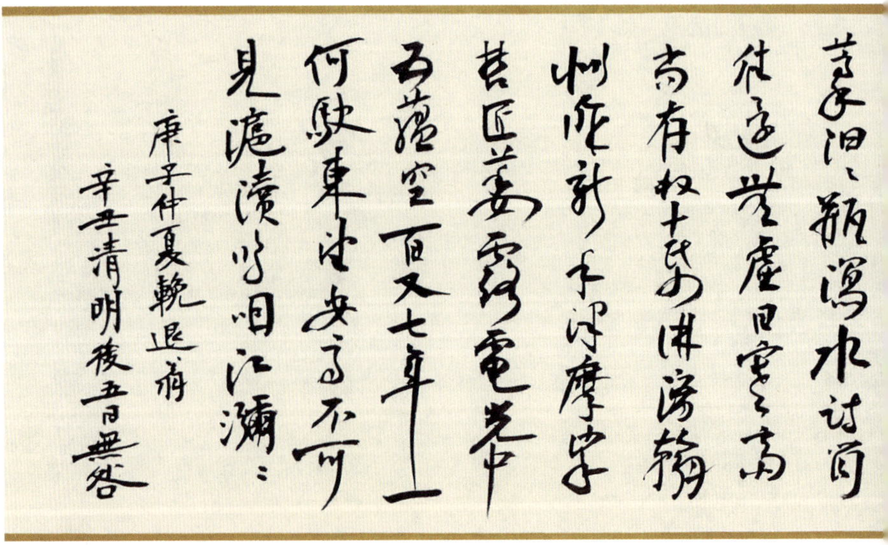

许全胜手书《庚子仲夏挽退翁》

昔登高阁聆法语，音节铿锵雷灌耳。
小叩大鸣发颛蒙，谓予汉诗世无比。
挥豪时作千年调，腹稿汩汩瓶泻水。
诗筒往还无虚日，寒斋亦有数十纸。
淋漓翰墨似昨新，手泽犹存哲匠萎。
露电光中五蕴空，百又七年一何驶。
东望安亭不可见，沪渎呜咽江弥弥。

注：昔偕法国友人登安亭阁谒退翁，翁操法兰西语，声音高亢，对答如流。又尝以法国文学叩，则曰无甚意思，远不逮吾华诗词之佳。

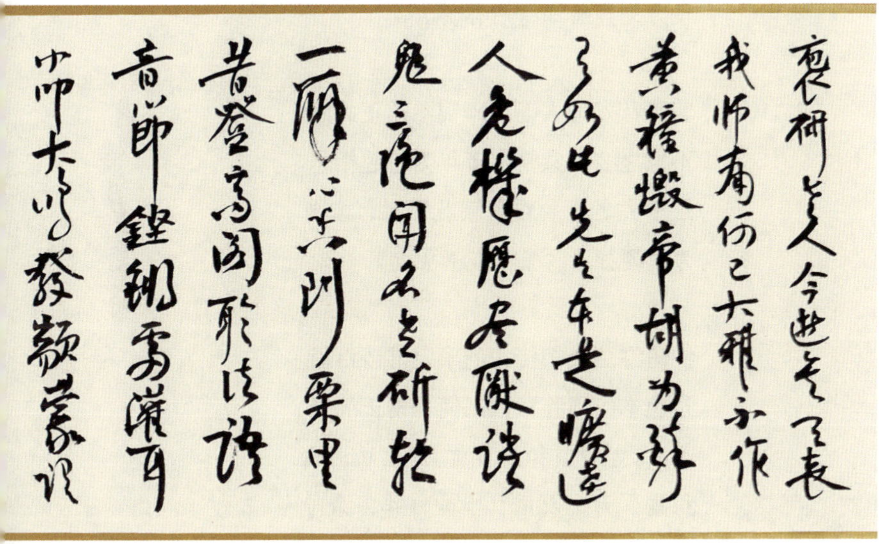

四明老人挽辞

金 翔

庚子五月廿六，石窗仁丈在沪上安亭路寓所仙逝，享年一百零七岁。追忆与丈二十余年之交往，成诗九首，以寄哀思。

海上再无周退老，吟坛此后奉谁尊。
而今世事崇虚妄，千古词心不复论。

寿相已然同佛相，无边福德享期颐。
若非身历恒沙劫，百验人生岂易窥。
注：丈有“百验人生刚折齿”句，最为先师喻邯翁所称赏。

紫薇花发词人诞，碎锦参差正此时。
不世之姿谁共赏？年年为尔起相思。
注：丈之生辰在紫薇花开时，末句为丈题拙画《紫薇花卷》句。

沪鱼红豆久相传，韵事岂惟诗百篇。
月色本应同昨日，奈何暮雨正绵绵。
注：《鱼韵唱和三百首》《红豆词唱和集》为丈及同仁唱和之作，余与同门持庵兄为校刊。

拙刻承公称隽逸，宠题诗句比清泓。
老人于我情何厚，辜负春风愧莫名。
注：丈晚年所用印大多为余所刻，拙印集付梓时，承丈为撰序并题辞，诗中有“见惯涛狂与潮怒，于君始见一清泓”句。

先生命作读书图，石室幽深傍月湖。
笔底风光成永忆，今宵遥拜老鸿儒。

食笋欣然能忆竹，清茶助力引佳思。
诗心在处诗盈手，生活如禅参不迟。
注：丈诗《鱼斋馈黄泥冬笋及白茶小诗奉谢》有“看竹不成先食笋，写诗无力最须茶”之句。

爱将古器客前陈，的是多情感旧人。
谓我盛年休恋物，安亭侍坐诲谆谆。
注：丈与余同嗜古物，每至府上，丈必将新得古物陈之案头，以供欣赏。丈知余有藏砖癖，常劝余不可过于恋物，恋物则费神费时，宜趁年轻多读书、多动笔。

疫情未了阻行程，清供新描寄沪城。
笔砚梅花心所爱，鹤音渺渺泪如倾。
注：初夏，曾为老人绘清供图，图中有笔砚、水丞、古壶、梅花、灵芝等，皆丈之爱。邮寄沪上，得丈来电长谈，不料想这竟是与丈之最后一次交谈……

《眉寿》，金翔绘，2020 年

法驾导引

——七月十六日悼沪上一百零七岁周公退密仙逝

李静凤

安亭老，安亭老，鹤貌睹童真。劫海蛟龙嗔不得，一枝倚杖化松筠。海上有仙人。

多福寿，多福寿，百岁七余龄。撷豆还添红豆馆，霜毫散作老人星。明月几时生。

思不尽，思不尽，墨气引眉光。绕室陈笺三丈茧，诵诗那得一声长。留我在奇芳。

戟指语，戟指语，起坐一传灯。自必天容升古佛，无端火炭置寒冰。何法向人弘。

白云路，白云路，高处觅天梯。金阙绛宫非此世，峨冠博带各垂衣。若梦若醒时。

忆秦娥·吊沪上石窗词宗

苏　俊

银涛裂。天风鹤背箫横铁。箫横铁。苍茫回首,海尘飞灭。　百年人事同凉热。词心认取江南月。江南月。素娥今夜，也应呜咽。

石窗老人小祥沪上同人发起纪念征文下走聊报截句以寄哀思

郭思恩

人道周郎曲善顾，谁知醇酒更泥余。
春风回首当年事，泪湿艮山一纸书。

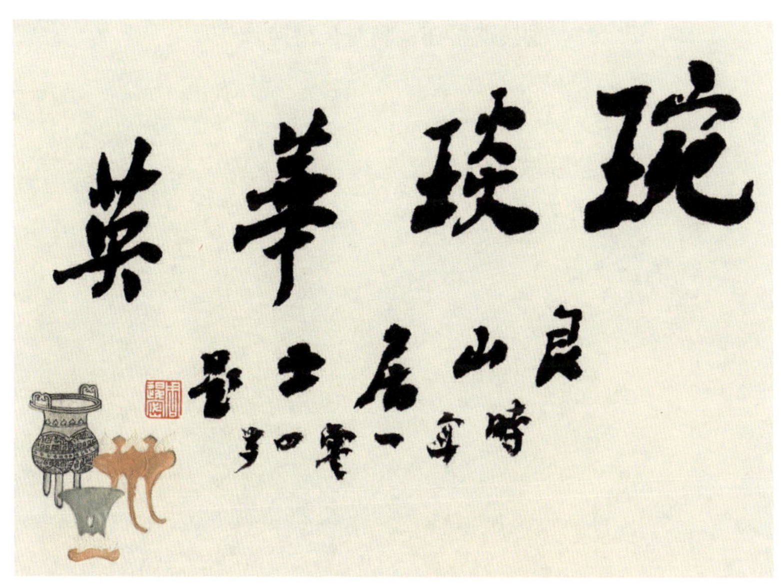

周退密行书“琬琰华英”，时年一百零四岁

悼退密词丈

罗金龙

举世尊人瑞，论年寿至茶。
文章大宗主，金石老当家。
海内朋交遍，中西述作嘉。
春申江畔路，还忆忍冬花。

自署安亭阁，平生抱砚人。
优游文史舘，客寓浦江滨。
冲淡情堪挹，雍容意可亲。
勤搜遗墨在，瞻对长精神。

周退密先生辞世周年有作

宋　彬

安亭草阁任穷通，红豆词声谁与同。
一脉清华来海上，百年间气幻区中。
如椽笔有士人骨，挂壁书观君子风。
铅椠于今成绝响，时光门里认诗翁。

缅怀“海上寓公”周退密先生

徐中美

清辞馈懿馨，翰墨两泠泠。
善业吟边就，芳声海上铭。

周退密先生辞世周年有怀

叶兆辉

尘世缘悭泠寓公，惜嗟去岁竟乘风。
难从海上招霄鸟，徒向楮间识雪鸿。
历劫人书惊已老，等身著述叹俱丰。
天遗岂吝怜耆宿，百载心如一豆红。

诗过万 · 寿近茶

莫 言

沪上诗书大家周退密先生去岁仙逝，享寿十秩又七，留诗万余首。吾孤陋寡闻，从张瑞田兄文章中方知周公其人，并读周公之诗，果然大隐隐于市大音多稀声也。

吾观周公书法，古朴苍劲随心所欲而不逾矩。吾读周公诗词，古意盎然而又贴近生活；生动活泼而又格律谨严。能把旧体诗词写出时代气息，非天才不能为也。

吾与王振兄敬而佩之，录周公诗与同好者共赏之。

辛丑三月　莫言识

公今往矣名垂久

——追怀周公退密

张炳勋

周公退密槃槃大才，安素守真，超然高轨，著述等身。况高臻一百零七岁，洵艺林硕果也。忽于日前凋谢，靡不嗟惜。余忝后学小子，幸与公契缘翰墨，前尘影事，涌上心头，遂缀于后，藉申追怀：

此缘起于余外家1986年刊有外叔祖黄迂公《慎江草堂诗》，承周师采泉告公之信址，遂分赠之。劳公赐复，中多评介之语，关乎吾乐乡邦文献，节录于后：

> “集内各体俱备，不论近体、古风，均与世道人心有关，杜陵诗史，又复何疑……第63页普济轮在吴淞口外被撞沉没，长歌纪哀一首，惊心动魄之作，又一篇汪容甫之“哀盐船文”也。其他山水登临之作，缒幽凿险，方诸谢客，诚未多让，钦佩奚似。”

上评别开生面，情韵不匮，有异筝琶凡响，余报以芜笺，深表倾葵，旋奉公自印《四明今墨录》油印本，披读再三，珍若拱璧。

及余年届花甲，不揣鄙陋，赋述怀六律，乞公玉和。奈公抱恙，方才出院，不情之请，益令余惭颜自赤。公手答云“知今年为足下六十揽揆之辰，赋诗远征及乎不才，弥增愧赧。弟于诗词，毫无功力，只能自怡悦，不堪持与君也。况乎素不擅应酬文字，读足下自作，华丽裔皇，只有搁笔而已，非故作谦让，实力有所不逮也。千祈鉴宥是幸。兹寄呈《红豆词唱和集》一册，今年九月份将另有《鱼韵唱和三百首》一书出版，届时当再呈一册乞正。足下读此两书之拙作以后，当知弟句句是实话也。”谦而又谦，征公之胸次矣！

公嘤鸣之雅，盍簪之欢，系茂南“小沙龙”之座客，于此笔叙甚详，此亦文坛之胜事，照录如下：

陈兼与丈住本市茂名南路，开阁延宾，群贤毕至，致有茂南“小沙龙”之誉。原说“五老会”，非五位老人之说，乃“星期五之老人会”。每星期五上午8时至中午11时，约3个小时为谈艺时间，清茶一杯，或探讨艺事，评赏书画，或问难或质疑，老人无不一一指陈，各得其所欲而退。五老会某次到者最多，有周錬霞、苏渊雷、陈驹声（兼丈哲弟）、陈琴趣、陈九思、包谦六、熊大经、富寿荪等10余人，是日即在陈宅午饭，摄影留念。平时包老、陈琴老及不佞则为常客，在兼丈逝世之前，客来愈形稀少，只包老及仆二人而已，大有晨星寥落之慨。

时适公米寿，调寄《临江仙》，赋《八八放歌》，随札附示，六首录二：

忆昔趋庭初问业，宿缘真在临池。秦碑汉碣辨龙螭。谁知千百载，难越一羲之。　　妙绝东坡寒食帖，更思丹荔瑰辞。几回梦到柳侯祠。婵娟千里共，月下琢新词。

（注）仆童年学书及篆刻，先君为篆“耽书是夙缘”五字于一竹臂搁上，予即走刀刻之，爱护逾恒。抗战中失于月湖饭店。同时失去者有《一白堂石刻兰亭》，端溪绿石大荷叶砚，均畴昔与先室忠源居士共用之物，思之增人琴之痛焉。

六阕新词聊自寿，今朝着了诗魔。余光炳烛补蹉跎。管他茶与米，乐此舞和歌。　　儿孙遥祝贺，孝心不隔重波。匆匆电话问如何。新蔬兼土豆，糙米煮沙锅。

（注）东瀛以八十八岁为米寿，一百零八岁为茶寿。又“省

识世间饥下饭，砂锅糙米也奇香”，樊樊山句也。

公穷年兀兀，于书无所不窥。曾购置吾乐乡先哲施元孚《释耒集》，惠简及此：

弟往年曾购得乐清人氏某著《释耒集》一册，多载雁荡山小游记，文字短少，不减柳州志游之作。惜此书早于数年前捐赠鄞县图书馆。此刻连撰人姓名亦且忘之，真属荒谬。未知足下亦曾见之否？当年曾拟复制数本以饷同好，因循未果。其中“雁游二十八记”，篇幅尚不多也。

乃公高踪迄未来游，否则奇景幻相，必令公轩眉啸傲，奇句频频飞来，足为名山增色矣！

公握珠抱璞，著述日丰，尽酣畅淋漓之致。每每赐赠，实邀宠若惊也。余唯连载《箫台》之杂俎，复瓿之作，斗胆寄呈就正，讵料不虞之誉，摘录如下，藉作策励：

尊著《杂俎》多载贵乡前贤懿行，除前者外，未知能补齐否？庶窥全豹，幸足下为我图之，足下年力正富，望多多写作，以饷来者，企望奚似。

及余拟结集汇刊杂俎，乞题书名，公即俯允，以行书、隶字各书两纸，由余选用。且为敝斋“怀馨阁”题名，附以短跋，自衒恩矣。

继迭次上言，迄无回覆，大费猜疑。忽于2003年9月11日即中秋赐复，见其尊况，不妨录后：

弟因夙疾胆石症炎症住院，终于在6月18日动手术切除……回家休养迄今。手颤不便握管，未知日后如何，尚能挥洒如往焉耳。足下多次来信，均经拜诵，稽复是歉，还祈曲加鉴宥。”附语云：

> 夏瞿禅、马一浮、吴鹭山三先生之书法，同出黄石斋、沈寐叟一源，极为相似。其道德文章，流风余韵，实令人倾倒，无任向慕。马公曾在抗战胜利后，在杭州葛阴山庄内复兴书院见过一面。其余二公均未曾奉手。

上札末具“更生后上”，见公起衰之幸，自应珍摄为宜。余唯翘首海上，遥祝老健，不敢修书付邮耳。不意乙酉岁暮，传来《九三告存》，调寄《鹧鸪天》，词云：

> 草阁蠡窗日日晴，高梧叶尽更添明。坐耽曝背痴蝇似，静看巡檐瓦雀行。　　梅萼放，暗香清，被它牵动故乡情。九三海角孤儿在，独抱遗经过此生。

公膺上海市文史馆馆员，内多师友故旧，奈大雅云亡，抒不忘之意，有宛在之思，计五十人，各系一联，榜曰《文史馆感旧录》，承惠一本，足资谈助，即复申谢，付邮系2010年3月15日。公于3月21日，庚寅春分，阳、阴历并列还翰，相隔仅六日，真个随到随复。开首“奉手翰，敬悉种切，快同面觌。”恍似晤对，倍亲切也。承告黄山书社拟为其出集，闻已广告刊出，当可成为事实，“届时当设法寄奉呈正博哂。”末云“前蒙赐黄公遗集，早经妥收，至祈勿念。弟疏于奉告，至歉至歉。弟衰迟日甚，老懒无状，请多鉴原。下署九七弟周某顿首”。

果公大著《周退密诗文集》上、中、下三册梓行，由黄山书社邮示，蔚为巨观，洵瑰宝也。余即邮汇贰佰元，公却坚辞不受。其尊札云：“前承汇寄下书款贰佰元，因拙集三本，乃仆向足下呈教之书，由黄山书社代仆直接寄奉者，无需偿值。足下过谦，使仆增惭。万望足下不要客气，对其他知交都是以此办理的。”其笃古谊若此，难矣！

周退密 2009 年致张炳勋信札

迨2016年，余印行《高谊弥珍·怀馨阁名家来札集》，内称谓“怀馨先生文席”一缄，即出公之大手笔，清拔绝俗，句亦雅醇，莫不啧啧称赏。后将此集拜托公之忘年交，视之大英畏沈迦君面呈，时公已一百零五岁，据称尚记及不才，余何幸也。乃不便秉笔，再三嘱托致谢，殷殷之意，为之动容。

公于不才垂爱，自当铭篆五内，冀一仰霁光，长沐春风。奈余晕车殊甚，畏出远门，竟缘悭一面，引为平生憾事。视公早占名山一席，长昭盛业，实名寿千秋，谨荐馨香膜拜耳。

（原刊《乐清日报》，2020年7月24日）

送别周退密先生

陈鹏举

庚子五月廿六，大夜风雨不已，更有远雷隆隆。清晨即闻，周退密先生已于子夜离世，享年一百零七岁。周退密先生的离世，可以说是百年海上文人所存的余馨飘零远去。

周退密不是一个名声卓著的海上文人，也不是一个具有锋芒和斗志的文人。他是一个独善其身，又保存着光明心底的文人。这样的文人，留存于现世的委实不多。所谓隐于市的文人，其实要具有难得的心气和定力。郑逸梅称他是“海上寓公”，是真看懂他的。可怜这个雅号，在现世更像是个雅谑了。

其实，不是所有的文人，都该是战士。在书斋里穷尽一生的人，并不只属于风花雪月。他们是文化的因缘，是文化的留馨。好的人间，文化是用来完善自己和澄清周遭的。周退密更是这样的一个文人。尤其是这位长寿的人，到了他的晚年，犹如百年海上的文脉，留着他散发余馨。

他的文化因缘，主要是两种。一是他对古籍文墨的精深探究。他具有灼见的题跋难以计数。二是他是当代诗词大家。他的诗词如常人语，又尽有来历；饱满古意，又自出机杼。大雅之作，可见大雅之心。有人估算，所作已过万首，这也是极为惊人的。

我和他忘年交游，该有三十多年了吧。我记不住年轮，只记得一些会面。

初次是我作为上海诗词学会的一员，新年拜访他，向他贺年。他满面笑容地坐在那张椅子上，这场景常常出现在照片和所有拜访的人的记忆中。经介绍，夫人知道是我，就说《解放日报》上我写的“文博断想”文章，他每篇都看的，哪篇漏看了，还一定要找出了补看。我急忙请他指教，我和他因此成了忘年交。

有年，上海文史馆举办全国廿六个省市文史馆馆员诗会，我有幸作为评委。那天评奖授奖，他的诗作当然是占得鳌头。他上得台前，正好由我授奖。这令我惶恐，不说诗力，单说年纪，我也无以面对。我赶紧避席，对他说“我愧不敢当”。这位和善的老人，回说“你当得的”。长者温婉，更让我难以释怀。

还有一年，我主编《峰泖行吟》一书，请当今诗家创作松江诗词，用以承接两百年前所编的《松江诗词》。他是作者中年纪最长者。那天，安排松江揽胜。他也希望参加。他基本不出门，而且十来年前，年过九十已是人瑞。大家不免紧张。后来拗不过他的好心情，就请他和夫人同行，还坐车一起上了佘山。那天他兴致很高，中午饭后，他还想参加下午的活动。结果还是请饭后回市区的丁锡满送他和夫人回家了。

我写了本新书《陈注唐诗三百首》，请他指教。他很快回了信。信中说，他刚翻了一下，李商隐《韩碑》一首，原诗有一句字错了。这让我极其惊讶，他已是百岁之人，竟有如此记忆力。随信还附上一叶诗笺，写了首读新书的贺诗。诗力和笔力都是上乘。上苍垂爱，竟至于此。这叶诗笺，此时不在手边，不敢凭记忆录下。

有次去看他，他得了带状疱疹，说半边头颅痛极。我也不知从哪里听到过，得过带状疱疹，百毒清除，会更健康。我就这样和他说了，也很相信他会这样。他听了也不在意，看得出他对生命从来很有信心。

又有次去见他，正好是报载发掘出曹操墓。曹操家喻户晓，自然对是不是曹墓众说纷纭。我和他的想法一样，那就是这由考古界说了算，即使是假的，也该由考古界更正。记得那天，日暮黄云，他的安亭居室，满是霞光。我们谈到了曹操的七十二疑冢，感觉他对死过于讲究。我和他写了有关阿瞒的诗。

如今，他去了，带上了一百零七年的苍茫岁月。我又写了首有关阿瞒的诗，但愿他在大梦中读到："初见忘年即如故，风尘各借一枝安。闲聊七十二疑冢，曾与退翁吟老瞒。"

（原刊《朝花时文》，2020 年 7 月 20 日）

词仙

梁基永

围城之中，早上醒来，闷热依旧。朋友圈里忽然传来周退密老人以 107 岁高龄过世的消息。朋友怕我伤感，附上一句，说“老人是成仙了”。

我默然一刻，是的，老人阅世百载，福寿全归，当然是成仙西去了，然而思绪不禁一阵阵翻起，与老人十余载情谊，虽然知道总有分别之时，这一刻却还是不尽依依。朋友圈里陆续有公号和朋友发出怀念的消息和文字，有人说“一个时代结束了”，这句话十年来不知听了多少次，退老是最后的上海老文化人，他走了，上海民国老文人也从此谢幕。这确实是一个值得怀缅的时代的结束。

余生也晚，上海滩的黄金时代固然没有见过，老一辈的文人，也赶不上多少，郑逸梅、顾廷龙、施蛰存这些老辈都不及见。十多年以来，每次过上海，必然有两个上午是预先安排好的，第一天先去安亭路拜访周退老，第二天去四明村看高式熊老师，这两老是上海硕果仅存的宝贝，不仅年高德劭，两位的经历也都是一部上海近代史。高老师曾经有一次对我说，“周老和我是亲戚啊，他年纪比我大，但辈分我应该是他舅舅，呵呵。”此后在退老面前说起高师，我总是开玩笑地说您舅舅如何如何，他每次听到总会笑。

退老 1914 年生于宁波，原名周昌枢，字季衡，退密是他的号，文化界都尊称其为退老。宁波古城山水宁谧，处处老房子枕着河边或池塘，周家是小康人家，父亲经营中药店，也擅中医。退老从小接受私塾教育，在上海读中医，后来又转到上海震旦大学预科，震旦大学是法国天主教会学校，学生必须学习法语，退老因此学了一口很好的法语。1940年毕业于震旦大学法律系，并且成为执业律师。1956年到哈尔滨外国语学院教法语，当时哈尔滨还是一个云集各国侨民的东方巴黎，俄国人又以法语为时尚，因此在哈尔滨退老收藏了不少欧洲人留下的法语珍本书籍。

1964年退老调回上海，任教于上海外国语学院，直到退休，期间参与编写了第一部大型的《法汉词典》。但是文化界熟知的退老，则是一位资深的诗人、书法家。他从年轻时已经喜欢收藏书籍和碑帖，诗词更是功力湛深，大家都几乎忘了他是一位多年从事外语教学翻译的专才。

我与退老的相识比较晚，大约在2008年左右，第一次到访安亭路，从闹市转入小路，尘嚣一下子褪去，走到周宅楼下，是老上海的小洋房，没有小院，但老木头楼梯微微发出吱呀的声音，与高老师家相仿佛。退老家住三楼，老太太迎进门，退老端坐在大窗前，一口标准的普通话与我们交谈，非常温雅有礼，倒是将我们的局促一下子消退了。奉上我的两本小书，他拿起桌上放大镜，很认真地读起来，我这时开始注意到房间的环境，大约三十平米的空间，床占了房间的一角，一面墙上是大窗户，窗外是邻居家的花园，就是张爱玲时代那种中庭是草地四周点缀着各色花草的花园，非常惬人心目。窗户下摆放一张老式的写字桌，略带西式的那种，一张老式藤椅，老人端坐在窗前，这景象就像一幅古画中的场景。

那天谈话的内容，已然忘记，只记得我当时将老房子的感触，回家填了一首小词《秦楼月》，然后又找出一张清代的老玉版纸，画了一幅水墨的《石窗填词图》(石窗是退老的另一个号)，词里面有一句："蛮笺细写当时约，双声促拍填红萼。填红萼，小红低唱，周郎商略。"用顾曲周郎的典故，一语双关。退老收到小画后，颇为喜欢，即来信道谢，还写有小诗一首。

第二年再去安亭老屋，入座之后，照例先看了看窗外花信，我忽然看到退老将小画压在他窗边写字桌的玻璃板下，墨色与花光相映，比装框更加好看。退老指着小纸片说，你写的这句词好好哇。看着老人如此珍重拙作，心里面的感念一时说不出话来。回到广州，我也时常给退老写信，问候近安，他总是有信必回，收到退老的信，拆开时心情都会特别好，老人做事细心，信封都是亲自写，一笔一画工整非常，怕送错了。信纸有时候是八行的老式花笺，有时候是印着他题字的新式信纸。精神好的那几年，他的信都是毛笔写，神采奕奕，内文也像他的诗词一样，古雅而温文，问候礼节周到，古人形容读信犹如面谈，读退老的信札，真是有这种感觉。他的知识广博，有时候我会写一些在巴黎的见闻，他很喜欢听，我们交谈之中有一次他还引用过法语，古老优雅的发音，很令我想起广州、香港老一辈兼通中西文的老人，这样的通才，大概今后很难再有了。

退老不仅诗词书法卓然成家，他的藏书和碑帖在上海也相当有名气。记得有一回，我到他府上时，带上新得的宋拓《兰亭序》请他题签，他很认真地拿出放大镜，在书桌旁端详，然后指点给我看，这是宋代的白麻纸，有什么特征等等。放下拓本，他又让夫人到书架上，翻出一本明代拓的文征明行书帖，说这是明代的白麻纸，你看，颜色和纹路有不一样吧。我不由得佩服老人的记忆和渊博。近年书市上陆续出现退老的藏书和碑帖，也许是陆续流散出来，他对于自己的藏书都重视，即使一些不很珍贵的版本，他也钤盖印章，有些还手写题跋，这种敝帚自珍的态度，今日亦差不多成了绝响。有书友因为经常见到市面流散的多数是普通古籍，说退老家没什么好书，其实不然。记得有一回闲谈之余，老人从书桌抽屉中拿出一页泛着金黄的洒金纸，说，“这是清初的老纸，你拿去画画玩吧。”我郑重接过看，这是书法册页的扉页，洒金过了三百多年仍然光辉熠熠，老人笑着说，这曾经是一册董其昌的行书扉页，至于董书，在“文革”的时候就抄走了，他在收拾丛残时见到这张金笺，就收起来留个念想，这一收又是半个世纪了。

我谢过退老，珍重地将纸片带回家，画了一页细笔的水仙文石，并请王贵忱老师题了一首陈小翠诗。第二年，我带上小女拜访退老，

我在周退老的赠纸上画了页细笔的水仙文石，
并请王贵忱老师题了一首陈小翠诗

周退老教我女儿
用毛笔

请退老指教，他看了非常开心，说这纸给你画倒是对了。我趁机请退老为小女开笔启蒙，他听了之后，看了看自己穿的睡袍，说这得换上衣服才行！他马上让夫人给他换了一套整齐的衣服，才让小女磕头受礼，扶着她的手教她写自己名字，还笑着对夫人说，我们收了个最小的学生！

退老百岁之后，精神渐渐不如从前，信也写得比较少了，毛笔也换成了钢笔，虽然依旧工整，但看得出他已经有点力不从心，书信中也常提到身体不如从前，我心疼老人的体魄，除了过年之外，也少了写信问安。只是偶尔从朋友之间，听到他依然康健的消息，也感到十分欣慰。

两年前，沈迦先生将他收藏的一批退老早年诗词手稿影印，这是退老在上世纪七十年代与他震旦大学的老师，书画家沈迈士的唱酬诗词稿四十多通，退老取古人杨时的典故，为诗集取名《立雪》。这册小书由物外社出版，编印颇为精美，只印了几百册，我从网上得知，即向方韶毅兄预订一册，方兄问，有十册是专门请退老亲笔签名的，兄要不要？我说退老的墨宝我有了，留给更多粉丝吧。这书果然一推出即脱销，可见在文化圈中退老的影响。

读退老的诗，会有感于老辈“文人”的博雅和情趣，就以这册

《立雪》说，里面的诗词，题材丰富，有题自己收藏的文物，有题朋友藏的拓片，郊外散步走一下，眼前的风物都能在他笔下变成诗。即使小到屋角的鹧鸪啼唤，窗前的雨后莓苔，在诗人的眼中，生动而可爱，与周作人藏的晋砖，石涛的画卷一样，都是平等的，都值得为之歌咏。

物外社在退老最后的两年中，还为他整理出版了《周退密题签集》，收录了他多年来为诗集书画文物所题的签条，琳琅满目，特别是老人平时随和，有求必应，为朋友所题的各种签条，足以编一本画册，在书法史上这恐怕也是空前的壮举了。这本书的题签，本来与退老商量之后决定由“舅舅”高式熊题写，因为上海再没有老辈人了，可惜书编成之前，小舅舅以九十八岁高龄辞世，于是退老以一百零六老人亲自题签，笔画仍然稳健，读者看了都称赞他的福气。

退老安静地走了，那扇落地窗前，想来花草依旧，只是人物已经全非，春申江上，老民国走过来的文人一一退场了，上海还是那个上海，上海又不再是那个上海了。这也算是一个年代的结束吧？

（原刊《南方周末》，2020 年 8 月 5 日）

退藏于密　人书俱老

——浅谈周退密先生的书法

顾村言

这些天重读周退密先生多年前赐赠的书籍与陆续收藏的退老诗稿手札，忽然忆及年少时沉迷于东坡文章的那些往事，黄昏时分，坐于水边，或长或短，随翻随读，累了，就看看脚下的水，天上的云，觉得离生命很近，充实，旷达，真有一种人生的诗意悠远处。

退老书法无论是形韵与气质，都是有东坡的影子的，且因用心于金石碑拓间，晚年笔墨间更是一片苍莽浑融，达到了极高的书法境界，读其手札行草，如读坡文“若行云流水，初无定质，常行于所当行，止于所不可不止”，平淡自然，随意而发，骨子里却又豪迈纵横，疏朗峻拔，方寸短札，却寓千里之势。

偶尔累了，捧出退老墨迹品读，身心顿时为之一畅，且又见出骨力，那些尘世的纷繁喧闹，率皆水洗而去，真有读南朝吴均《与朱元思书》之感：“风烟俱净，天山共色。从流飘荡，任意东西。”

书法是什么呢？诗词是什么呢？生命的本色到底是什么呢？读退老诗文书札，常有此问，然而似乎又不需要回答。

有时越来越感受到，对周退密老的认识或许要放在百年来中国文脉如何真正传承的角度来理解，尤其是，诗与书如何成为这样一位文人安身寄命处，经历一百多年的苍茫时光，世事变幻，始终真诚地面对自己的内心，不为这个时代的虚浮之风所左右，退藏于密，最后终而卓然成家，在人格、诗词与书法几方面，都达到了一个高度，且成为一个时代隐去的象征。

读退密老，念及中国文化的过去、现实与未来，能不唏嘘感叹？！

读退密老，总让我想起比他长一些的沈曾植先生、马一浮先生、夏承焘先生，几乎同辈的孙犁先生、黄裳先生、汪曾祺先生，以及晚一些的章汝奭先生、朱豹卿先生等，这些先生都是我所喜欢的——相似的是，他们都是有着中国文化“道统”的读书人，无论或是隐是显，或如鄙文忆章汝奭先生所记：“传统文人士大夫的精神因子在他们身上表现得都非常充分，中国本来的文化人应该是怎样的，中国的知识分子应该是怎样的，中国文化的文脉流转，他们几乎是一个活的标本。”有意思的是，这些读书人对中外文化一方面有着开放式的胸襟，另一方面又有着一种发自本心的坚定的中国文化自信，同时又都有着一种“退藏”或“归隐”之意，反而因此成就了自己，这尤其值得当下文化界思考。

退密老平生寄意所在，如他 93 岁自谦时所言，“曰诗曰书。虽垂老无成，捻髭临池之情固未尝稍衰也。”

就书法而言，与其人格、诗词等其实是相辅相成，如清代刘熙载《艺概 · 书概》所言：“书者，如也，如其学，如其才，如其志，总之曰如其人而已。”

一

追寻退翁书法之路与书迹之美的缘起，当然与其人格、学养、诗词等密不可分，然而若论及最初的影响与意象，或许不能不说到水，这从他第一个笔名与儿时的回忆是可以见出的，“我最早用的笔名‘矶痕’二字是就是唐诗‘石矶西畔问渔船’和苏轼‘野水参差落涨痕’的两句诗中各取一字合成而来的……我生长在故乡宁波城内月湖的西岸，故居面临月湖，远处是横卧在潋滟湖波上的‘双瞳瞳桥’，近处是我家石砌的埠头。每当湖水涨落，必在石上有所反映，留有痕迹，历久不褪。我觉得人生起伏，事物消长，不也是这样吗？于是一时有感于斯，就取以为号，还郑重其事地刻过一枚石章，可惜留在宁波故居，早遗失了。”

那些源于自然的月湖水波与诗意有意无意间影响了周退老的为人与为学，也影响了他的书迹。

对于儿时的学书之路，退老曾说："我父亲从前是科举出身，最注重的是欧字，用欧阳询的字打底。"事实上，欧阳询对其确实影响极巨，即便老来，退老书法中瘦硬平正、峭劲奔放、寓险于正的欧字之风格依然清晰可见。

退老家学渊源，其父亲周扬孙，字慎甫，号絜非，在汉口开过保和堂中药店，淡于名利，不善经营，却喜欢收藏古籍碑帖，一卷在手，挥毫临帖，怡然自得。

这份兴趣与爱好极深地影响了儿时的周退密。周退老辞世后，上海市文史研究馆举办的"周退密书法展"上，曾展出一幅周退密题跋的其父周絜非临《韭花帖》，用笔清雅，父子两人翰墨同时呈现于一纸，诗书之好，一脉相承。周退密 1982 年（壬戌年）跋有："先君善书法，学欧赵，尤工临摹，家富藏书，亦喜蓄碑帖。生于一八七八年，卒于一九四七年。"对于年少时的学书，周退老在致友人诗词中记有："忆昔趋庭初问业，宿缘真在临池。秦碑汉碣辨龙螭。谁知千百载，难越一羲之。妙绝东坡寒食帖，更思丹荔瑰辞。几回梦到柳侯祠。婵娟千里共，月下琢新词。"并自注云："仆童年学书及篆刻，先君为篆'耽书是夙缘'五字于一竹秘阁上，予即走刀刻之，爱护逾恒。抗战中失于月湖饭店。"

在其父临赵松雪《兰亭跋》，周退密以楷书记有"先君子神清骨秀，风姿萧散，似过江人物。平生熟精乙部，善谈枌榆掌故，晚年以医活人无算……忆与大人抵足谈艺，忽忽如昨日，可悲矣哉！""庚寅九秋，男退密并记"。

无论熟精乙部还是抵足谈艺，从中可以看到父子之间对于文史书法的共同爱好与精赏处，有意味的是，这一跋文记于 1950 年，分左右书写，是其父辞世三年后所书，这似乎是笔者目前所见的周退密最早书法——彼时周退密 36 岁，用笔一丝不苟，法度谨严而意态生动，

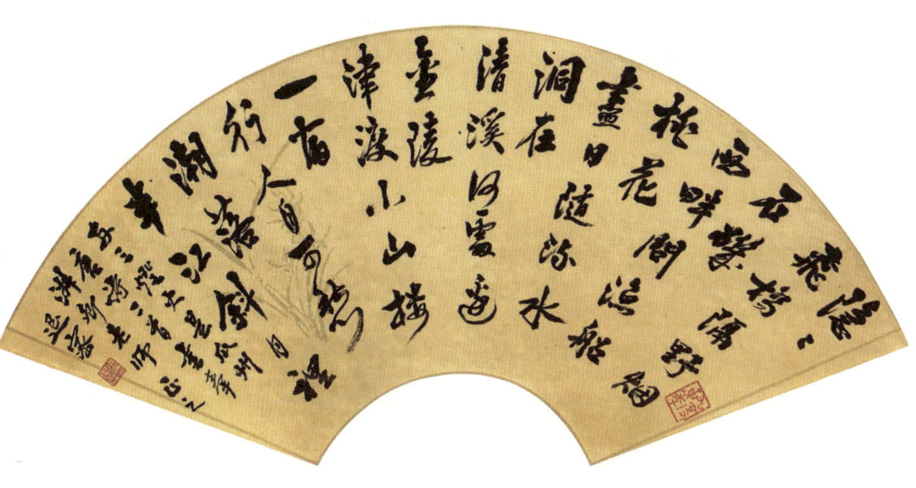

“隐隐飞桥隔野烟，石矶西畔问渔船。
桃花尽日随流水，洞在清溪何处边。”
退老晚年还经常书写这首诗

温文儒雅，隋唐间小楷笔意清晰可见，左侧跋文且见出“董美人”的韵味。

事实上，对于书法，彼时的周退密只是一种兴趣爱好，或者说是陶醉其间，退老曾自述：“过去老家就有不少碑帖，以后又从上海有正书局、文明书局、商务印书馆买回大量珂罗版、石印的碑帖，凡是他们出版的碑帖，我几乎十有八九了。解放后，我乐此不疲，又购进了不少碑帖拓本”，无论是其后从事行医、律师，还是教师，他真正的工作与书法从无关系。1956 年他应聘往哈尔滨外国语学院任教，1964 年调回上海外国语学院从事外语教学工作，1968 年调至上海外国语学院法汉词典组，参与编写《法汉词典》，经历多年，直到 1981 年退休，才真正专注于他最大的爱好——书法碑帖和古典诗词。

然而，本质上来说，这还是一个“退藏”过程，除了参与诗词协会，似乎从未见他参加书协之类的活动，而书法参展大概也是加入上海文史馆以后偶尔见之。

换言之，书法与诗词，其实只是退老的一种生活方式，是一种自娱，所谓“只可自怡悦”，但又是其最见用心与人生寄远处，而其背后，则是一种对人生与生命的真正理解：从儿时的湖水涨落，看透浮华，进而安素守真，守得自己本心所在，正如程千帆先生与其论观堂：“窃谓其密旨深衷，乃对于宇宙人生之悲悯，乃叔本华哲学之韵文讲义。真纯儿女之情，或者仿佛近之，他皆未可相方也。”

退密老诗词、书法，双峰并峙。尤其是诗词见出的气韵与生命境界，其实对其书法的气息影响尤大。

对于周退密先生的诗词创作，论者颇多，无论是“仁者胸襟与高士品格”，“不求有为而为之，是一个人的声音而已”等，都可以见出士大夫的忧患意识与非功利性的文人情怀。退老在回忆施蛰存先生时曾记：“‘四凶’垮台之后，施老多次劝我写文章，他曾恳切地对我说，诗不要写了，还是写写文章吧！他的用意我可以猜到几分……但由于我积习难改，以此自娱，不自休，在退休以后的二十年中居然写

周扬孙临赵松雪《兰亭跋》团扇，周退密题跋（许全胜藏）

了四千首以上的诗词。”

吟方兄忆退密老文中曾称“他晚年对于诗词界来说最大的贡献是‘诗的日常’，用诗记录日常，用日常的语言写诗，成为这个时代不多的年高而诗兴依然昂扬的老诗人”。

这是确实的，然而鄙意将退老之“诗”换成“书法”亦成立，退老以书迹记录并书写日常，且又寄意于远。退老自己曾说：“退休以后用毛笔的机会越来越多，抄书、起稿、写信，多半用是毛笔。”

退隐型的独立人格与文史诗词的涵养，也使得其书法，全无当下那些书协类书家与展览类书家的习气——这样的习气即使修养如启功老，似乎也依然存在，但就退密老而言，尤其是诗稿与信札，纯任自然，一片本色，全然不见一丝一毫的习气，这样的气息与境界，实在是难而又难的。

程千帆先生致施蛰存书札中谈沈祖棻诗词付印事又曾言：“想请维昭及退密二兄各题一内封面，一书‘涉江诗稿四卷’，一书‘涉江词稿五卷’，其大小即照《金石百咏》之板框。其式如左：涉江诗稿四卷。退密楷书，子苾所喜。弟则爱微昭之奇逸，故欲转请兄一求耳。（或请退密作楷，微昭作篆。）”

事实上，现在所见退老最早题签，即1978年应程先生之请的油印本“涉江诗稿四卷”隶书题签，该本另有陆维钊先生的篆书题签，程千帆先生彼时欣赏陆维钊的奇逸与周退密的端秀，这从表面上来说并无问题，但现在看，周退老的平实只是表面，在其平实的书风之下，则隐藏着深厚的奇逸之境。

这一点大概程千帆后来或许也渐渐感受，在1985年，福建人民出版社正式出版《涉江诗》，则沿用了周退密先生的题签，从中可见程千帆先生对退老书法的推重和喜爱。难怪程千帆先生1997年致信退密老所言：“作书求生最难。启元白太熟，故不免近俗，顾起潜更不敢放手……妄言不足为人道，惟老兄谛审之耳。”

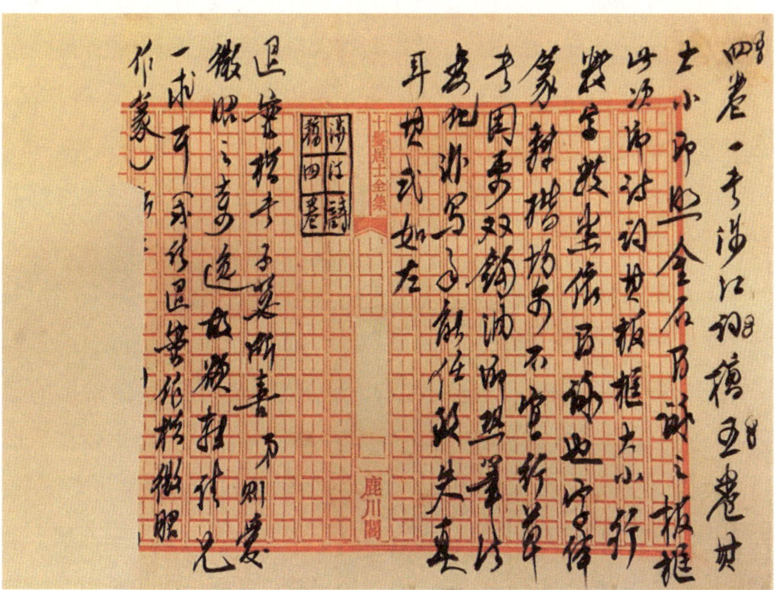

程千帆致施蛰存信札

二

说来实在汗颜，由于退老的低调与“退藏”，对退密老之人、诗与书的认识，其实经历了一个过程。

第一次读退老的书法似乎是在十多年前上海文史研究馆的一个书画展上，当时展出的是周退密老八九十岁所书的对联，大字，隶书，感觉有清代郑谷口的味道，规矩了些，见出性情处不多，故当时的感受似乎并不深。

直到后来偶然读到他的一些晚年诗稿手札，笔底雄力，而又自然超迈，见出“二王”以来翰札真意，这才惊叹不已。

然而当时退老已近百岁，自然不敢前往叨扰老人。

去年退密先生辞世后首个由家属提供作品的书法展——“周退密书法展”在上海市文史研究馆展厅展出，前往观展两次，展览呈现了近六十幅周退密的书法作品。其中既有大量退老临古拟古的作品，包括临《石门铭》《石门颂》等，更有其自作诗《松江游草》等作品，对退老的书法有了更深的认识，然而也印证了自己最初的直觉，即，退老最好的书法作品仍然是晚年诗稿、信札或题签，而专门为展览书写的作品似乎并非其所长。

退密老富藏碑帖，书法取法极广，读退老的书法，如其名字，书法之间正见出“退”与“密”，能进方能知退，能退方能知进。

在一篇纪念施蛰存先生的文中，退密老提起自己收藏碑拓的目的：“虽然我们两人都爱碑拓，但是目的略有不同。施老主要在于通过碑文作为文史研究的一个方面，他的《水经注碑录》就是一个例子；而我的目的则很单纯，只是想通过碑文上不同风格的书法作临摹、参考，使我的书法能够博采众长，融会贯通精益多师，为我所用。“

书迹见心迹，从中可见其人生格局与境界，如老人在 98 岁时所记：“我在九十八年的历史长河中，在处顺境时，是保泰持盈，不敢妄作非为；在处逆境时，是含垢忍辱，耐心待变，听其自然，不灰心丧气，终于峰回路转，活到现在。”从他的见出心性的诗稿手札中，正见出其晚年的一心向内，内在的朴拙古厚，而又潇散飘逸，如读东坡书简，既见出一种澄明之境，又见出人生的岁月蹉跎、世事蹭蹬与放逸旷达处。

退老书法的另一“密”字——事实上，取法极广，却又隐于秘处，极尽自然。退密书法筑基极厚，欧体打底，胎息“二王”，沉迷于东坡《寒食帖》，精鉴金石碑帖，且由取法清代隶书而上溯秦汉，所谓“秦碑汉碣辨龙螭”，从李斯刻石、《秦诏版》，到汉三颂、“二爨”、《华山碑》、《礼器碑》、魏墓志等，再到唐楷、宋四家、晚明诸家，皆有涉猎，清以来的金石考据之风影响亦大，尤其是郑谷口、沈曾植、马一浮诸家之书，退老极其喜爱，受益亦无穷，

退密老曾言:“金石之学，自欧、赵著录以还，上之则以考订史事，其次则以通古今文字，下之则以尚论书法。得一拓本，赏奇析疑，乐亦靡穷。”对近现代名家又说：“夏癯禅、马一浮、吴鹭山三先生之书法，同出黄石斋、沈寐叟一源，极为相似。其道德文章，流风余韵，实令人倾倒，无任向慕。”与当下书法界的纷扰喧嚣完全不同的，退密老的书法是与他的文人生活融为一体的，全无隔膜处，且辅之以人格锤炼、诗词涵养与金石考证，终于成就了其晚年书法的高峰，有意思的是，这样的书法大家，似乎终其一生都不是书法家协会的会员。忆想起章汝奭先生生前接受笔者访谈所言的“过去就没有‘书法家’三个字”，让人感叹。

退老的为人与诗词、书法，不仅对当下的诗坛与书法界，对当下的文化界，都可谓是一面巨大的镜子。

鄙意以为，退密老作为文人书法的高度与境界，其实并不须多言，知者自知。随着时间的推移，只会越来越认识到其广博与意义所在。

读退密书法，方知中国文人书迹留存于今的巨大意义，正如鹏举先生所言：“好的人间，文化是用来完善自己和澄清周遭的。周退密更是这样的一个文人。尤其是这位长寿的人，到了他的晚年，犹如百

年海上的文脉，留着他散发余馨。”

寒斋收藏的退老诗稿与信札，最早的似乎是七十七岁时（1990年庚午年）赠许宝骙先生的手卷，是退老一贯的风格，用笔有欧有苏，自然旷达，“蔬笋生涯亦自便，草莓新摘十分鲜，江村风物自萧然。名酒无烦求若下，清茶却爱试明前，溟蒙细雨淡和烟……”

诗书一体，读之真满目清新。

退老的书法，到九十左右更是达到了一个高度。用笔更加率性苍莽，且又骨鲠方正，见出奇逸之意，如寒斋所藏的退老辛巳年（2001年）赠定一居士诗稿，“万竹丛中一草窝，群山复沓好行歌，门前日夜清溪水，汇作桃潭数尺波。”九十后赠忍庵（王瑜孙先生）诗稿，“别久相逢共笑容，应无尘鞅滓吾胸，都因二竖疏贤圣，负却旗亭酒数钟。”又记曰：“是日，君以天目山竹根寿星及雨花卵石见赠，畅谈移时。”都可谓诗札中的精品之作。

更让人惊叹的是，退老一百岁后作为文化界的人瑞，对诗与书的追求却并未停止——或者说，那就是他生活的本色与一部分，是为“诗书人一体”，书风更加老劲自然，高古率意。

如退老103岁为《郑逸梅遗印集》题签的“珠联璧合”四字，如东坡书风，而老劲过之，古意而纷披，朴厚而清峻，内在又有着一种潇洒超逸处，真让人迷醉。

104岁时所书“金刚般若”四字隶书，用笔谨严，笔劲沉着，宽博雄浑，丝毫不见衰意，真让人惊叹不已；而晚年的“时光之门”及部分题签，更是进入难得的化境，读之不知是字耶，抑或是苍古之意耶，真可视为中国文化史对当下的馈赠，也是中国书法史“人书俱老”的奇迹。

辛丑清明后五日于云间三柳书屋

退密 2001 年致诸光逵诗札

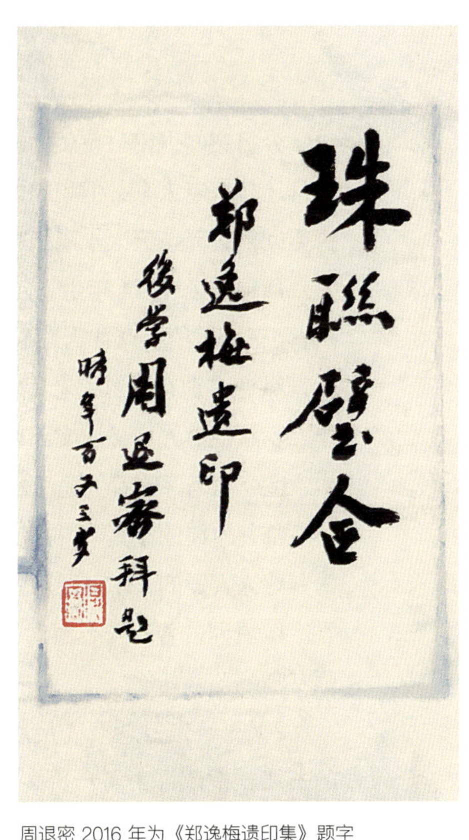

周退密 2016 年为《郑逸梅遗印集》题字

犹如祖父般亲切的退密公公

郑有慧

今日突闻退密公凌晨仙逝，愕然悲伤！由于疫情，今年至今不敢去拜访打扰老人家，但和周太太电话、微信多次……本想在月底前去探望问候，无奈天人永隔！呜呼！

周退密公1914年生于四明。从名宿黄际云攻读经史古文。和著《竹人三录》的秦彦冲为同研。公公聪颖异常，窗课“鉏霓触槐论”，文词纵逸，别有见解，老师赏识，认为是可造之材。公公家学渊源，十二岁从他尊人习《说文部首》，临写《篆书建首》，此帖为乾嘉时拓本，迄今他仍保存着。他酷爱书法，每日书写，尤喜王觉斯、倪鸿宝，一度临翁覃溪的小真书，得其神髓。有诗集《忍冬华馆诗稿》。忍冬华，为其尊人喜爱的花木，既可入药，又供观赏。花时清芬四溢，满室皆香。擅填词，著有《石窗词》，先祖郑逸梅曾为此书作序，其中多有师友唱酬。

2005年先祖遗著《尺牍丛话》出版，公公仔细阅读我赠与他的书籍，批改订正了一百多处谬误。当时他已经是九十多岁的老人了，对待学术如此认真严肃，堪称楷模。2016年有出版社重新修订，2017年已经面世。

近年来，我一直在整理先祖的旧文、遗稿，由诸多出版社重新编排出版，因此免不了请周公公题词、题签，他婉拒润笔资费，欣然书写。爱屋及乌，我的诸多亲朋好友也得到了他老人家的墨宝。

他是著名学者、文史专家、书法家、诗人、收藏家、文史馆员、上海市诗词协会顾问、四明名宿。传统文人的雅嗜，老人家均有造诣，先祖曾称他为“海上寓公”。

笔者与老先生的交往，是从 1995 年在上海美术馆举办的中国画个展开始。当时老先生高龄八十多了，亲自从安亭路乘车至南京西路的上海美术馆。之后的若干年中，还多次为拙画题词赋诗，鼓励有加。

老先生虚怀若谷，以谦逊为本。他为先祖遗作的出版题词多写“拜题、后学……”，平实学风赢得世人的仰慕和敬重。

笔者在近二十多年中，相隔数月，定会去拜访和探望犹如祖父般亲切的退密公公……他的寓所清气满屋，墙面悬挂的书画雅致沉稳，不染一丝火气。

老先生思维清晰，谈吐自如。在阳春三月，或者是深秋某日，三楼窗外树枝探入，嫩黄色翠绿的叶子飘着青涩的气味，传入室内。偶尔传来数声鸟鸣……或者是雨过天晴的秋色，一抹夕阳映在老先生脸庞。我与老先生交谈不带任何功利，此情此景回忆，是多么惬意和舒坦。

近年来去探望公公的友人，经常会提出与老人合影以示留念，特别是他百岁后，来拜访者无不合影留念，欲得点长寿之气。笔者虽然与公公很熟，但从不提照相要求，仅有一次是著名媒体人曹可凡先生提出拜访老人家，我征得公公许可后，陪同曹先生一起登门，周太太给我们三人拍摄合影照片，也是唯一的一次啊！

五月廿六泣

平淡是他这一代文化人的素养

章　耀

退老走了近一年，看了朋友圈怀念的文章一篇接着一篇，真是感慨。很想拿起笔来表达一番，但我向来不善言辞，一动笔就词穷。不过，只要表达了内心对退老的思念，就心安于不讲究的形式和不严谨的辞藻了。此刻，我仿佛又看到退老微微颔首的慈祥模样。

知道退老，有二十年了。那时在张宗祥故居看馆藏作品，其中一件隶书作品厚重自然，完全没有书家习气。询问才知道作者是周退密先生，是上海的一位诗人。

后来遇到朱明尧先生，请教他关于周退密先生的情况。他详细告诉我有关退老的一些事。完全有赖于朱明尧先生，才能开启了跟退老交往的缘分。朱明尧先生热情、细致，愿意和年轻人交往，也愿意帮助年轻人。海宁人跟退老的来往都源于他，是他成就了海宁与退老之间的联系。

确实有点不可思议，海宁，一个在退老人生历程中并不重要的小城，在他的晚年，应该算是个经常出现的词了。就算是退老的故乡宁波，可能都没有海宁与他关系那么亲近。我觉得是缘分，应该没什么人会否认。

退老来过海宁。曾有朋友回忆起说退老当年是和蒋启霆、诸光逵一起来的。蒋、诸两位都是海宁人，是退老的好友。这在我们跟退老后来的交往中得到过证实。也有人说同时来海宁的还有田遨先生，这个我没有求证过。再后来，我们曾邀请过退老重游海宁，但始终没有成行。

之后的二十年，海宁人与退老的交往日益增加。我所知的就有朱明尧、吴德健、唐吟方、顾纲、蔡渊迪、朱昌元、马徐浩等。也许跟退老有翰墨往来者更多。他们或以文史请益，或以诗词唱和，或求证题墨，不亦乐乎。其中交往最频者要数朱明尧先生了。他跟退老的交往主要体现在社会文化公益，为海宁的公共场所注入新的文化元素，增加文化的厚度。在海宁，海神庙、金庸书院、蒋百里纪念堂、智标塔、洛塘河公园、观潮诗碑廊等，都有退老墨迹。退老还有颂咏海宁潮和海宁胜景的诗词。其次是为海宁的年轻人牵线搭桥，建立起文化的延续。退老与后辈的交往也是斐然多姿，诗词、题跋、书匾、题签、书札等，无所不有。有求必应，有问必答。此外，顾纲与退老的交往也是值得一提的。顾纲是我的学生，曾随我学画。后来几乎不画了，但对书画的热爱一直没有改变。顾纲被退老称为“小顾”。每次去上海，总会到安亭路上退老家。在我看来，退老家的小洋楼是上海的符号。

顾纲每次去之前都会跟退老通个电话，询问需要带些什么东西。海宁的爆鱼、糕点和冬天的红烧羊肉，是点单的前三位。或许是上海和海宁饮食口味接近，宁波的味道和海宁也有相似的地方。这种家常事很小，却也说明退老和海宁之间的情缘。有时顾纲会顺便带回来一些东西，比如海宁人请他写的，或者退老新近出版的书籍。总之，退老与海宁的关系就包含在这些琐碎的小事里。

因为海宁的关系，退老与杭州的关系也顺理成章起来了。当时在杭州，我们午社这几个人因为志趣相投，聚在一起，做一些与书画有关的事。中国书画总是与文化联系在一起，我们几个人对诗文的认识虽然各有参差，但对于文化理念还是一致的。于是跟退老联络上后，曾有两次大家相约去上海看望退老。退老也喜欢我们在做的事，还专门作诗纪事。对于晚辈，退老总是奖掖、鼓励，不遗余力。

退老处有一些陈兼与和徐行恭交往的信札，希望做成书，分发好友，让更多的人了解知晓。我跟金心明说起此事，他也非常赞同，这样，《陈兼与致周退密翰札》《徐行恭致周退密翰札》分别在 2008 年和 2010 年由午社出版。收到书，退老非常开心，说这是功德无量的事。

退老对我厚爱有加。我只是一个普通的画画的人，他为我写过诗，题过画，留给我的墨宝不少。我也偶尔会帮朋友去求墨宝，退老总是应允不辞。每年我都会去看退老，如果运气好，师母会说今天退老请你吃饭。一般是在广元路上的新查里西餐厅，因为退老喜欢那里的牛排。据说胃口好的时候，退老能吃四块牛排。这可能是退老年轻时候的事了，我没有见过。我和退老一起吃饭多是在他 95 岁前后。

退老出身名门，学问渊博，身上兼有传统的绅士风范和现代的文化意识。他为人谦和，从容淡然。在他身上，既有如巍峨高山般的厚重深邃，又有温润玉石般的雅致柔和。平淡是他这一代文化人的素养，也是与生俱来的气质。

他身上，历经长时间形成的相当深厚的文化涵养和审美的意识，自然地流露出来。在退老身边，我总是有种莫名感动，能感觉着周围流淌着宽裕的时间，体会着朦胧的光润，卓异的幽味，恬静和缓地沁入心扉，无比的安宁。

周退密先生琐忆

唐吟方

2020 年 7 月 16 日凌晨退老以 107 岁高龄羽化登仙，消息从上海传来，我给一位老朋友发短信：经历了一个世纪风云的退老，诗文载道，承载着百年烟火也承载了百年温雅，如今驾鹤西归，堪称功德圆满。

一

我由文史学者朱明尧先生引荐，在退老九十以后结识他。起先只想请他为我的少作《双鱼图》题跋，哪里想到这一开始，便一发不可收，十七年从游经历，文字千行，情亦印心。

我有一则笔记记述和他老人家初次见面的情形。

> 乙酉（2005 年）暮秋有西湖之行，念与沪上周退密先生神交久，极思一晤，乃于归途转道上海谒周先生。退翁以余初访，特下楼相候，时秋阳尚烈，九旬老人倚杖而立。余戴网球帽，着披风，拎提包疾步而行，翁望之不敢认，余以意度之，面前一老即退翁，趋前问候，果然不错。翁言：以君一身打扮误为打网球的青年。退翁家在几米旁，住一老式洋楼三层，为一大客厅，纳会客、书房、起居室于一厅。向阳一排窗，秋光媚眼，陈式虽老，然主人儒雅，以“文革”时搪瓷杯沏茶，骤观之，有时光倒流之感。壁上张书画、拓片之属，书案堆积如山，供主人笔耕者只一小方天地，因楼在安亭路，故名之为“安亭草阁”。据云此楼原

为毛人凤寓所。翁初见余，即以吾乡诸光逵先生山水小幅相授，未展画，余先报作者姓名，翁甚讶异，问何以知之，答以诸先生承师陆俨少，画山水好点染，且诸先生亦翁故交，故能识之。复出新为章耀小卷题跋原作，引首用褚河南字意，题跋书则为翁本色，豪迈纵横，虽在方寸，而寓寻丈之意。壁间所悬《竹墨图》及水墨《花卉》出沈迈士前辈、邵坦之先生，迈士前辈笔墨雄放老健，退翁晚师之，笔墨间隐隐可闻风雷，亦以阔笔取胜，余视之为须眉的笔。赏罢题跋书，呈十年前旧作《晴竹》，画上已得姑苏卫瓦翁、秀州吴藕汀两先生题字，瓦翁题“墨香”，藕老识之“墨趣淋漓”，余乞翁亦赐题数字，承不弃，当即就书案研墨写“墨华”，题毕，笑言“五十年后又是一张古董，这是当时沈尹默先生说的”。三老赐题皆具“墨”字，遂名为《三墨图》。退翁由画上题字告藕翁新逝。言藕老去世前一日，上海古籍出版社出的《词调名辞典》送到病榻前，家人跟他说书签是周退密题的，藕老看了，说好，第二天就走了。吴先生病笃，余固知之，忽闻吴先生归道山，尚觉突然，嘉禾文林，从此又失一老辈。退翁健于言，为漫述海上艺坛人物旧事，皆为余所乐闻。虑翁高龄，不敢叨扰过久，随即起身告辞。

退老答我以诗。诗畅晓明白，纯粹是叙述式的，并回应拙文所及以搪瓷杯泡茶待客事，以“它日惠临重敬客，越窑秘色照须眉”为结句，风趣可诵。

倚仗柴门候远人，金秋又觉一年新。
承君往事从头溯，写入雀巢语屑珍。

茶杯从未用搪瓷，此物何来吾不知。
它日惠临重敬客，越窑秘色照须眉。

丙戌金秋吟方道兄寄示大著《雀巢语屑》续录七一篇，读后率占二截句代简。

二

2010年我曾得到乡友顾纲送的一枚梅笺。梅笺是郑逸梅九十岁时，友人给他做的一枚纪念笺，在郑逸梅研究及笺史中都很有名。梅笺之名固然得益于郑先生的文名，它也是社会复苏过程中泛起的一个具有象征性的微澜。当我获见这枚小笺，虽只是一枚普通的笺纸，但缘于它出现的时机与相关联的人物的关系，无法漠视它的价值。我写过一篇短文介绍梅笺。

退老有专门一跋题梅笺："逸梅先生高年硕德，著作等身，举世共仰。此为其九十寿期，同人刘华庭等六人制作之诗笺，除汪、刘二人外，余子均与仆熟稔。后八载逸翁捐馆舍，人事之不常如此。吕、黄二君亦久归道山，感念畴昔，泚笔注然。九六老人退密率题，己丑立夏。"

"梅笺"上列名的人物，大多是郑逸梅交游圈中走得比较近的一些友朋，当时互联网兴起未久，资讯不像现在那么发达。对于梅笺的研究，主要还是向知情者请教，退老在上海工作生活了八十多年，熟悉海上的文化掌故，自然就成了我的求教对象。列名者中"汤子文"并无时名，退老告诉我他是吕学端的堂兄弟，也是汤雨生的后代，常州人，喜欢书画，本人虽不会书画，但字写得漂亮，从商，是个有钱人。也谈到另一位列名者"黄葆树"，退老说此君是个小商人，不会诗，文字也一般，但热衷于文化。我文中提到的《黄仲则研究资料》《黄仲则书法篆刻》及《纪念诗人黄仲则》这几本书都冠名黄葆树，实际上是由吕学端操刀完成的。此外，梅笺的图案是由吕学端提供的一个吴待秋画梅印本。退老提供的情况有助于后人了解梅笺产生的背景。

当年我写陈兼与"茂南小沙龙"一文，就小沙龙出现的人物、形

1985 年 11 月 23 日茂南小沙龙合影
前排左起：陈声聪、周錬霞、陈九思、陈琴趣、陈駒声、郭学群、包谦六
后排左起：周退密、邵亦度、林太太、富寿荪、顾国华、林树楠（周京提供）

式也曾多次电话或书信向退老求助。

茂南小沙龙延袭民国文人雅集的传统，参与人物并不固定，进进出出非常自由，有些参加者是由友人带进来的，只参加过一次或二次，退老是兼与阁的常客，大约是出席小沙龙次数最多也是历时最久的一位，见证了茂南小沙龙风雨龙吟的全本历史。文章撰成后寄呈退老，请他把关。待文稿返回后发现退老依据自己的亲身经历，增补了不少材料，增加了叙述的历史感，还为我提供了一张小沙龙成员珍贵的合影及部分墨迹，使得这个发生于 1970 年代初至 1980 年代中期上海滩上著名的文学沙龙有了文字记录（诗词家施议对在他的文章里曾简略地提到过茂南小沙龙）。不过，在文章发表后不久，退老又在随函的一张照片背后写下如是文字："外传徐君稼砚为茂南沙龙常客，其实徐并未参加过座谈，连一次也不曾。稼翁患蹩躠，不良于行。徐住房发还后，曾宴请陈兼老一次而已。惟两位诗人之间有诗词往还。兼

老于徐之七言诗绝句推重备至。徐口不臧否人物，故于当代诗人均不作评骘云。”这段短短的文字写出了徐稼砚、陈兼与及茂南小沙龙的关系，意在提醒我有机会重发这篇文章时，应该将徐与小沙龙的真实关系补作交待，表明他对历史负责任的态度。

三

今天谈及退老，大多看重他的古体诗词家的身份，而他晚年对于诗词界来说最大的贡献是“诗的日常”，用诗记录日常，用日常的语言写诗，成为这个时代不多的年高而诗兴依然昂扬的老诗人。他也是善于用旧体表达当下生活感受的典范。刘梦芙主编的《当代诗词家别集丛书》把退老列入其中，大约也正着眼于此。退老之诗历时之长吟咏之勤数量之众，当代无出其右。其二作为古体诗人，退老的存在，见证了古体诗在新中国不同语境下的进退环还与转折，目送一代旧诗风华的消逝，又在与时代的俯仰中，赋作新诗，成为时变中古体诗最有力的守护者。其三当同辈人先后谢幕，退老是他们中的少数幸存者，除了自己笔耕，他还担当了历史拾穗人的角色，收拾同辈及前辈遗落的珠玉，梓印成书，为后世留下些许前人的足迹。

作为古体诗的传薪者，退老在语言表达的机趣与生活智慧上达到令人钦服的高度，他的努力在文本上维护了古体诗的尊严。

重温退老写给我的诗文，清晰地感受到这一点。

吟方画家绘赠《三人行图》，自题云：“画题曰三人行，而只见两人行何也。”诗以作答。

三人行必有吾师，画只两人漫用疑，
窃恐斯人画不得，一肚皮不合时宜。

画家狡狯兴无加，觅解人鲜寂不哗。

窃恐画中三缺一，可能一个是梅花（画左红梅数枝）。

数树红梅隔路尘，萧然物外任天真。
岂其一醉迷所向，去作邯郸梦里人。

峨冠宽博古衣裳，新画而非时世装。
妙用如何吾不识，请开茅塞道其详。

另一篇，题为《唐吟方自绘赠令媛诗云〈墨兰图〉》。

吟方道兄绘此兰蕙图自京华寄来嘱题，并谓来日将以付女儿诗云收藏。诗云方二岁，尚在襁褓之中而老夫已年过九十，须眉皆白，他日倘相见，定当拥之入怀，将见其捋吾须而笑也。跋竟，更拈一绝题其上：

喜气充闾竟体芳，露滋风泛互低昂。
唐家自有才人笔，九畹移来付女郎。

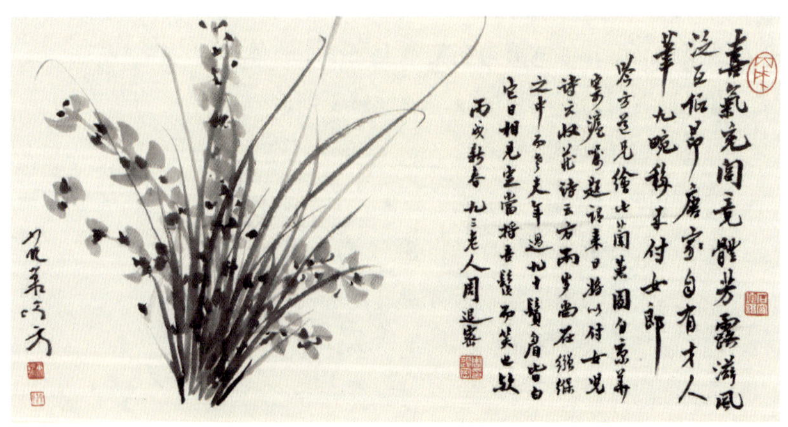

唐吟方绘《墨兰图》，周退密题跋

四

退老在《吟边墨痕》小引中说："平生有二好，曰诗曰书。虽垂老无成，捻髭临池之情固未尝稍衰也。"书法和诗是其历时一生的喜好。

程千帆致施蛰存书札中谈沈祖芬诗词付印事兼及退老书法：子苾诗词付印事，系自冨托南师资料室负责人赵兄主持，其人极诚笃，又尝与子苾共事，可信赖，故亦未索其写样，弟意在早日印出，只要无错落，书法少次亦不计较，因越拖则能看愿看之人越少，再过数十年，即使手稿影印，亦成赤文绿字之秘讳，句读恐亦不能，遑论悉其意旨。諗及此，甚觉可悲。想请维昭及退密二兄各题一内封面，一书"涉江诗稿四卷"，一书"涉江词稿五卷"，其大小即照《金石百咏》之板框……退密楷书，子苾所喜。弟则爱微昭之奇逸，故欲转请兄一求耳。（或请退密作楷，微昭作篆。）

我在《雀巢语屑》中也提到退老的书法："今私人印墨迹选，以周退密老人手迹最多。余每至上海访退老，常得其手赠，寒斋所存不下十数种，大抵为各地爱好者自发印行。印本中多为书问，少则三五行，多则四五纸，风便落笔，最得翰墨真意。间有临书帖，亦气吐如虹。退老勤于书札，与四海风雅之士应接无虚日，翰墨流传遍布九州。近得忻州焦如意寄赠《周退密致陈巨锁翰札》，收退老八十九岁至百岁十年间与陈氏笔札书法，墨迹俱彩印，即硬笔纸条，亦不遗漏，珍护之心，斑斑可见。故田遨老卷首题诗有'周陈函札互珍重，无限白头倾盖情'之感叹。"

五

记得一位乡友曾叙述过他对退老的一些印象，其中谈到退老对古书画判断的一些看法，他认为退老的眼光属于鉴定界"眼宽"一派。以我与退老接触的亲身体验来看，这个结论下得恐怕为时过早。退老在自写的简历里，提及“自幼爱好书法及旧文学，于书画、碑帖、版本等具有高度的鉴赏与鉴别能力”。鉴赏与鉴别是退老引以为傲的一个能力，不过和职业鉴定家不同，他同时又是一个老派学者，在修辞表达上的含蓄与模糊，很大的程度上和他那辈人的处世方式有关，与“眼宽”乃至判断力并无必然的联系。

退老的儒雅，是待人的和颜悦色，还有温情地对待生活，从琐屑中发现诗意，赋予寻常以不凡。某次海宁出现退老的伪品，是一个姓邵的人拿出来的。有人买了拿去给退老看，确认非真迹。退老觉得事因他而起，当即写了一张送给那个求鉴者，笑称“我愧挥毫鸦一只”。

我至今还记得前几年去拜访退老的那个情景：临告辞前，退老对我说：唐先生你等一等。随后拿出二本早已准备好的旧书（《图绘宝鉴》）交到我手里：“这是我年轻时看过的书，上面有我的批注，虽是

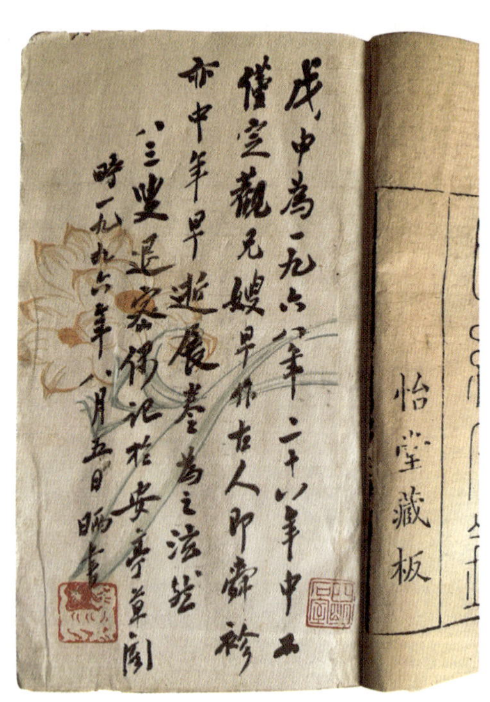

周退老赠书《图绘宝鉴》

残本旧书，送给唐先生做个纪念。”

接过书，我不知道说什么，却能感受到退老这一举动背后的寓意，把陪伴了大半生的书传递给一个晚他五十年的后辈，是珍惜相见更是依依惜别，还涉及一份书香的传播。

诗翰犹在，斯人远去。

谨以此文怀念退老！

2020 年 7 月 27 日于北京京郊北七家

（原刊《藏书报》，2020 年 9 月 8 日）

道同原有话能说　时促聊凭影为延

——海上诗翁周退密先生

王　犁

一早在朋友圈获悉海上诗翁周退密先生仙逝，享年 107 岁。

最早看到《北山谈艺录》（施蛰存著，文汇出版社 1999 年）和《北山谈艺录续编》（施蛰存著，文汇出版社 2001 年）退老题写扉页签条，陆续看到很多书籍的签条是老人题写的，想来是一位学人推重的前辈人物。也从朋友言谈中得知，退老是宁波籍大收藏家周湘云的侄子，抗日战争前沪上震旦大学法律毕业，外国语学院教师，参与《法汉词典》编写，写诗、精鉴藏，郑逸梅先生称其为“海上寓公”，为上海文史馆最年长的馆员。

很多年前我们还有闲暇结社，年纪相仿的几个朋友一起画画做展览，更多的是一起吃吃喝喝。因为社友章耀兄的关系和海宁朱明尧翁热心，为我们与海上诗翁周退密先生的交往牵线搭桥，使我等晚学有机会与这位老先生来往。

明尧翁寄我们的画册给退老，退老收到后为午社八人的作品各赋诗一首，其中一首《淳安王犁》:“觅句春山深复深，数声啼鸟助清吟。知他旧有题诗处，石壁苍苔一再寻。”这组诗前写道：“海宁朱明尧翁赐寄杭州午社八家画集春、夏二卷，观摩数四，若有会心，各记小诗一首，用志钦佩。”

于是，午社同仁相约，在老人方便的时候，赴沪拜访，以示敬意。

第一次拜访退老在 2007 年 11 月 21 日，那年老人九十四岁。老人住在徐汇区的安亭路，故常署“安亭草阁”。一幢民国留下的背街老楼，朝南有个院子，进出门在房子的东侧，七七八八挂着住户的信箱。因为提前预约，按门铃后，下来开门的是先生的夫人，老人性格热情，见面就说："你们来了，他在上面，你们先上去，我取一下信和报纸。"

我们径直上楼，下二层住着其他住户，老人在三楼中间的阁楼，大约二三十平米的样子，木地板干干净净，床铺在靠北的墙边，再是五斗橱等 1980 年代的家具，放着一些书，虽然简陋，但很整齐。朝南是玻璃窗，上午的阳光把屋里晒得暖洋洋的，采光很好。西墙有张办公桌，边上有个简易的竹书架，墙上挂着一张水墨的菊花和一张写意的荷花，也不是名手的作品。朝南这边敞开的玻璃窗前有一张玻璃的餐桌，算是这个年代的日用品，餐桌上放着一本《沈曾植年谱长编》（许全胜编，中华书局 2007 年第一版），看到扉页老人题写的签条，说是作者昨天带来的样书。

老人坐在一张藤椅上，穿着暖暖的褐色睡袍，老人与章耀聊了聊朱明尧先生和平湖几位诗翁的情况，提起陈兼与先生，退翁尊其为师长；金心明请教了一些碑拓流传的知识，老人一一作答，谈自己碑拓经手的经历，还提起施蛰存（北山）的碑拓收藏，并问文史馆旧事，老人还翻出上海文史馆名录查找，说自己是陈兼与先生与郑逸梅先生推荐入馆的。

午社同仁拜访周退密先生（2011 年 3 月 12 日摄）

午社 2008 年刊行《陈兼与致周退密翰札》

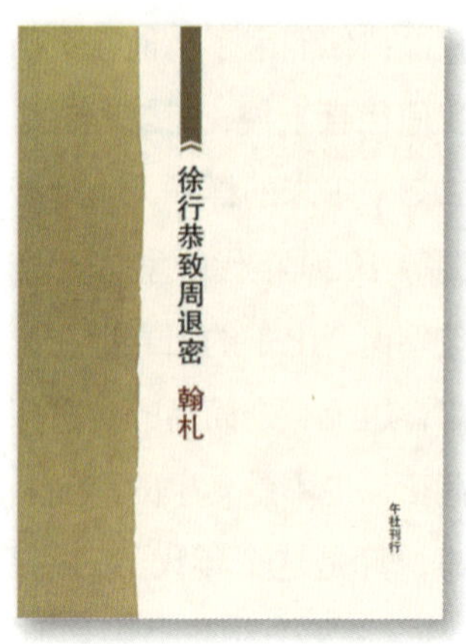

午社 2010 年刊行《徐行恭致周退密翰札》

小屋里挤满人，周夫人上楼后一直在边上坐着，帮退翁递一些资料。我们不敢打扰老人太长时间，在安亭草阁停留半个多小时起身告辞，老人也站起来相送，我们赶紧让他坐着，他说没有这么娇贵，年纪大了只是上下楼不方便。

下楼后出门还与师母合影，老人那年的诗历中有记录："11 月 21 日杭州午社画家章耀、王犁、余久一、金心明、李云雷、吴涧风暨海宁篆刻家苏文治、艺友顾纲、凌中强等九人枉过草阁，摄影留念，追记一律。山房斗室集群贤，竟使诸君坐乏毡。早熟画名鸣午社，得亲眉宇辑词仙。道同原有话能说，时促聊凭影为延。愧煞主人无供给，衰兰送客意拳拳。（毡字亦作鞯。是日倩老伴送客下楼并与诸君更摄一影留念。）"老人抒怀记事提倡直白浅近，自谦合音律而不拘于平仄。社兄久一时与骚坛前辈往来唱酬，谈起退老诗作才是知者之论："退老诗用语虽浅近，但格律精严，少有纰漏，并非不拘泥于平仄。"

隔了五年的 2011 年 3 月 11 日，还去看过一次退老，听说他刚出院，仍精神矍铄，告诉我们，他的诗稿半年前已交安徽的黄山书社，计划出版，编辑先告诉有 160 万字，后来说有 130 万，也不知道怎

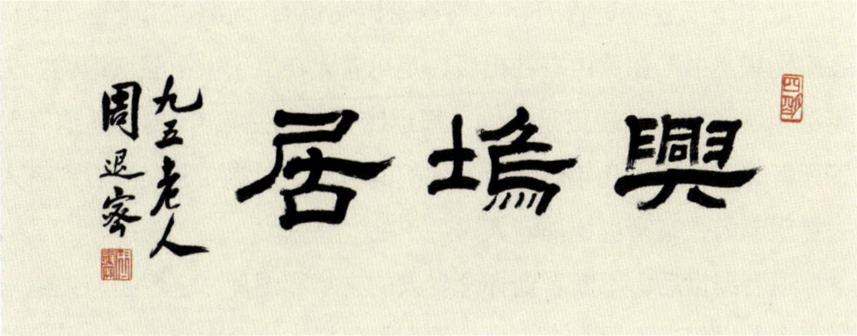

兴坞居，周退密题，2008 年

么少了这么多！这个字数要编辑三大本。没出版时很想它早点出来，出来肯定会后悔，怎么没有再好好编辑一下，总是不满意！

同行有章耀、余久一、金心明、范轶西、任慧萍、苏文治、凌中强、顾纲等来往较多的朋友。

老人希望把自己手上陈兼与、徐行恭生前给他的信印行成册，章耀兄牵线，午社有一点公用的资金为其刊行，以解老人夙愿。现在翻看《陈兼与致周退密翰札》和《徐行恭致周退密翰札》两册，装帧素雅简朴可爱，仍然是难得的文献资料。朱豹卿先生读到陈兼与（声聪）晚年翰札，评价其书法功力不下沙老。

我自己并没有为老人做过什么事，借那几年结社时，同好们的那点理想主义色彩，凭添文缘，实属掠美！

通过安吉的朋友操声国，请老人题写过隶书斋馆名“兴坞居”和几个行书的签条。陆续收到海宁章耀和顾纲寄来老人出的《退密诗历》多卷和《小得斋珍藏石窗翰墨》，随信附有一张复印的便条：“仆与老伴现在上下楼困难，以后非万不得已，请勿寄快递，因快递不如邮局有固定时间，说来就来急如星火，并不及待，难以应付也，借遇知好，不妨一说。九四老人有此不情之请也。两浑。”这也是与前辈打交道需要提醒自己的细节，不要图己省力而忘了对方那么长的年龄是否方便。

上中下三卷本近百万字《周退密诗文集》，入编“二十世纪诗词名家别集丛书”在黄山书社出版，足见老人在二十世纪骚坛地位。去年温州沈迦、方韶毅更是汇编《周退密先生题签集》，更解迷退老题签读者的眼馋。近几年偶闻老人住院的消息，时常在朋友圈看到有人去看望老人，暗暗也祝福老人。

退老辞世后，不断看到怀念老人的文章和图片，也想起与先生一样高寿的世纪老人周有光先生，他们是怎样的生命力穿过二十世纪的波澜，才让我们这代人有机会接触到啊！

2020 年 7 月 16 日晚根据当时的记录整理

（原刊《钱江晚报》，2020 年 7 月 19 日）

我与退翁的翰墨缘

萧跃华

周退密翁辞世当日，《藏书报》张维祥兄约我写篇文章，当时“人在江湖”无法应命。退翁辞世周年，沈迦兄微信“纪念集不能缺您”。我知道该写点文字，纪念与退翁的翰墨情缘了。

我丁亥孟夏开始与文化老人交往，时年九十又四的退翁自然是重点“统战”对象。我冒昧修书一通，幸得退翁垂爱。从此，或书信、电话联系，或出差沪上觐见，五六年下来，退翁先后为箧藏《吴瓔公手录孙过庭〈书谱〉》《宁乡程十发先生墨迹》《孤桐手录诸贤挽吴瓔公联语及诗》《章士钊先生自书文稿》《谢无量先生自书诗》《晚清名贤遗札》等长卷、册页题跋题咏，为箧藏《涉江诗》《上海近代藏书纪事诗》《于喁小唱》《和陶九日闲居诗》《移情小令四种》等诗文集签名题跋，另求得退翁对联、条幅、诗札等十余件。这些温馨记忆已写入退翁审定的拙稿《耆宿硕彦——周退密》(载《书屋》2011 年 7 月)。退翁周年祭，特忆忆拙稿之后发生的没有太多功利色彩的你来我往。

“我的诗昙花一现，还是唐诗历久弥新”

壬辰孟秋，我“外放”上海，席不暇暖便驱车前往周寓。我报告工作近况后，呈上荣宝斋彩印信笺“吴作人动物”十页，敬请退翁书几首近作留作纪念。四年前我与退翁约定：寿登期颐再求一册自书诗词，送中华书局影印作为贺礼。退翁微笑点头：“可以！可以！”癸巳即退翁百岁华诞，我想“试试水温”，看他有没有精力在《北平笺谱》上再写六千字的蝇头小楷。

国庆长假刚过，退翁打来电话："萧先生，你有没有时间，诗札都写好了。"

"有！"我放下电话直奔周寓，急切按响门铃，居然是退翁亲自下楼开门。

"阿姨不在家？"

"不在家。"

"一个人不安全啊！万一摔了怎么办？"退翁住二层小楼顶层，老式木板，楼梯很陡。

"不会的！不会的！"

退翁是否有意规避阿姨"监督"？他拿着叠放整齐的八九通唐诗说："我的诗昙花一现，还是唐诗历久弥新，经得起时间的洗礼。"我逐一欣赏，落款多种多样："退密"、"退密录唐诗"、"壬辰寒露退密"、"退密年九十九书"、"九九老拙退密书唐诗"。其中一通："银烛秋光冷画屏，轻罗小扇扑流萤。天街夜色凉如水，卧看牵女星。退密录唐诗，时年九十九。落牛、织二字，耄荒可笑。"一首绝句落二字，我琢磨着不能再提《周退密先生自书诗》续集了。所谓"人书俱老"，"保鲜期"稍纵即逝。

我悄悄塞过退翁几次润笔，随他写点什么，没有具体要求。退翁当时收下了，可隔天又打电话让我取回，难道他受到阿姨"批评"不成？退翁 2011 年 12 月中旬发表声明："退密明春即将进入九十九岁，体力日衰，遵医生叮嘱，家人劝告，早经网上两次声明，谢绝笔墨之役。近日血压增高，行动困难，目昏手颤，字迹倒退，自观亦觉可厌，更不值大雅谬赏。因之再申前议，停止书写。同时谢绝任何馈赠，包括大型厚重之书画册子。倘有快递包裹寄来，一律拒收。通讯亦只限平邮来去。万一中途遗失，恕不负责。再，九九老人，读书自娱，只图安静，如无预先约定，请勿来舍访问。"可一纸声明怎能抵挡文人诗书爱好者求赐墨宝的脚步？退翁不写字、不作诗、不会友如何排遣孤独寂寞？

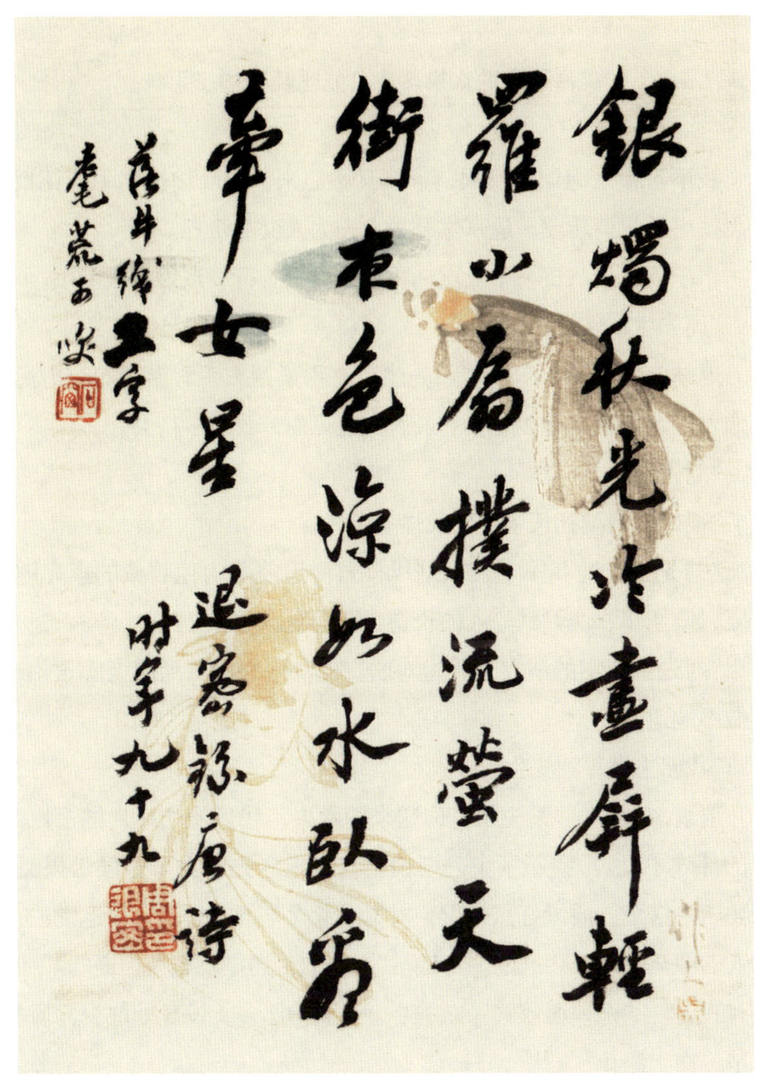

周退密行书唐诗花笺，2012 年（萧跃华藏）

严复曰：“临帖作书，可代体操。”退翁深知其中奥妙，甘之如饴，欲罢不能，但被“不知筋力衰多少”的自然规律困扰着，无可奈何地做着“减法”，哪怕“减”来的是了无生趣。

“你送来的水果，我只能吃几片橘子”

我不习惯上海饮食气候，家属又不愿来沪，仕途也到了天花板，深思熟虑后申请转业，返京弥补为人夫为人父的责任。

甲午三月十八日下午三点，我前往周寓辞行，退翁拥被而眠。

“周先生，您好！”

退翁睁开眼睛，一声“萧先生”右手紧握右手，温暖而有力量，不像百一老人。这可能是我们最后一次见面，我想多待会儿。

“刘先生怎么样？”

“很好，当副社长了，比我强多了。”

“刘先生”即我军地同窗刘凤桥君。退翁曾为他收藏的李光地、严复、傅斯年、沈尹默等人的长卷、册页题跋题咏。

“刘先生介绍的朋友要我写对联，他拿回去就放到网上卖了，这样做不地道。”

“我回去批评刘先生。”

退翁忽然说：“萧先生，你送来的水果，我只能吃几片橘子，其他的都吃不动。”我听了十分惭愧。我觐见老先生大多时候带果篮，任凭店主搭配，质量好点就行，根本没考虑吃不吃得动。鲁迅说：“人和人的魂灵，是不相通的。”又说：“人们的苦痛是不容易相通的。”信然。我这种“简单粗放式”的关心，一厢情愿多，设身处地少，顶多算是“锦上添花”吧！

我趁热打铁请教退翁：我请冯其庸先生题写“三老吟草”书名，他爽快答应了。我随即问什么时候来取，冯先生生气了，说我一点也不体恤九十老人。我这么问真有“催债”之嫌？

退翁微笑着没有回答，我知道了——其实我不懂老人心。

退翁曾给我《周退密先生书籍文物捐赠展》简介，问：“你去宁波天一阁看过没有？如果去可以打电话。”这是退翁为家藏近百件珍贵古籍、字画、手稿找到的最好归宿，我打哈哈没有表态。其实双休日让司机跑一趟挺方便的，还可顺带逛逛历史名城。我为什么不愉快答应，参展后反馈几句体心话？

我告辞时，退翁吩咐阿姨多取几本《红豆词唱和集》。我太实诚，只要了两本，怕多了造成浪费。如果我多要几本转赠同道中人，退翁会高兴的，可我这个榆木脑袋不开窍。

“叶嘉莹先生贡献大，她才有资格获这个奖”

我最后一次觐见退翁是丁酉三月十二日。

问候，握手，坐下。退翁说：“萧先生，你胖了。”

“对对对！是胖了！”三年未见，退翁居然记得我的胖瘦，我为他的健康高兴。可聊着聊着有些不对劲：

“萧先生，你在上海工作？”

“没有啊！我早回北京了，走之前还向您辞行了呢！”

“哦——”退翁似乎想起来了，但几句话后又问：

“萧先生，你在上海工作？”

我茫然地望着阿姨。

“他几岁都记不清了。”阿姨解释。

“不会吧！”我半信半疑。

“等会你就知道了。”

我呈上《退密文存》请退翁签名留念，他提笔就写：“跃华吟兄正谬。周退密二〇一七年四月八日，时年百”，然后停笔抬头问阿姨：“我几岁了？”

“四岁。”

“哦——”退翁于是缀上“又四岁”三字。

“吕端大事不糊涂。”我祝贺退翁荣获“《诗刊》2015 年度诗词奖”。退翁回答：“我不要这个奖，也不要这笔钱，没有授权任何人

（阿姨插话：要授权也是上海市文史馆）。全国有名的诗人太多了，我就是这个（伸出小拇指比划）。叶嘉莹先生贡献大，她才有资格获这个奖。”他一如既往地淡泊名利、远离名利。

《周退密诗词选》由辽宁葫芦岛诗友王震宇兄选辑推荐，首发《诗刊·子曰》增刊，入选“2015年度陈子昂诗歌奖”。评委认为：退翁诗格调纯正、结构严谨、语多奇崛，又能灵活变化，佳句络绎，饶有奇气，一致同意将年度最高奖颁发百零二岁的退翁。

评奖公平公正，颁奖议程早定，可退翁不提供银行卡号和身份证号码，这30万元奖金如何销账？《诗刊》社评委会负责人委托上海诗词学会副会长杨逸明先生出面协商未果，最终决定以退翁名义捐赠陈子昂故里的射洪县双溪乡小学和仙鹤学校。其“始作俑者”王震宇兄模仿退翁口吻撰写获奖感言，交与主办方了事。退翁就这么身不由己地“被捐赠”“被发言”“被报道”。事后，王震宇兄专门写信向退翁表达歉意。

“最近出了什么书？”退翁关切地问。

“出了一套四老题跋丛书。”我回答：“姜德明、朱正、锺叔河、邵燕祥先生给他们的所有著作题跋，我每部写篇小书评。”

“我拜读拜读。”

“好好！我回去就寄。”

阿姨插话：“不要太厚！不要太多！”

退翁曾跟我打招呼：“寄平信，不要寄快递、挂号，下楼开门不方便。”我想用毛笔写信，一次寄一本，分四次平信寄完，但既怕打扰，又怕丢失，寄与不寄间，踯躅又踯躅。如今想起来这些所谓的顾虑全属多余。如果毫不犹豫寄出，这些“秀才人情纸半张”，或许会给年衰岁暮的退翁带来些许慰藉吧！老子云：“夫轻诺必寡信，多易必多难。”知我罪我？退翁退翁！

辛丑二月三十日

生也何幸，在人世间碰到这么好的人啊！

——忆周退老

费永明

我在上海文史馆裱画的时候就认识周老，姓后面加一个“老”字，是文史馆工作人员对文史馆员的尊称。朋友们私下聊天时称他退老，以显示内心的亲近。那个时候周老正想整理印他那本藏品集，请同馆的金宝源老先生帮他在馆里“菊生堂”拍摄藏品的照片，他和师母一起带着藏品打车来，师母的头发雪白……我有空会凑过去看那些藏品，后来那些藏品很多经我之手整理过，但当时我只是认识周老而已。

1997 年 10 月开始，我在瑞金街道文化中心开了个裱画店。街道文化中心原来有个“老知识分子活动沙龙”，由退老主讲诗词，活动室的墙上还挂着当时退老写的书法。后来这样的老年兴趣活动沙龙都叫“老年大学”了。

程允熙女史在社区老年大学教退休老人画山水，我的装裱室就在隔壁，和她熟悉后，说起墙上周老的书法，她说和退老很熟悉，我就拜托她帮我向退老求个斋号，她一口应允。过几天她告知和退老说过了，没问题。刚好周老有些东西要托裱，叫我直接到退老家去取，我大喜过望。

可是，题个什么斋号呢？刚好读一本尺牍集子，看到明人徐渭的一札，开头一句“顷凌波初渡、未得小俟高轩……”灵机一动，心想就“俟高轩”吧！于是就到周老家取他的裱件，顺便求他的墨宝。他也觉得这个斋号有点意思，还和我讲了另外一个典故，唐朝诗人李贺很年轻的时候有了诗名，文学大家韩愈地位很高，主动到李贺家拜访他，李贺很激动，就写了一首诗来记颂这件事，这首诗叫《高轩过（韩员外愈、皇甫侍御湜见过，因而命作）》：

华裾织翠青如葱，金环压辔摇玲珑。
马蹄隐耳声隆隆，入门下马气如虹。
云是东京才子，文章巨公。
二十八宿罗心胸，九精耿耿贯当中。
殿前作赋声摩空，笔补造化天无功。
庞眉书客感秋蓬，谁知死草生华风。
我今垂翅附冥鸿，他日不羞蛇作龙。

“垂翅”、“羞蛇”不也是我这个小裱糊匠吗！过几天退老帮我写好了，裱好悬在高壁，对友朋、对人生多了份双重的期许。

一

2000 年我的装裱店移到了文化广场，后边一条路就是永嘉路。永嘉路不长，因为去退老家取送裱件，每个月都要跑几趟。退老的裱件要求很特别，他说地方小，立轴都不要装轴头，好放箱子里。裱头都不用大，挂在房间适合调换观赏就好，写字台的玻璃台板有固定的尺寸。朋友们送他的小札或者书画小品，他让我托裱成统一尺寸的小画片，压在玻璃下，一张张叠起来可以随时换看，厚厚一摞子有十几张，多了就换了藏起来。

帮退老做裱件的快乐，在于每个裱件都有关联的人和事，听他说说讲讲，使我很有收获。

退老的居室很整洁，几乎看不到书，一个大衣柜，一个西式的五斗橱，一张床，一张餐桌，一张写字台，一张藤椅，写字台的头或脚边放着手头上紧要处理的工作，或者朋友们新近寄来的图书、邮件，过长的画轴或画册、画片就在床上的一边拿床单子盖着，就这样清清爽爽。不像我这个不读书的人，大书橱小书架弄得到处都是，书却没有真正看过几本。

虽然几乎看不到书，要的时候却有，很神奇！我们聊天中，老人家会走到五斗橱边打开，抽出一本书或帖，告诉我一点知识或验证一下他的看法，然后再放进去。大衣橱的一边也是放书的。原来他的衣橱是放书的，拿给我看过的有《湖海诗传》《藏书纪事诗》等。

有次拿出一本线装的《史记菁华》对我说，那是他初中时的课本，封面已经换过几回了，他自己题的签，过去老先生都会修修补补自己的书，整理得干净漂亮，现在古籍修补成了大学里的专业，能修点书变为神秘有成的本领。

二

永嘉路不长，退老住安亭路，陆泳德先生住陕西南路，是一条路的两端，我去退老家刚好路过，偶尔也充当信使。封好邮寄的信，有时是师母交给我，让我带着放到路边的邮筒里，给老朋友的便札，退老会交给我。陆泳老是常受托走一趟的。

陆泳德先生是南洋中学的老校长，见识广博，为人和气，嗓门很大，喜欢帮助年轻人，旧为吴门巨族，在沪经营有房地产、典当等行业，解放后都交给了国家。现在被称为“上海第一当”的“上海元利当铺旧址博物馆”，就是他家当时的产业。陆泳老和退老一样，都经历过旧日繁华，所以都一样平和安详，恬淡无求，令后辈如我内心很崇敬。

陆泳老也是程允熙女史介绍认识周老的，认识后鱼雁往来，亲密得不得了。

记得有一次，陆泳老送了一方旧砚给退老，退老拿出一开泥金的梁山舟的小楷扇叶，让我带给陆泳老作为回礼，写得十分精彩，我私下以为，价值上退老是十分不合算的，但是老先生们的礼尚往来很快乐。

和老人家们的交往充实而愉快。来来去去近二十多年，现在两位老人家都已经仙逝了，对我来说，这样的交往，现在和将来都不会再有，念此令人伤感。

三

就我本业，与退老的交往有两次，让我十分惭愧。退老藏有明遗民傅山的《秋海棠赋》小行草册，惜无本款，朱记累累，纸色金黄，十分可爱。原裱糊性退尽，层层脱落，我本意新裱的大小、裱式都和原裱一样，但原裱裁切不正，我也一样切出。封面为节约成本，竟用了一块龙纹锦绫包了，贴了签条，自己看着很别扭，觉得很不妥，当时满心忐忑送到退老家，陪着笑，解释说我也不满意如何如何……退老一句也没有批评，只是淡淡地说："总比不裱好吧。"这六个字可真是比骂我一顿还难受，直刺耳骨，如今想起来还是背上生荆，惭愧无地。

新一年春节，退老的老朋友，诸光逵先生给退老用朱砂画了一本《朱竹》册页。退老喜简朴，并不要做开版册页，加上裱边放大尺寸。只是想就画心原尺寸做一本经折。但是画心余地很小，难以裁切，我勉强应承，耽搁了很久，结果装好后，送出去机器裁切时，其中两页伤到了图章，我很痛心也没办法，惴惴不安送到安亭草阁，退老看后也没有批评一句，说："这样吧，小费这本就送给你吧。"这本《朱竹》册，现在还在我的书架上，慈爱的力量对我随时是一个督促，对这两件事我一直含愧于心。

四

我从 1998 年开始，就喜欢参加上海的各家小型艺术品拍卖会，买些力所能及的小品，自己把玩，从古籍碑帖，到绘画书法都有，很乱很杂。也没有遵从某先生去学，只是从心所好，倒也没交过什么学费。后来跟退老熟悉了，稍有得意处就带去给退老看，他最开心，每次离开，他还会关照："小费，要是买到什么东西再带来给我看看。"

他很喜欢看古人的东西，有很多藏品也想知道现时的信息，他晚年很少下楼，想知道外面的情况。我把所知的讲给他听，他也把我买的作品相关故事讲给我听。

一个小藏品可以得到很多边际的知识，我曾经买过一本乾隆时期的文人汪梅鼎的《自书诗册》。退老让我留在他那里让他看看，再去的时候，就送了我一幅他书写的墨宝，是诗册里汪梅鼎的诗，我喜不自胜。

退老百岁时，耳聪目明。跟他交往，听他娓娓道来，一点都不吃力，不用提高嗓门让他听到，文字书画都能看得细致，两副眼镜换着看，或拿掉眼镜捧在手里看。我每个月都盼望着退老来电话让我去，或者我买了什么小藏品，巴巴的送过去给他看，去之前充满了期盼，离开后满心欢喜。能让我怀这种心情的，在上海只有我的老师严先生和退老了。

记得有一次师母整理完窗外晾晒的衣物，倚在窗边，听退老和同馆的朱子鹤馆员通电话，电话是朱先生打来的，他应该比退老小，却耳背，口齿不清，说话也重复。退老听得很吃力，难免有些应付的神色。挂了电话，师母对退老说："人家不能都像你这样，你不耐烦人家会感觉得出来的，人家这么大年纪了。"

当时我在座，心生一股暖流。生也何幸，在人世间碰到这么好的人啊！

退老喜欢金石碑帖，所以号"石窗"。他的小行书是翁方纲的底子，因为金石题跋他学了很多翁方纲的写法，乾嘉考据这一派后来学翁方纲的很多，比如罗振玉。大约一百零三岁那年吧，退老对我说，他明显感觉更衰弱了，先说小楷写不了，手抖难看了。他的字人书俱

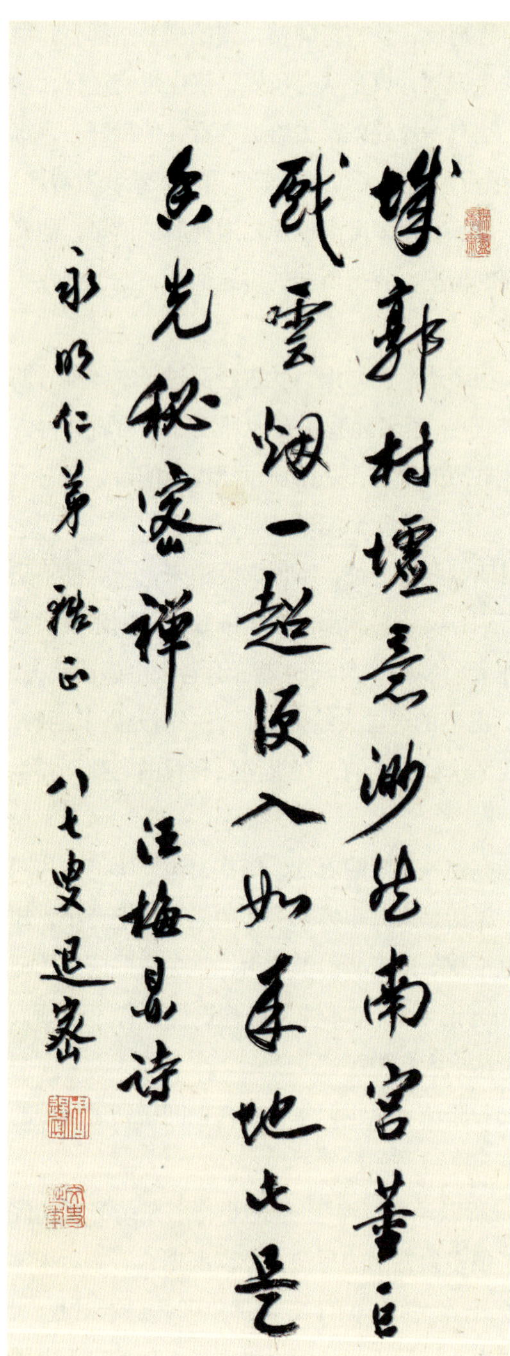

周退老行书汪梅鼎诗，
2000 年

作者与周退老合影
（周京摄）

老，是很好看的，这是他自己要求高不写的，说诗也不想做了，动脑筋头会痛。后来师母说，来客不能久坐，20 分钟为限吧。我就怕了。

孔子说："父母之年不可不知也。一则以喜，一则以惧。"我这样满心欢喜又暗暗忧惧。退老的最后两三年，我不敢到他那里去了；一年又一年，有去过他家的老师来说及他情况挺好，我也跟着高兴。

2020 年 7 月 16 日的五更，我知道退老仙逝。追念与老人家的过往，眼泪忍不住暗流。人世洪流，接天连宇的空相中，念念浩瀚人世的相遇，唯此老如菩萨慈悲……我的眼中又饱含泪水，不为别的，我觉得我也老了……

怀忆一代词宗周退密

冯寿侃

周退密老人是我的忘年交，今年5月中旬，我还到安亭草阁探望周老。那时，他精神还不错，我们天南海北地漫谈文艺时事，并合影。临别时，我还口占一首："上回觌面尚严寒，今赴安亭又晤欢。草阁书香公漫语，喜留一照笑颜看。"周老听了我的俚诗后，说一定要作和。未料惊闻噩耗，周老于2020年7月16日隐化而去。这位107岁老人的辞世，对文史界及诗坛而言，或许是一个老辈文人时代的结束。

周退密是上海文化学界的一张名片，他的经历丰富而传奇。开业中医、执业律师、汉语言文学教授、法文教授、诗人、书法家、古籍碑帖鉴赏家、文史研究专家，都是周退密的职业头衔。大凡文人雅嗜，周老皆有造诣，故被郑逸梅称为"海上寓公"。

中国文博界中，有"北有王世襄，南有周退密"之说。周老在古籍善本，尤其在碑帖的鉴定方面名气很响，藏者多以能藏有周退密题注的善本而引以为豪。周老的鉴定学问和他的家藏有很大关系，他的伯父周湘云是民国时期的大收藏家，上海清末民初的许多故事常与周家有关，如上海001号车牌就是周家的。那时周家的产业遍及上海，凡带有"庆里"的房产均为周家产业，家藏碑帖善本及古代书画就达数万，上海博物馆镇馆之宝《淳化阁帖》曾经也是周家的旧藏。周老自幼最喜欢的事情就是在自家的藏书楼中啃古文、闻书香，幼年的兴趣伴随了一生，成就了当今的大儒。周退密作品宏富，到底创作了多少首诗词，周老自己也不甚清楚。闻有人统计周老退休以来所创作的诗词就逾万，为人书题则更多，曾写道"为人作序跋、题写匾额、书题不计其数"。

作者与周退老合影

周退老为作者画册题签

晚生有幸，与晚年的周退密忘年相交十五年，我虽从职医事，然三余之雅则喜欢传统的诗文书画，从而与周老结缘。首次拜谒周老时就有一见如故的感觉，周老更把我当成知己诗友相待，每每以诗文作交流。记得我有次写了首花草的小诗，也引得周老和我唱和了好几轮。本人喜饮烈醪，周老更是以诗相劝，让我改饮低度健康酒，使我深为感动，此类的唱和尤多。除了诗词交流外，周老更对我多方面关怀，曾热心推荐我在文史馆办画展、出诗集，并亲力亲为，直至 103 岁时还为我的《寿侃诗草》作序文揄扬，要知道周老百岁时已对外公开宣布封笔了。

一代词宗走了，作为周老忘年小友的我，失去了一位慈祥睿智的长者、诗词的引路人，心中自生悲伤。泪落樽前，此谨以俚诗一首缅怀：

忘岁相交十五年，惊闻隐化泪樽前。
一生墨稼研文史，百载风流咏地天。
愧立赓舟时有我，漫谈艺事每投缘。
鱼书唱和成长忆，尤使悲心久爽然。

（原刊《新民晚报》，2020 年 7 月 21 日）

最后一次采访退老

沈琦华

周退密是“海上寓公”，是沪上硕果仅存的几位文史大家。我有幸在退老晚年时，代表《新民晚报》“夜光杯”封面人物版前后数次采访。最后一次采访退老，先生已是一百零四岁之寿，还能提笔写字，记性好得惊人。自然聊的是“很老很老的往事，很旧很旧的人物”。退老说自己还记得百岁时，友人在《新民晚报》上以诗贺寿，即便如今已是很少会客，算是“历史上的人物”了，但新民晚报前来采访，是一定要接待的。坐在窗前八仙桌旁的退老说着自己的故事，夫人施蓓芳在边上陪着，不时补充。

退老一生厚道，极重感情，诗文淡雅，是名门望族诗礼传家的春风熏陶出来的。晚年退老已经很少创作诗词书法，偶有和朋友有一两首诗词唱和。我看到八仙桌的玻璃台面下压着他最近和友人唱和的诗词，墙上挂着书法家高式熊写给退老的“寿“字。高式熊还是周退密的亲戚。周退密的舅舅娶了高式熊的姐姐，按辈分，周退密应该管高式熊叫舅舅。施蛰存则是周退密口中念念不忘的另一位旧友故交。后来施蛰存病得很厉害的时候，周先生要去看他，施蛰存叫周先生不要去，说去看了会伤心的。人生能遇几位知己，可谓无憾了，采访最后，退老淡淡地嘀咕了一句，“已经没有什么老朋友了”。

如今，退老也去世了，不过在徐汇区 20 多平方米的“安亭小阁”里，曾有这样一位亦真亦幻的名士，应该说是上海的骄傲。

（原刊《新民晚报》，2020 年 7 月 21 日）

开卷有益　终身受益

——记周退密先生给《开卷》的几次题词

董宁文

两天前，一百零七岁的人瑞周退密先生驾鹤仙游，令人不禁慨叹，又一位老派文史大家离我们远去，曾经的风雅也离我们渐行渐远了。

当天早上七点多，澎湃网的记者来电话让我谈谈与周退密先生的交往，我即写下了下面这一段当时的想法：

> 今天凌晨四点多，友人发来周退老两三小时前仙逝的消息，老人家去年九月过生日时，神清气爽的影像立即浮现在眼前。我与周老因书结缘，至今二十余年，前些年每次去上海，都必去安亭草阁拜望。周老喜读拙编《开卷》，亦多次赐稿支持。前几年还以一册读书随笔《退密文存》加盟拙编“开卷书坊”丛书。记得样书出来后，我曾专程去医院给正在调养的周老送样书。那天这位一百零二岁的人瑞非常健谈，聊起了一些故人旧事，连时间、地点都说得清清楚楚，令人叹服。这些年来，周老还应我之请，多次赐题拙编的书名以及其他墨迹。这些都已成为珍贵的美好回忆了！祈愿周退老一路走好，在仙国再与故交诗词唱和吧！

上午八点多，澎湃新闻客户端即以题为《文史大家、书法家周退密辞世，享年 107 岁》的报道发布了。

周退老生前喜读拙编《开卷》，前天晚上，急就《忆念周老退密先生》一文于第二天发布于“开卷”微信公众号，在这篇短文的最后，我写下了这样几句话：

这时想起昨天曾有两三位媒体朋友约写周退老的文章，忽然想到可以《周退密先生给〈开卷〉的几次题词》《周退密先生题签琐忆》《我所藏周退密先生的墨迹》《周退密所赐签名本》等这样几个题目再写几篇短文作为忆念周老退密先生的续篇，不知这个想法可否实现，写下这个以备忘。

我在忆念一文中说到我与周老的书缘始于《开卷》，并说交往总有二十年上下，今天我在翻阅《开卷》二十年间的合订本，找寻周退老与《开卷》点点滴滴的往日留痕，应该证实了我的记忆并无太大的出入。

二十卷合订本，总有五六百万字吧，想一下全部找出来周退老留在刊物里的雪泥鸿爪，并非易事，另外，与周退老还有不少的交往并没有全部落在刊物里，这些遗珠有待慢慢地寻觅与钩沉。

在二〇〇二年第七期《开卷》的《开有益斋闲话》中，发现了这样的一条记载：

6月5日，周退密从上海来信："第四期迄今为止，没有收到过。大约两星期前，友人周炳辉来电告诉我，说在《开卷》第四期上有我的几个题字，想要复印给我看，我说不用了，我也会看到的。不料第五期出来收到而第四期还不曾到，使我惊异。想系是寄刊物的同志疏忽了。现在请足下转告他们一下，请把第四期赶紧寄下，免得日久说不清楚或者书脱销难乎为继。《开卷》现在是我的好伴侣，一月一册，不嫌其多，反觉其少啊。"

于是，我翻开第四期，即见到周退老的题词墨迹，这帧题词如果不是去查找，记忆中似乎已模糊了：

《开卷》多载文坛动态及文人逸事，说古谈今，包罗万象。

与之相伴，如接当代硕彦于一堂，得益良多。

周退密　〇二、三、卅一

从这则记录中可以看出，周退老与《开卷》至少在此前的一两年就已在读这本小刊物了，而且喜读之情溢于言表。

手边第二帧题词落款为乙酉惊蛰，也就是二〇〇五年三月五日，这帧题词应该是《开卷》刊行六十期时请周退老所题，那年老人九十有二：

开卷有益，益在扩我见闻，长我知识，如与当今文坛诸公握手言欢，班荆道故。洵三冬文史之隽品，残年能饭之补剂。可喜可贺！

乙酉惊蛰 周退密时年九十又二

二〇〇八年八月十五日,我在《开有益斋闲话》中查到这样一句话:

8 月 15 日上午，访黄裳先生、鲲西先生、周退密先生、白桦先生。

就这么一句话，信息量不小，具体那天上午的活动现在一点印象都没有了，但那天我应该是记了日记的，不过，十几年下来，要想查到那一天的日记，可能也不是一件轻而易举的事情。但可以想象，那天可能是八点左右就去陕南邨访黄裳先生了，好像记得黄裳先生那天很早就要去医院陪护正在住院的夫人。早早与黄先生见面后，就去了鲲西先生家。因鲲西先生与周退老家不远，就在告辞鲲西先生后去了周退老安亭路上的安亭草阁。在周退老家闲聊了半小时左右，周退老给我在随身携带的本子上用钢笔写下了十余字：

弘扬文化传播
知识任重而道远
2008-8-15 周退密

周退密 2008 年为《开卷》题辞

弘扬文化，传播知识，任重而道远。

2008-8-15 周退密

自创刊以来的十余年间，周退老与我来往信件还是不少的，我想待有闲暇时可能会整理出来，如若真的实现了，一定会有不少温暖的回忆显现出来，这真的也是一件令人浮想联翩的雅事。

又过了两年，周退老再次为《开卷》创刊十周年题词，题词表达了三层意思，一是鼓励、祝贺，二是对刊物十年的编辑给予了褒奖，三是对他刊发在《开卷》的文章表示了谦虚的想法，读来令人动容。这篇题词写得非常独到，有情有意有趣：

开卷有益，终身受益。环顾书房，不可或缺。一解。面世十年，业绩辉煌，良友赠阅，未之敢忘。二解。皓首学文，收入我的贻笑大方，不堪一瞥。三解。

公元二〇一〇年岁次庚寅嘉平之月，

九六老人周退密拜题于《开卷》版行十年之际

又过了五年，也就是到了创刊十五周年的时候，我记得曾专程去上海拜望周退老，本想请他给为《开卷》创刊十五年写一篇短文，并且告诉他会将各位撰写的贺文结集出版。周退老听完我的介绍后，他说我文章写不来的，我就给你写个书名吧。等我回到南京不久，就收

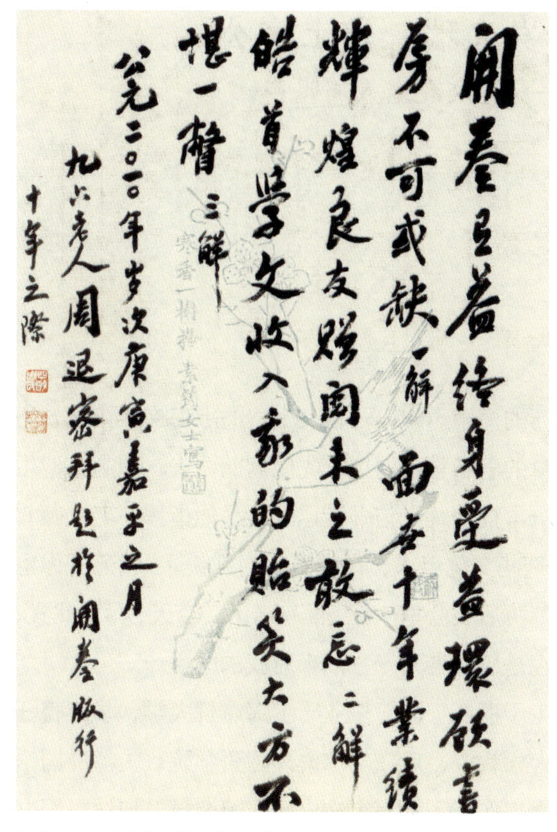

周退密 2010 年为《开卷》题辞

周退密 2015 年为《开卷十五年精选》丛书题签

到了周退老寄来的“开卷十五年精选”题签，不久，一套五本《开卷十五年精选》就由北方文艺出版社出版了。

以上的几帧周退老给《开卷》的题词只是我手边可以见到的，这十多年里，一定还有一些其他的题词或者信札中对于《开卷》的观感等等，眼下我只能就手边能够找到的几帧题词略述原委，从中可以使我们真切地感受到周退老对《开卷》的关爱之情。

谨以此文，祈愿周退老在仙国继续他的翰墨情缘。

二〇一〇年七月十九日晚漫记于金陵南郊开卷楼

百岁人瑞　海上寓公
——记文化老人周退密

韦　泱

引子

七月，在淅淅沥沥的梅雨声中，一百又七岁的上海文史馆员、集诗文、书法、鉴赏一身的著名学者周退密先生驾鹤西去。想起在他生前，有次去看望他，一本拙著《人与书渐已老》呈他指谬。老人翻看着，也许看到我写的一些文化老人，很认真地对我说："我死后你也要为我写篇文章噢！"听后我心里一沉，惟有诺诺。今天，写毕此文，是兑现自己的承诺，也是感恩老人一直以来对我的关爱。

周老一九一四年生于浙江宁波，毕业于上海震旦大学，早年曾任上海法商学院、大同大学教授，后在哈尔滨外国语学院、上海外国语学院长期从事外语教学工作，系上海市文史研究馆馆员。自幼爱好书法及文学，对于书画、碑帖、版本等具有精深的鉴赏力。著有《墨池新咏》《安亭草阁词》《上海近代藏书纪事诗》（与宋路霞合著），以及《周退密诗文集》（三卷）等。在安亭路一幢古朴的西式楼房里，周老每天安静地在家中读书写字。卧室兼作书房和会客。对他来说，晚年生活的主要内容是诗词创作和书法养生。"书是每天必读的，"他说。与周老品茗聊天，惬意而又舒服。老人干干净净，一身布衣，且耳聪目明，谈笑自如，看报写作，不戴眼镜，蝇头小字亦能一一辨清，真令人叹为观止。

中医世家的养生之道

这些年来，与周老成为“忘年交”后，每每谈文史，谈写作，谈诗词或书法，却极少谈养生。只是交往久了，我渐渐悟到，周老的长寿，多在于一个“静”字，如古人所说“静如处子”。而在他是以静制动，或者说静动互为。听周老说，他出生于一个中医世家，宁波老家两幢住宅毗邻月湖，环境幽雅静谧。这得天独厚的居处，给了他喜欢宁静的儒雅性格。他早年入“清芬馆”读私塾，四书五经，古文唐诗，不仅读，还须背诵。一九三一年，考入上海老西门石皮弄的上海中医专门学校。后还乡拜名师陈君诒为师，边读医书边实习，一年多后已能独立为人治病。尤其难忘的是，一次半夜，从四明山上抬下来一个伤员，退密协助父亲为其治枪伤。现在想来，那可能就是四明山上的游击队队员。

周老说他生下来就是平脚，跑步比赛总是倒数第一。所以，他从小学起就懒得体育活动。看哥哥姐姐们学骑自行车，学得风风火火，摔下来也是嘻嘻哈哈，可他却胆小害怕，至今都没敢亲近过一回自行车。可以说，周老一生，就是这样在平平淡淡、安安静静中走过来的。也许是受父亲的影响，又学过中医，他从中知道一些养生之道。如《内经》中有“冬不藏精，春必病温”这句话，他成婚后就一直将此奉为信条，严格恪守此道，决不放纵自己。古书上说“慎言语，节饮食”，周老亦以为养生之道。他现在每天早餐饮一杯牛奶，佐两片面包，午、晚餐各食一小碗米饭，而菜肴却不讲究，粗细均可，多以蔬菜为主，每日食少许水果。由于患痛风之病，海鲜、豆类制品等均在禁食之列。这样，他的食欲只能是有节制而无膨胀之虞了。

周老说不食猪肉已有八十多年了。他很早就知晓中医理论中的一个说法：“猪为寒水之畜。”食猪肉易生湿生痰，而他一生除了伤风咳嗽有吐痰现象，平时从无这种毛病，他说这可能是不食猪肉的好处。

虽然中医给了周老最初的养生启蒙，但他年轻时并没有沿着这条路走下去。一九四〇年他从上海震旦大学法学系毕业，领到了律师证书，加入上海律师公会，接着到中法私立法商学院任法学教授，曾短期在永泰银行兼职一段时间。抗战胜利后，他又与上海名律师费席珍合作，在飞龙大楼挂出律师事务所牌子，这第二次的律师生涯，终随解放上海的枪炮声而告结束。五十年代初，他应聘赴哈尔滨外国语学院任教，八年后奉调上海外国语学院，一直到“文革”遭非人待遇。其间，他参与编写四百万字的《法汉词典》。后于第二医学院教法语课，一直到六十八岁离开教职岗位。

退休后，周老的生活仍然以静为主。他的父亲虽然一生悬壶从商，却将功名利禄、宠辱得失看得很淡。行医之余，常一卷在握，怡然自乐，得以安度晚年。父亲的养生之道，其实亦是一种人生观：“不汲汲于富贵，不戚戚于贫贱。”周老虽未终生从医，却遗传了父亲的这些因子，从中医与老庄哲学中悟出长寿的秘诀。

退休后脱离一切繁务俗事，早年养成的业余爱好，如碑帖收藏与鉴定，书法与诗词等等，都须臾不离。多次举办书法展，出版多种书法专集，先后刊印诗词集《退密词综》《退密诗历》《捻须集》等十余种。早些年，与文坛艺林师友沈迈士、沈尹默、钱君匋、郑逸梅、施蛰存等常相往来，应酬唱和，不亦乐乎，被中华诗词学会、上海诗词学会聘为顾问。

周老认为，老年人防止老年痴呆症，最好的办法是适度地从事一些脑力劳动，他就是通过写作诗词文章，从而活跃思维。通过铺开宣纸写写字，借以体脑并用，有益健康。有人说书画使人长寿，周老并不认可，他以为书画会使人心身协调，但不是寿命长短的唯一理由。书画家中长寿的有齐白石，也有短命的陈师曾。一个人是否长寿，与他的基因、性格、爱好习惯、生活环境等分不开。周老说，自己能长寿，主要应归功于社会的安定，医疗技术的进步和有规律的生活，也与老伴和小辈的护理、关怀所分不开。稍后，周老补充说：人无论活多长时间，都应为社会、为国家作出微薄贡献。只有这样，活着才有意义。

他说还有许多事要做，有紧迫感。又强调说，长寿不是目的，长寿只为工作。

写字比画画更难

早几年，周老书法几乎是每天必写的。他有着扎实的童子功，数十年不辍。他说："我父亲从前是科举出身，最注重的是欧字，用欧阳询的字打底。"周老家学渊源，祖上留下的碑帖他烂熟于胸，又取法乎上，下笔气象不俗。年长后又在上海收集碑帖和拓本，从鉴赏、临摹到自成一体。在"文革"期间，本来没法动笔写字，突然被调去抄写大字报，歪打正着，让他有亲近笔墨的机会，过过写毛笔字之瘾。

在上海市文史研究馆众多耆宿硕彦中，周老是一位学贯中西的长者。他的书法，功夫在字外，但字内苦功他也没少下。他家中原有不少碑帖，后来又从上海有正书局、文明书局和商务印书馆购回大量珂罗版石印碑帖。闻名沪上的这几家出版机构所出碑帖，十有八九被他搜集。博览群书，加上天资聪颖，使他对书法有着独到的见解和体验。解放后，他继续购进碑帖和拓本，从鉴赏、临摹到自成一体。真草篆隶，人书俱老。前几年他所在街道开办老年书画班，请他当书法指导，不久又请他担任区老年大学书法教师，他都乐意为之，视作发挥"余热"、老有所为。尤其是退休以来他有了更多时间从事书法，老而更成。周老书法的另一个特点是朴实无华，不搞花拳绣腿，没有浮躁气息。他的书法主要与实用结合在一起，书法大多书写的是他本人的诗词作品，诗书盈香，相得益彰，从内容和形式的结合上体现了完整的书法形态，也体现了老一辈学人的厚实功底。现在有人把书法当作纯艺术，甚至把一些不讲笔墨的涂鸦文字也当作艺术创新予以宣扬，未免失之偏颇。书法如果离开了实用性，很可能使它失去传承文化的本性，从而也失去了书法应有的艺术和审美价值。从这个意义上说，周老等老一辈文化人的书法，在传承中国书法的基本精神，弘扬中国传

周退老在写字
（韦泱摄）

统文化方面，自有其不可忽视的作用。

诗词宿将宝刀不老

对于古文，周老不愿受其羁绊，而倡之以“但求文字顺，但求逻辑贯”的悟道之言。尝自云：“早年问诗法于父，父曰‘多读。’垂老又问诗于朱大可与陈兼与，朱曰‘多做’，陈曰‘避熟’”。所以周老诗词，不拘一家，独舒己怀。如《岁暮怀海内诗坛诸君子》诗云：“诸公健笔久凌云，湖海名篇世共珍。吾亦以诗为性命，差能投老见精神。花开有意春何晚，梦断无痕幻似真。七字酬君娱岁暮，灯前酒后易怀人”。此诗作于一九八五年，首尾两联，紧扣题旨，中间四句，抒写怀抱，颔联流水，可知其耽诗成癖，老而不衰，大有王子安“老当益壮，宁移白首之心；穷且益坚，不坠青云之志”之概。周老之诗，从体式上看，是承古人一脉，这得力于他能“多读”“多做”；而就其精神实质看，却又独具自家面目，完全不似古人，此则得力于他能做到“避熟”。顾炎武认为“不似则失其所以为诗，似则失其所以为我”，成功之作应该“未尝不似而未尝似”，亦即处于“似与不似之间”。周老之诗，可证亭林此论之确。我最赏周老《九九抒怀四首》，其一云："历劫吾犹在，行年九九春。闲非如懒汉，穷合作诗人。屈指同胞尽，盘胸中表亲。临风丛百感，老泪一沾巾。"自注曰："予同胞兄、姊、妹七人，今惟予独存。姨表兄黄金贵曾为予讲说英法语言上之异同；舅表兄王石君每赠予藏品无吝色。"其二云："周季非苏季，论材实下中。所思在远道，为学只粗通。运厄鱼罹网，身安雀处丛。名言经百载，忼慨忆元戎。"自注曰："一九一二年民国肇造，首任大总统黎元洪曾有'有饭大家吃'之语。"其三云："海外洵多事，眼花缭乱稠。朝为座上客，暮作笼中囚。卫国叹英烈，称臣拜冕旒。是非与褒贬，秉笔待春秋。"其四云："博弈非吾事，弦歌赏偶然。犹多开卷乐，不费买书钱。得砚凹如掌，涂鸦老失妍。墨缘从此断，万事付云烟"。自注曰："广州之《诗词》、南京之《开卷》、济南之《日记杂志》等等多年来均免费赠阅，至于朋好著作尤更仆难数，得益匪浅。心怀感激，愧无报答。予因体力日衰，再三声明停止笔墨之役，请勿再有诿嘱"。家国之感，身世之悲，都融于恬淡之语中，可谓深衷浅貌，炉火纯青。此等境界，正如东坡所云："凡文字，少小时须令气象峥嵘，彩色绚烂。渐老渐熟，乃造平淡。其实不是平淡，乃绚烂之极也"（《与侄书》）。周老诗中，此类佳作不胜枚举。可见周老之词，浸润于五代、南唐，陈机峰先生谓其《梦余词》"假事兴感，迷离惝恍，颇具花间意趣，但感情则不失为现代人感情也"，诚为知言。周老在《梦余词》小序中云："于是按韵索句，凭空构想，竭数夕之力，全帙脱稿"。"凭空构想"四字，妙不可言。

我曾应周老之嘱，借过两本新诗集给他过目，他阅后说，看起来还是没有味道。新诗不能背，有些诗没有韵。中国旧体诗有韵，容易记，新诗怎么记？这个东西就不容易推广。现在懂旧体诗的人越来越少，但也有一些年轻人写得非常好，跟古人的水平相比并不逊色。近百年来有一个有趣的现象，很多新文学的猛将到了晚年都喜写旧体诗，像鲁迅、郁达夫、聂绀弩的旧体诗都写得好。唐朝虽以诗赋取士，格律、程式日受文人推崇，但杜甫、白居易的诗还是平易通俗，很好懂的。诗歌本来应是这个样子，人民化的东西，很接近生活，很接近人生，后来经过读书人这么修饰以后，越来越脱离群众了。现在的诗跟大众关系很少，对国计民生表现很少，看的人也少。话语中，周老不无忧虑之绪。

乡梓之情以富藏回报

周老十三岁就读省立第四中学附属小学。毕业后，逢北伐军到宁波，学校一时领不到经费而无法开学，他只好上私塾，老师黄次会是前清贡生，本来在宁波教浸会中学，后来改在四明中学里教国文，他很有经验，教学方向按照孔子讲学的办法，分德行、言语、文学、政事四门，每一门课都有教材，德行教四书，言语教《左传》《战国策》，文学教《古文观止》《唐诗三百首》，政事教《纲鉴易知录》。周老在这里念了两年多，打下了古文基础。这是家乡对他的培育，令他终生难忘。

前些年，周老无偿捐赠给故乡宁波天一阁近百件书籍文物，其中有清代浙江宁波首位状元史大成七言律诗书法册页、清初文人陈锡嘏书法册页、范氏天一阁族人范光阳和范永祺书法册页、银台第主人童华稿本《先总宪公日记》等。周老有书面发言说："我愿意把家藏的一批宁波乡贤以及先父周絜非和我自己的部分书法作品捐赠给天一阁收藏保存，供后人欣赏阅读是一个最理想的办法，以了却我一生的宿愿"。桑梓之情可谓跃然纸上，使人真正感受到"大隐居者，独善其身"的难能可贵。

此次捐赠的文物中，还包括周老的书法作品和文学著作等等，有较高的文献价值和艺术价值。周老虽然少年时就离开宁波，但心中一直牵挂着故乡文化事业的发展。他对天一阁有着特殊的感情，曾对家人回忆自己小时候就住在月湖西，经常跑去天一阁游玩，最喜欢看那里的《兰亭序》。离开宁波后，周老也曾多次返回故乡，还和家人一起去过天一阁。这次他通过家人致电天一阁领导，表达了向天一阁捐赠藏品的意愿。周老捐赠的藏品基本上与宁波有关，不少是宁波乡贤的手迹。孙女说：祖父的东西，我一直珍藏着，从不送人。现在把我手里的东西交给天一阁，就是这些物品最好的归宿。周老捐赠给天一阁博物馆的文物原先都保存得非常完好，如史大成的墨迹被精心装裱过，史大成是鄞县人，清朝浙江首位状元，曾被皇帝赞扬为："此人楷书工整，必定是个正人君子"；甬上先贤范光阳和范永祺的作品也非常珍贵，范光阳是城西范氏后人，曾任福建延平府知府，著有《双云堂》，而范永祺则是天一阁范钦的裔孙，他平生酷嗜藏书，书屋名为"瓮天居"。他精通书法，特别是篆书独具一格。袁枚赞他："汉隶及籀书，八儒兼三墨，一一尽掩通，等身多著述"。范氏后人作品重新回到天一阁，让天一阁管理人员感慨万千。周老捐赠的文物在天一阁"云在楼"书画馆展出后，深受广大观众欢迎，大家被周老浓浓的乡梓情所感动不已。

二〇二〇年七月十六日深夜改定

（原刊《上海采风》2020 年第 4 期）

斯人已去题签在

——深切缅怀周退密先生

宋一石

惊闻107岁的海上著名诗人、学者、书法家周退密先生，于今晨（2020年7月16日）零点十二分逝世，不胜痛惜。

我近年专事程千帆先生之研究，得到许多学界前辈的帮助。周退密先生就是其中之一。

周退密先生与程千帆先生是多年契友。程先生年长一岁，二人为文字之交。所谓文字之交，通常为书信来往、诗词唱和之类，这里要说的却是题签这件小事。

现在所发现的周退密先生最早的题签，就是“涉江诗稿四卷”。那是1978年，周退密先生应程先生之请，为沈祖棻先生的《涉江诗稿》油印本所题。当时是通过二人的共同好友施蛰存先生约请的。在与施蛰存先生的信中，程先生说：“退密楷书，子苾所喜。”不过后来题签用的是隶书。1985年，福建人民出版社出版《涉江诗》，也沿用了这个题签。

《涉江诗稿》《词稿》油印本的四枚题签（封面吴白匋、唐圭璋，扉页周退密、陆维钊），仅周退密先生的题签得到沿用（《涉江词》正式出版时，另请了夏承焘）。可见程先生对这枚题签的偏爱。

也正因为此，2018年，我重编《闲堂诗存》，首先想到的就是周退密先生。时已104岁的周退密先生再次执笔，成就了一段相隔四十年为夫妇二人诗集题签的佳话。

晚年的周退密先生人书俱老，请他题签的人越来越多。去年曾有《周退密先生题签集》之印行，收录题签一百四十多枚，《涉江诗稿》列为第一。我近年蒐集程千帆先生的题签，也已得到一百五十种，其

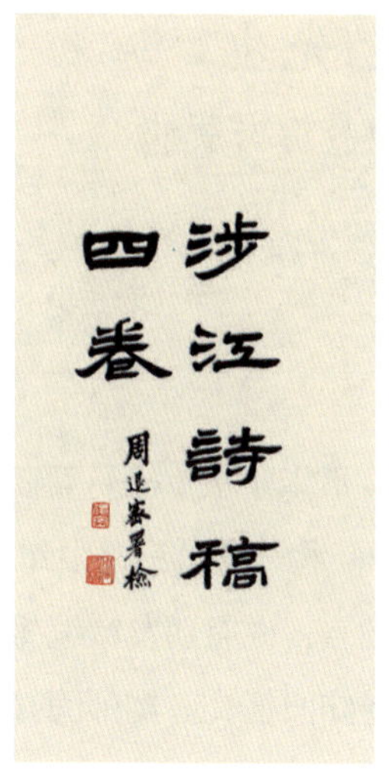

《涉江诗稿》沈祖棻著，
自印本，1978 年

《涉江诗》沈祖棻著，福建人民出版社，
1985 年

中就有为周退密先生藏品集《退密楼墨海萃珍》所题之签。如今二位老人都已故去，一段风雅往事，终成绝响。

周退密先生的逝世，无疑是文化界的一大损失。哲人其萎，手泽长存。谨草此短文，以为深切的缅怀。

感愧交作忆先生

——追怀退老对我的教诲与提携

蔡渊迪

海上退老，耆年硕德，斯文领袖，不幸于去岁七月驾鹤西游，艺林痛失典型，海内知旧咸怀呜咽，于今倏将一载。三月中旬，老领导，海宁市徐邦达艺术馆馆长章耀师给我留言，说有朋友欲编辑一书，作退老逝世周年之纪念，现向海内外退老知旧征文。耀师固知我尝与退老交往，故希望我也能写点文字。我一闻此命，未作丝毫犹豫便答应了。

我与退老之交往是在丁亥、戊子这两年。其实仅偶然一面，书信数通而已。对这段交往，我一直很少向人提及。一来，退老晚岁声誉日隆，附庸风雅假托声势之徒四方辐凑，我若仅凭这“偶然一面，书信数通”便沾沾自喜，刺刺不休，便与诸附托之徒无以异，实难逃妄攀名流，自抬身价之讥议，而这是我向所不齿的。二来，当年与退老交往之时，我尚年少，懵然一无所知，竟腼颜与老辈相唱和，其实不过卖弄风骚，事后回想起来实在脸红，因此也不愿多提。

这次耀师问我征文，我之所以爽快答应，是因为，我与退老的交往虽然仅“偶然一面，书信数通”，却已给我留下极深刻印象，十几年过去了，回想当日情景，皆历历在目。把当日之点点滴滴原原本本地记录下来，后人或可从中见到退老之古道热肠于万一，而我自己那点羽毛是不足顾惜的。

话虽如此，落笔之初还是略有顾藉。文章写到一半，因为想要参考的退老所赐予我之数通书信皆不在手边而搁置。待清明节回乡扫墓，始于老宅中尽发当日退老所赐诸书读之。将各信粗加排比，细读一过，不意竟感愧交迸，几至于涕泗之难禁。此时再回视先前所写之文章，直觉太过忍心，不得已，乃另起炉灶，重新落笔，写下现在的文字。

我与退老唯一一次见面是在丁亥初春，阳历大约是二三月间。那时我二十五岁，从法学本科毕业尚不满一年，改行从事文艺工作，就职于海宁市徐邦达艺术馆。那次便是馆长耀师领我去拜见退老的。

那次赴沪，就耀师与我两人。早上自硖石坐火车至上海虹桥站，当晚便返硖。匆匆一日，却安排了两项行程：一是到安亭路瞻拜退老，二是去复旦大学回访陈正宏教授。我与陈教授之因缘因与本文无关，暂且不谈。退老则与耀师早已相熟，过从甚密，耀师于退老为后辈，于初春新正前去拜望问安，也是礼数所应有之事。

当日从虹桥站下车后，不知是换乘地铁还是叫了出租车，总之印象中很快便到了安亭路。上海是东方明珠，摩登都市，照理当是繁华喧闹之甚，安亭路又在中心城区，但我印象中，当时走进安亭路感觉很是清净，全无半点喧闹。很快，我们便走进一个楼门，上楼时先见到一位上了年纪的老太太，在楼道里生煤炉，好像是在烧水，或者是在煎药，都记不太清了。只见耀师呼之曰“师母”，然则是退老之夫人了。再向上走，便到了“安亭草阁”。所谓“安亭草阁”是退老给自己书斋取的雅号，其实大约只是因为其住所在安亭路上，即路以名，捡个现成罢了。草阁极小，陈设亦旧，我们进门时，退老正安坐在书案之前。只见一老者须发净尽，颧鼻皆高，戴四方眼镜，镜框甚大，隐机而坐——其实是坐在一张老式藤椅上，不知这与《齐物论》中所言之“机”是否可算得同类之物，总之，现在回想起来，退老坐在藤椅上的样子确让我很直觉地想到“隐机而坐”这个成语——他似乎整个人埋在了椅子里。

耀师与退老寒暄过后，便向他郑重推介我这位陌生的“小朋友”。介绍时，特别强调了我的法科背景，殆因退老早年亦是法科毕业也。然后又递上一张贺年片。该片是徐馆自印的，做成明信片的样子，一面印了徐邦达所绘《苍岭旭日图》，另一面则是明信片的标准款式，右侧为空白地址栏，而左方则印了祝颂语。这祝颂语调寄《虞美人》，词是我填的。当时不过卖弄黠慧，代当祝颂，词本不足道，甚至可以说是甚劣。只因其下半片与文本非常相关，避无可避，只好现丑抄在下面：

故人东海长相忆，分付鱼书至。但凭小字拜新年，敬祝平安康泰合家欢。

耀师特别向退老强调，这词是我填的。退老听闻后，当场伏案细读，然后只说了一句"很好"，语气很是肯定。现在想来，退老说"很好"，多半是对后生晚辈的鼓励，还有一小半很可能出于一点"美丽的误会"。下片首句"故人东海长相忆"，我当时是泛指徐馆坐落东南地区，其实不过凑韵填字而已，为词章家所不齿之事。现在知道，"东海"乃徐氏郡望所出，故徐邦达本人也屡署"东海徐邦达"。然则，我如此遣词造句，自可暗切徐馆。以退老之硕学，于此等暗用必能心领神会。哪晓得，我这完全是瞎猫逮着死耗子而已。

那日见面，另外印象至为深刻之事尚有二端：一是寒暄中，我问起退老何以"弃法而从文"。退老作色答曰："亏得后来没有搞法律，不然我就要吃足苦头了。"言谈间那股略带惊恐、侥幸、后怕的神色，真是极为生动。二是，在我们起身告辞时，退老也从藤椅上站起，转身向身后架上取书，所取之书，照理说，我只能远远一望，不知为何，印象竟很清楚。书是姚鼐选编的《古文辞类纂》，版本是四拼一的影印本，当时我也完全不懂版本，现在想来应该是四九年前中华书局的《四部备要》缩印本，很平常的本子。退老拿出来的书没有封面，书被拆散了，每一卷装订成薄薄一册，装订也很简单，就是用普通钉书机钉的。我当时看到这一叠叠《古文辞类纂》很感新鲜，那是我第一次知道，原来书还可以拆开了读。我想，肯定是退老于《类纂》一书用功甚勤，少而诵习，至老不衰，书册原装订线早就朽坏了，干脆以卷为单位，订为薄册，以便朝夕讽诵。那时退老已九十四岁高龄，据他自云每日仍有字课，小字四百，大字两百。我怀疑他除了字课外，还有尚有“文课”，《古文辞类纂》之诵习很可能是文课节目之一。年届耄耋而仍勤奋如此，叫人由衷钦佩；其精力若此，亦叫人羡慕。其实，单单是退老的目力，便足以羡煞旁人。《四部备要》本《古文辞类纂》的版面文字本来就不大，四拼一的缩印本就更是细如米粒，对于一般上了年纪的人，就算戴上老花眼镜，恐怕也难以看清。

那次拜访之后，退老很快寄来书信，内容乃是和我先前写在贺年片上的《虞美人》。其词曰：

虞美人·和渊迪仁棣佳什

残年心事谁能了，耄岁无情到。平生饱受逆来风，一似孤帆没入海云重。　新词附与千秋忆，长照邮亭壁。芳菲满眼感韶华，那得白头人对故园花。

这首词后来收在《退密诗历续编》中（见《周退密诗文集》第1107页）。小题改作“海宁蔡渊迪以此调见示，奉博同笑”，下系时间为“三月二十六日”。写给我的原函则署“丁亥仲春朔”，当阳历为三月十九日。原稿中“饱”字后改，原作“曾”。

我的原作写得一塌糊涂，退老的和作却深情款款，辞意俱到，实上上佳作。特别是上下片之末句皆感怆深沉，今日重读，犹不免为之动容。昔苏东坡和章质夫杨花词，和词远胜于原作，殆此之比乎。

退老于同函中复指出我原词以“忆”字与“至”字押韵，不合于词韵原则。那时我虽谫陋不学，但旧诗词写作的基本常识还是有的，四声也能明辨。而此词之所以出韵，完全是我轻忽所致。我一直以为，词韵之较诗韵更易于把握，比如诗韵里分立而今日绝难分辨的“东”“冬”韵，“庚”“青”“蒸”韵，在词韵中全合到一起去了，与今日之口语已相当接近。以普通话读音参之吴方言，便能八九不离十。吴方言本能辨入声，哪晓得这个“忆”字偏偏在我家乡话中念去声，

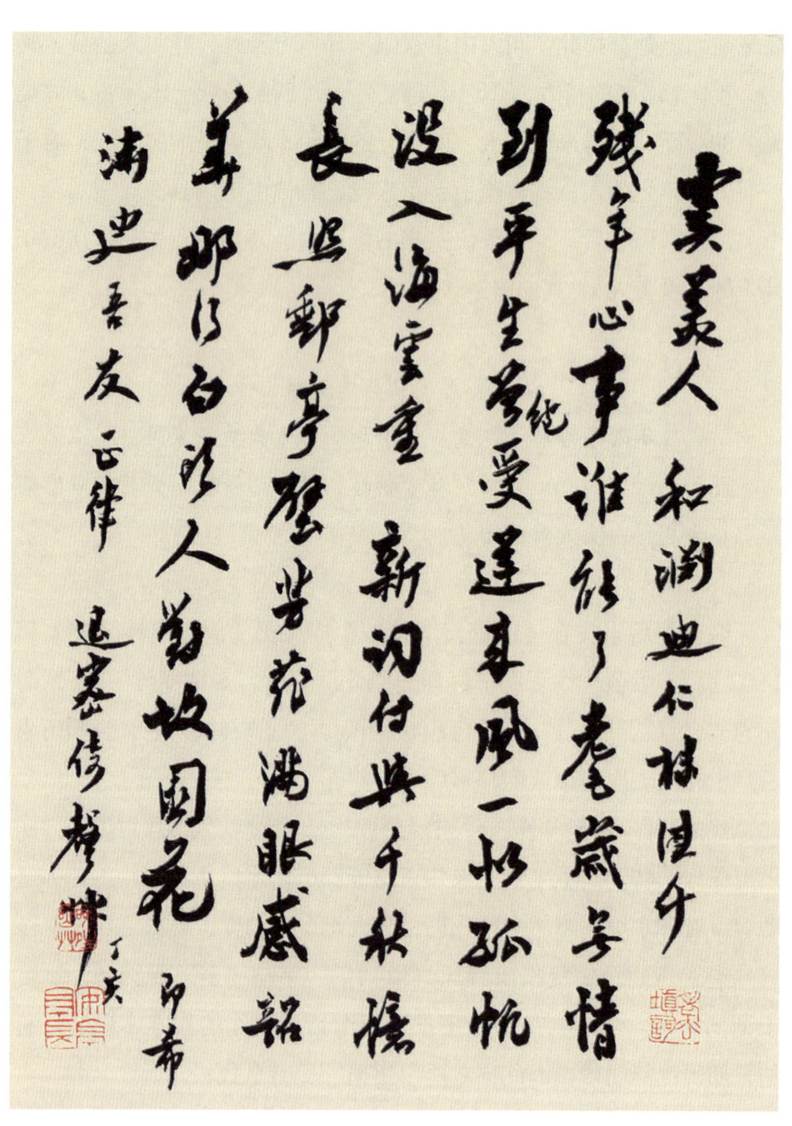

周退密词札《虞美人·和渊迪仁棣佳什》，2007 年

不念入声（今之粤方言犹读此“忆”字为入声），与普通话声调相同，所以，我丝毫没有怀疑它在词韵中的归部，填完也没再检对一遍韵书，致有此误。且既经印刷，贻误四方，着实不该。若非退老指正，我还懵然不觉。

退老不计较我词之劣且漏洞百出，更不计自己文坛耆宿之身份，纡尊降贵，以上佳之作与我唱和，其对我的鼓舞和提携真可谓无以复加了，而我当时收到退老和词之后，竟连及时覆信告知的基本礼节都未履行，如今回首真是感愧交迸。

在收到退老和词前后，我大约又两次去信，第一次是又胡诌了一首七律寄上，所写之诗如今只记得首句——“早学多关王霸图”，单看这首句，便知是烂诗。当年刚刚粗知平仄，便急着到处卖弄风骚，就像黄口小儿新得技能便要炫耀一番，如今想起，真是惭愧得无地自容。这回可不再会有前面所说的那种瞎猫逮着死耗子的运气了，真实的马脚一露出来，便招来退老严厉的批评。退老是怎么批评的，留待下文详述，此先按下不表。第二次是去信请教诗词吟诵的问题，大概是这次去信才告知退老已收到所和《虞美人》。退老四月七日第二次寄信给我，有毛笔书成者两页，乃一信一诗，另附硬笔书成者一页。兹依其原次录下：

渊迪吟友青及：前接华函，承示佳什，无任欣忭。仆亦有和尊作《虞美人》一首寄去，当早登览，未获示复，至以为念。唱和之乐，在于一来一去，更须及时，时贤有喻之为打乒乓球者，如是方乐。兹奉酬七律一首，别录博正。手此即候春祉。九四老人退密顿首。丁亥清明。

年来废读负明灯，一任吟身付瞢腾。虽曰圣贤可为友，定知花鸟亦吾朋。缪悠高论掩髯笑，断烂空谈入耳憎。桃李无言纷满目，饯春佳句属君能。（次韵渊迪吟友即希正律。九四老拙退密录稿。丁亥清明）

渊迪吟友：您好！前天收到您来信，正好我有覆信及和诗待寄，尚未封口，以致担搁。何其巧合如此。上次去信，也和您的擦肩而过，俗所谓之“两来船”也。足下以朗诵诗词一事，属望于老朽能为之示范，殊感。上海文史馆于十余年前由北京中央文史馆前副馆长吴空策划，曾召集沪上诸诗人试过一次，前年上海馆也曾试过一次，均有录音带，但我未听过。现在我牙落齿缺，不能朗诵。贵乡周瑞深先生健在，可请其录音，庶诗、词、曲三者咸备焉，足下可亟切图之，不能久待。信托人付邮，匆复即问吟安。弟退密。07 - 4 - 7 晨。

其前信实是责我逋慢，我当时还真傻傻地以为退老是要我反复唱和，这可真把我吓坏了。我于诗词也就偶然卖弄卖弄，要真跟诗坛名宿逞才斗韵，那断断乎是没这等本事的，于是即刻覆信高挂免战牌，老老实实承认我才气不行。其后信所言叫我找周瑞深先生录制诗词吟诵的音带，我也置诸脑后，现在想录也录不成了，瑞深先生早作古人矣。

上面这首七律也收在《退密诗律续编》中（《周退密诗文集》第 1109 页），单单题作《次和蔡渊迪》。如果我现在没有理解错的话，退老这诗其实是在狠狠骂我。别看末句说的是“饯春佳句属君能”，好像是在夸我，其实这不过是泛泛称颂，当不得真。重点是颔联、颈联那四句。颔联首句“虽曰圣贤可为友”八成是因为我的去诗中有空泛的颂语，说了“圣贤可友”之类的空话、大话（可惜我自己写的那破玩意儿真是一点不记得了）。这种头巾气的话，退老哪里会看在眼里，所以下句便说“定知花鸟亦吾朋”。不是真的要花鸟不要圣贤，而是奉还我的陈辞滥调。那颈联所云，即令先生“掩髯笑”“入耳憎”的“缪悠高论”和“断烂空谈”当然也是指我的去诗而言。这不是我故为深刻之论，实在是旧诗确可如此解法。旧时文人是高度敏感的，于诗文酬酢之际，忌讳极多，生怕一不小心得罪了对方，因此，一般的唱和诗于此等意思肯定会避之犹恐不及。退老能如此直言无忌，我想，一来是辈份在那，他老人家与我这小朋友交往，完全没有什么心理压力；二来是，此时他老人家大概也摸清楚了我的水平，料定我也看不出这其中的玄机。而事实是，那时的我当然没看出玄机，还以为整首诗不过是老人家自己说点牢骚话呢。

就在那前后，耀师处转来退老口信说："小蔡是个人才，但要力戒骄傲。"而退老在写给吾乡朱明尧丈的书信中，也提到了我：

> 新识徐邦达艺术院蔡渊迪小友，绮年玉貌，胸罗万卷，又能不耻下问，假以岁月，锲而不舍，必有大成，惜晤谈匆匆，其诗词亦不俗，信可造之才也。足下前辈，可进而鼓励之，英材受教，当谦能受益也。惜相距遥远，未能与之常见面耳。

信中让朱丈对我多鼓励。后来朱丈将这部分信札转赠给我了，这本身就是对我最大的鼓励了吧！

丁亥一年，我跟退老的交往大约仅此而已。至翌年六七月间，我考上浙江大学古籍研究所，将要辞去艺术馆的工作。当时，也不知是我自己把这消息了告知了退老，还是由他人转告，已完全记不得了。退老在阳历七月二十四日给我寄来《鹧鸪天》一首，专门祝贺我考上研究生。其词曰：

鹧鸪天

渊迪仁兄昨来函告知已考取浙大古籍研究所，攻读古典文献学学位，不日即将离去海宁现职，负笈去杭，赋此奉贺志喜，即希正律。九五老人周退密贡稿。戊子大暑后二日。

喜讯传来乐未央，移巢鸾凤尚家乡。申韩有术能治国，文献传薪若救亡。　　勤笔札，慎丹黄。存疑思误校雠忙。六和塔畔江潮起，伫听新声继二窗。（七句一作"黄龙洞畔层云起"，未知浙大现址何在？）

词后又附信数行曰：

来函及词作均拜诵。赋拙句呈正。足下爱好文艺，改行以后，正可舒展长才。近日年青一代，均不谙行草体书，阅读前人翰札困难，如何得从事研究工作？足下以后不妨多于此上下点功夫，不知尊意云何？退密附白。

同函另附诗词打印稿一页，内容为《安亭草阁填词图咏，调寄浣溪沙》，退老领唱，后面和者自钱定一以下七人。退老于此打印稿天头用圆子笔写了几个小字："渊迪词兄粲正。倘蒙雪和，曷胜荣幸。退密。08 - 7 - 24。"

此首《鹧鸪天》收在《退密诗历二续》（《周退密诗文集》第 1165 页），词小序有缩略，"申韩"句下增一小注曰："君为中国人民大学法学士，故上片及之。"这里我须纠正：我是法学学士不假，但不是中国人民大学的法学士，我毕业的本科院校是中国政法大学。

从信中所言来看，在此之前，我肯定又胡诌了一首词作寄上退老，具体我完全不记得了。这次退老并未赐和。总是词太烂，他老人家见我执迷不悟，资质驽下，也便懒与周旋了。另外，退老信中所言"近日年青一代，均不谙行草体书，阅读前人翰札困难"云云，肯定也是有为而发，此前我很可能认错过他书信中的字并且被他发现了。而我得到此词此信后，自然当覆信感谢，却又一次将他词中的字给认错了，可谓"顶风作案"。八月二号，他给我发来明信片。这张明信片很特别。背面写内容的地方用一张小纸片贴着，小纸片上写道：

渊迪仁兄：还书及赐和小令二首均诵悉。尊录拙句"勤笔札"误为"勤幸忆"，请赐改正。知古籍所在黄龙洞。过去曾借住过，已数十年前事矣。暑中请珍卫，不缕陈。退上。八月二日。

纸片贴得不严实，我掀开一角发现下面也是写满字了的，于是小心翼翼将那张小纸揭下，露出下面的文字是：

> 渊迪兄：七月二十九日大翰及佳什题句均拜悉。拙稿乃“勤笔札”，尊误“勤幸忆”。此二字不难识，且“幸忆”不辞。故仆前函欲奉劝年青一代须学些书法，行草为尤要。不琐琐。祝暑祺。《浣溪沙》甚好，待细诵后再酌定。再呈下。

显然，退老是觉得第一次说得太不客气了，所以写好后又重新写一遍贴上。要知道，那时退老已九十五岁高龄了，跟我这个年辈小、且荒唐不学的后生小子写信，仍如此认真，其平日待人接物之细心周到可以想见。

退老又在该片背面，即印画的一面天头小字写了一句：“以后有新址请见告。”这应该不是客气话。因为那时我马上要离职，然后要到杭城开启新生活了。退老当时有此嘱咐，说明他老人家并没有完全摒弃我，尽管我当日种种不堪，多次惹得他哭笑不得。

还值得一说的是，这张明信片上印的画是一幅老干红梅图，题曰“梅花香自苦寒来”，也不知是不是退老特以此暗讽我：不能因考上研究生而沾沾自喜，日后更当加倍苦学。

我隐约记得，那年九月我研究生入学以后，好像还给退老去过一次信，具体内容完全忘了，但这回退老没有回信。我好像还特地问过朱明尧丈，答曰：退老身体不好，执笔有困难。我不知道是不是真的，还是根本因为退老觉得我太过无聊而终于懒得理我了。因为，我所见到退老九十七八岁以后的书作尚所在多有。但不管怎么说，毕竟当时退老也九十有五了，我生怕他真的身体衰弱了，所以就没敢再去烦扰他，然后竟再也没了联系。

以上便是我跟退老交往的全部过程。后来,大约在戊戌年(2018)的样子，我有一阵子不知为何特别惦记退老，向耀师打听过退老的近况。有一天夜里竟还梦到了他老人家，照理说此时我与退老已十年没有通问了。由于事出无因，我心里就特别悬着。梦到他老人家的第二天，我发了一条微信朋友圈，将梦如实说了，并表示了对退老健康的关切，好像是写道：“十余年不通问，未知退老尚健在否？”师弟雷军交游极广，见到后回复曰老人康健如昔。还给我发来一张退老的近照。如此，我心才稍稍放下。去年传来噩耗，我倒是波澜不惊。退老以百七岁高龄辞世，也算是功德圆满了。

回首往事，感慨万千。总计昔日与退老往还，可愧可感者有二：当日我年少轻狂，礼数不周，此可愧者一也，而退老常不以为忤，始终客客气气与我周旋，此可感者一也；当日我才疏学浅，卖弄风骚而破绽百出，此可愧者二也，而退老或缪加赞许，极力提携，或婉言批评，直言教正，此可感者二也。而最大的惭愧是，十多年过去了，如今我年华老大，依然一事无成，实在有负当日退老对我之期望，一念及此，五内俱焚。差可告慰者，渊迪虽是愚鲁下材，也得造化推迁之力，十余年来自忖学问略有寸进。退老在天有灵，若见此文，不知能颔颐而微笑乎！呜呼！

晚海宁蔡渊迪拜撰，辛丑清明后三日

我为周退密先生制花笺

邵　川

今年7月16日凌晨，一代哲人、百岁巨匠周退密先生逝世，享年107岁。巨星陨落，文坛艺界人士纷纷以各种方式致以缅怀和纪念。

上世纪九十年代初，我与湖州费在山先生游，先生曾赠我自制花笺数种，有当代名家北山翁施蛰存先生以墨妙亭前玉笥石上的“玉笥”二字隶书为题，有梦苕庵钱仲联先生以“苕华”二字篆书为题，还有四明石窗周退密先生以秦时“虎文瓦当”行书为题。这些花笺均用普通的白纸印成，书写时仍有墨浮笔滑之感，但是在八十年代末，已是文房难得的珍品。

后来我有幸得识四明周退密老先生，先生为上海市文史馆馆员，工诗词，精鉴赏。对古籍善本，尤以碑帖的鉴定方面名气很大，中国文博界有“北有王世襄，南有周退密”之称。于是我想何不将自己收藏的古铜镜拓本寄给周老鉴赏，如还能得到老人家的题词，岂不更好？

2002年，我寄上汉、宋二古铜镜拓本，请周老为之题词，拟制花笺之用。不久周老来函云：“大札奉悉，承示古镜拓本二种嘱为题字，已草草写就。如供制笺，须用浅色，否则将与墨色相并，难于辨认。”周老在汉镜拓本上题词为：“此古铜镜文曰：‘姚皎光而耀美，得并观而不衰，精照折而侍君’三句十八字。种瓜后人得此拓本，将以之制笺，嘱为题字，即书此归之博正。壬午八九翁退密。”宋“双凤镜”拓本上的题词为：“种瓜后人藏拓本，退密拜观并题，时年八十又九。”当我收到周老寄来的题笺拓本后，即着手制作。其方法是，先将拓本通过电脑扫描后制成样品，定好尺寸打印出来，送到南京制成锌版。再找一家小印刷厂，选用上等的宣纸，将之裁好，并调好颜

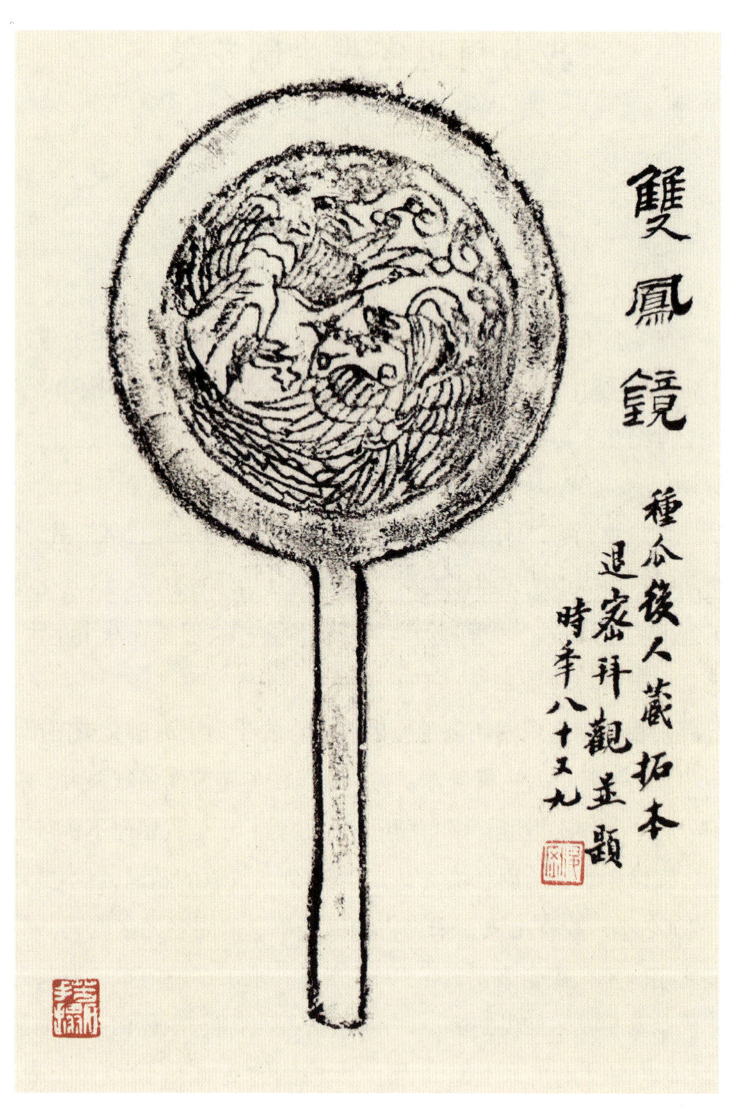

周退密题“双凤镜”拓本供制花笺

料，运用 20 世纪 50 年代初期的老机器，一张一张的印。每印一张，即送上一张纸，使送纸的速度跟得上机器运转的速度。这全过程，均自己在旁指挥操作，直至达到最佳效果为止。这种制法，是电脑、机械和手工的“三结合”。

花笺印好后，我立即寄上十数帧给周老。周老接函后，赐书数帧，并云：“承惠赐新制佳笺，十分古雅，亦便于书写，既不拒笔，亦不濡湿渗化，近今不易得之物也。至谢。”后来，周老亦数次赠我拓本以供制笺。“兹奉上砖拓本二纸，古镜拓本一纸，以供制笺之用，一切由足下定夺可也。足下所做皆雅人雅事，可以信今传后。”又在一函中云：“凡制作笺札，其底色须淡，倘采用书画，当以字少画笔简省者为上，否则写时尚能辨别，写后一片模糊，此在照相时更为明显……‘建衡二年’砖拓二式，以乙式为佳。”

我用周老题词所制的宣纸花笺有：“岁寒三友”“汉砖”“铜镜”等七八种，均以淡彩印之，既可观赏，又能书写实用。这些花笺有周老约友人钱定一先生提供砖拓并题跋的；有约友人诸光逵先生绘图为之题跋的；有在自己的藏品上自题的。其题诗、题跋，均抒发了自己的感情，记录了自我的识见。如在“建衡二年”拓本上题：“此汉建衡二年反文砖，存世不多，砖藏吾友吴丑禅家，昔年拓以赠予者，奉种瓜后人清鉴。”又在“汉镜”拓本上题：“此古铜镜文字多不可识，唯拓手甚精，以奉种瓜后人制笺之用，希哂存之。”此类集诗书画及考古鉴赏于一体的艺术珍品，反映了周老的风雅与学养兼具，亦凝结着我与周老忘年交的友情（周老是年93岁，长我40岁）。每当我欣赏把玩这一帧帧丰富多彩的“花笺”时，就想到人格高尚、令人尊敬的周老，并且还能多次得到周老的教导和鼓励，真是我一生中的最大幸事。

2006年春节后，我撰文《周退老为我题花笺》呈周老先生赐教。周老接函后于3月6日复函云：“大文写得甚好，嘱写一诗为与之配合亦妙，兹口占一绝率尔奉呈吟正，未知能用否？近诗不假思索，皆张打油一类耳，奈何？”随函附上《论花笺诗》一纸：“自制花笺韵最娇，亦今亦古各岧峣，嗟吾翰墨无功力，一片涂鸦枉自嘲。种瓜后人自制花笺数种，既美观亦实用，惜拙书恶劣，未足与之相称耳。”于是我

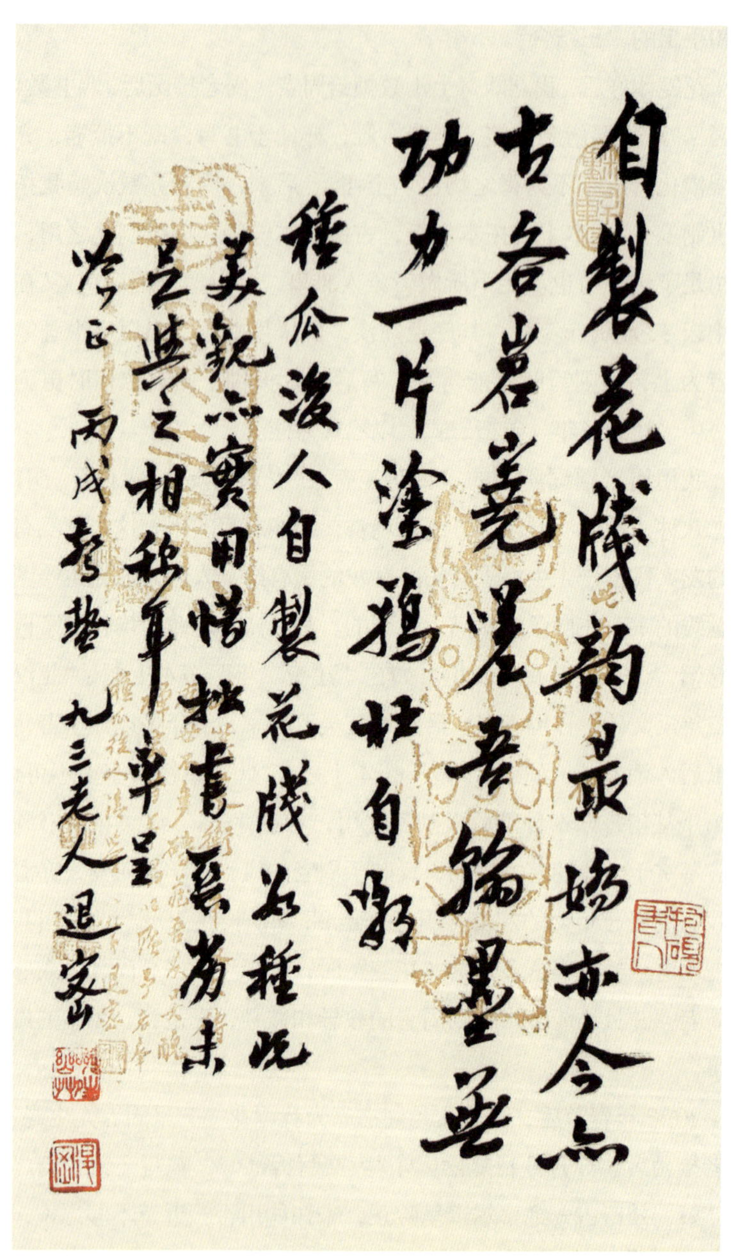

周退密《论花笺诗》，2006 年

一并与小文投稿上海《新民晚报·夜光杯》，不久于4月9日见报。

4月14日，周退老给我来函云："尊文在《夜光杯》刊载以后，读者纷纷来电见告，足见影响之大。上次论花笺之诗共有三首，因急于付邮，所以只抄一首，此刻有暇为足下录出呈览，以后倘有机会可以在报上发表。此种绝句，但记事实不以韵味相尚，附注可以见过去上海笺扇庄繁荣景象。日后毛笔废而不用花笺，只能当作手工艺品欣赏矣。"周退老《论花笺诗》二首并附注曰：

天水金元迹罕存，明清万汇制缤纷。
偶然得见乾嘉物，宝气珠光未足论。

光宣而后沐余风，精制无过海月工。
雅道涵芬精骑出，宋元书影趣靡穷。

旧时上海一隅，笺扇庄林立，如九华堂之宝记、厚记两家，朵云轩、大吉庭、青云阁等等，均有精刻花笺出售。品种以九华堂为最多，古雅推涵芬楼为独步，荣宝斋至抗战后才在沪营业，始成个中巨擘，惟昔日光滑洁白之海月笺，今已罕觏。

我自制的这种古朴高雅的花笺，配上周退老或刚劲或秀美的书法和鲜红的印章，与当今弃毛笔甚至少用钢笔的繁忙、浮躁相比，花笺这种诗文唱和、书信互答的手工艺术品确实让人赏心悦目、爱不释手。

谨以小文，深切怀念周退老。

（原刊《收藏快报》2020年8月19日）

记周退老给姚奠老的一次题诗

薛国喜

今夏多雨，特别是近几天，每到晚上，总要下一阵雨。雨丝连绵不断，好像要把白天的烦乱一洗而尽，滴答的雨声让人惬意。我喜欢在雨夜里撑伞在汾河岸边走，喜欢听雨声没在水中，看霓虹灯光下的水面荡起的一个个彩色的涟漪。

雨天，很容易让人用最真实的思绪细数走过的路。

刚参加工作的那年，我就认识了周退密先生，交往了近十八年。与周退老交往，也是因为诗、因为艺术。

2011 年的初冬，我去上海拜访周退老。临别的时候，我问周老先生："山西大学的名教授姚奠中先生，是章太炎先生的研究生，学问、诗词、书法都非常好，不知您老和他有过交往吗？"周先生点点头，说姚老的大名我早就知道，但很遗憾不认识，也没有交集。我告诉周先生，姚先生是 1913 年出生，比您大一岁，明年就一百岁了。"哦，一百岁喽，不容易啊！"周老顺着我的话说。

"明年姚老一百岁寿辰，我们省里和学校要搞一系列的庆祝活动，您老可否为姚老做首贺寿诗？"我期许地望着周老。"当然可以。"周老爽快地答应了我。接着又有些担心地说，"不知该从何写起，嗯……你回去后，帮我找些姚先生的资料寄给我吧。"

从上海回来后，我找了姚先生的《姚奠中讲习文集》和王东满先生写的《姚奠中传》，又请姚老在书的扉页上给周老题了上款后，便寄奉给了周老。

大约是半个月后，我接到了周老给我打来的电话，说为姚老百岁贺寿的诗已经写好了，已挂号信寄出。周老又说："这是贺寿诗，也是求教诗。姚老是大学问家，希望他多批评指正。”在电话里，周老让我代他祝福姚老安康如意。语气和用语极为谦恭，让我十分感动。

一周后，我收到了周老的挂号信。我打开一看，不禁肃然起敬。信封里有一诗笺和一封写给我的信。祝寿诗笺是写在泥金笺上的，诗云：

人瑞明时百岁翁，光风霁月好仪容。
师承远绍河汾业，书画兼参造化功。
亦曲园中春气暖，南阳村里枣花浓。
巴歈权作冈陵颂，翘首灵椿是厥躬。
奉祝
奠中先生百龄大寿

四明周退密拜稿　时年九十八

周老在信上跟我说：

国喜先生青鉴：承嘱写奠中先生百岁寿诗，兹匆匆草就，随书附呈。诗劣字拙未知能邀姚老一笑否耶？弟病体难臻健康，目眊手战字体愈形拙劣，明年起决此谢绝笔墨之役。即颂年禧并祝

编安

九八弟退密顿首　十二月十六日

2011 年 12 月 25 日下午，我去山西大学将周退老写的贺寿诗送呈姚奠老。姚老读后笑道：“写得好，写得好！诗好字也好！周先生不愧是大诗人！他比我小一岁，我俩没有见过面，他还用‘好仪容’这个词来描述我。”“是他看了您的照片后，说您风度翩翩，是民国时期的名教授气质。”我解释道。姚先生笑着又说：“你一定要替我向周老转达我的谢意！我们都近百岁了，恐怕不能见上一面了。”“那就在

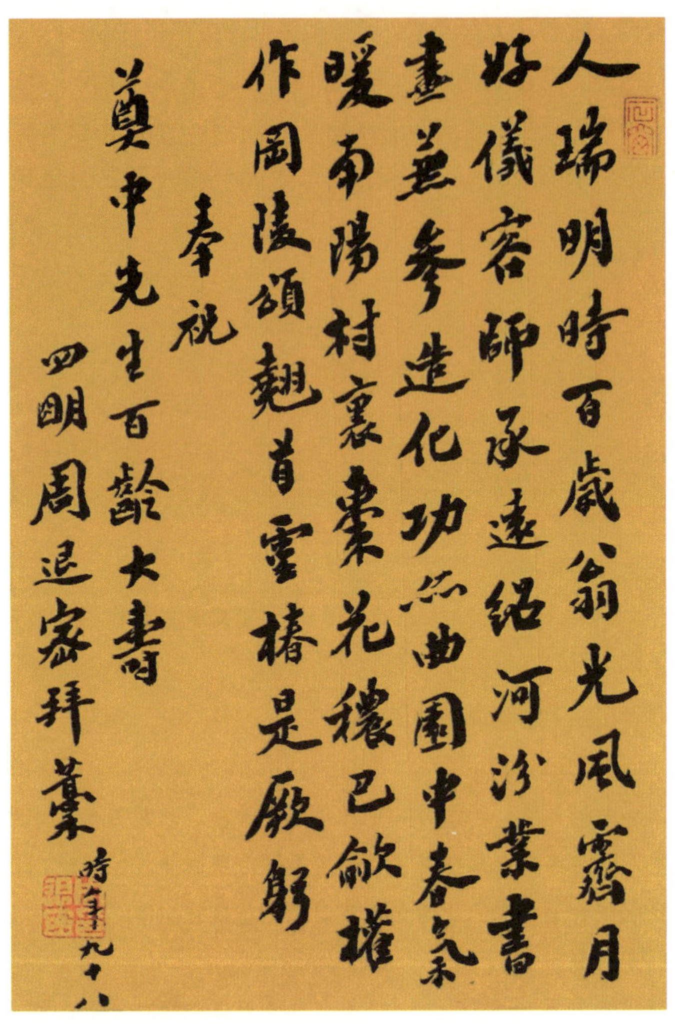

周退密赋诗奉祝姚奠中先生百龄大寿

字里相逢吧。”我说，“我愿意当这个信使。”“你是个好信使。你的条件和机会都很好，要多向先生们请教和学习。多读书，多动笔写文章。”姚先生教诲我。我默默点头静静地听。

人生最长不过百岁，能并世而又能相识，是一种缘分。所以我常常以能够拜识诸位前辈名公，且能问其道、从其学是我的幸运和福分。

姚奠中正欣赏周退密赠诗

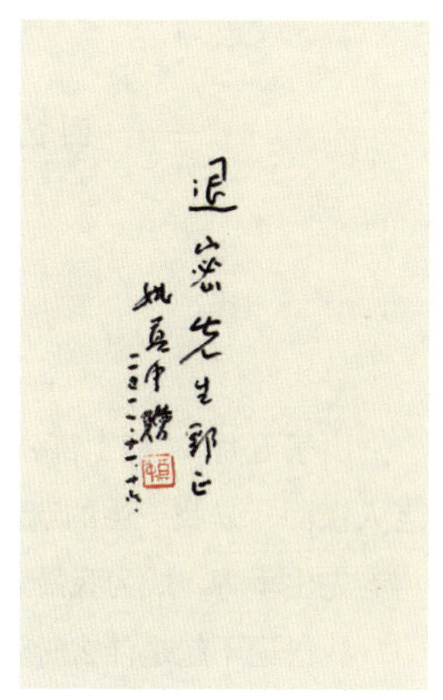

姚奠中赠书周退密

今天清晨，我收到上海友人发来的微信，说周退老已于凌晨仙去。看到这个消息后，我伤痛万分。近两年，因先生年高，我不便登门造访，但我经常打电话给周老夫人问先生安，老夫人也常说都一百多岁了，身体好不到哪里去了。今天，先生走了，106 年的人生岁月，最终画下了句号，安亭草阁再也没有了那淡淡的诗韵和墨香……

夜晚，雨又淅淅沥沥下了起来。我撑着伞在汾河岸边静静走了近两个小时，回家后草草写了二十八字：

一生几度月当头，又见吟诗海上周。
千载谁遗千古事，词坛文苑失鸿俦。

仅以诗哭之，不足尽悲怀也。

2020 年 7 月 16 日夜于润雪楼匆匆谨记

余馨绵长

——回忆与周退密先生的交往

陈 纬

庚子五月，“海上寓公”周退密先生以 107 岁高龄谢世。不曾与老人谋面，是我一生的遗憾。所幸在周退老晚年与他有过几次通信，得老先生垂青，成为我最为珍贵的记忆，余馨绵长。

我已记不起是什么时间、什么机缘与老人认识通函。我来杭州工作最初几年，常与金心明、王犁、李云雷、吴涧风等“午社”诸君交往，从他们那里听到不少关于周退老的诗书文事，心怀敬仰。

2008 年 11 月，我在杭州举办“秋水无尘”个人书画展。翌年 5 月，“首届会文书社双年展”在杭州恒庐举办，我参与负责展览策划与社刊编辑。我把这两次活动的作品集寄给了周退密先生求教。很快，就接到老先生复函：

仲衡先生英鉴：猥以同志，辱承远颁鸿著《秋水无尘》及《会文社刊》各壹册，曷胜感篆。又承惠示高风云云，弥增愧赧。弟耄荒不学，近更衰颓益甚，实不足以供足下他山之助。翻阅大著，书法取法晋唐，雅有矩矱，用笔得当代白蕉及吴兴沈公前规，功力弥深，至可钦佩。惟见所录前人诗文，颇多脱漏，如题曰《洛神赋》，但并非全文，亦不类节录。如此情形，似不止一处。未知付印当初，何不细心考虑，予以改写？！又如……吹毛求疵，聊供葑菲之采而已。狂愚之处，至祈原谅，万勿呵责。

耑复并伸谢意，祇颂文祺并祝暑安。

九六弟退密上

又，尊画古雅高简，以少许胜人多许，诚非一般画家所能企及，至佩至佩。

老先生对我鼓励厚誉的同时，婉转指谬，让我愧煞难当。我平素写字，多抄别人成品，向来不严谨，惭成恶习。先生温婉的提醒，犹如猛钟。从此特别注意在书写内容时反复核对，再不敢“一蹴而就”。

这一年8月，我的《经纬斋文钞》出版，即寄给周老，并索题“经纬斋”。这时候正逢浙江美术馆开馆，我参与紧张的开馆展览筹备工作。其中“神州国光”黄宾虹艺术大展是开馆三大展之一。在与浙江博物馆整理、接收黄宾虹展览的作品与文献时，我发现有一册《黄宾虹八十纪念册》，是当年黄宾虹在北平艺专的同事齐白石、刘凌沧等画的册页。页尾有原主人黄宾虹先生的诗跋：

孱躯苦痹走幽燕，蓄艾心长眴七年。
物换星移又春及，支离樗散得天全。

余于丁丑戊寅间患溼就诊燕市，因留讲学未南旋。

台筑黄金迹已陈，关山日暮隔遥津。
齿增老马成何用，怊怅临岐问路人。

癸未腊月，学校同人招余品茗，挥毫率草二截，以应供噱。八十老人黄宾虹。

封面是周退密先生的隶书题签，因年份已久，我不知道这个册页与周退老有何关系，问浙江博物馆同仁，均不得而知。

2009年8月10日，浙江美术馆开馆第二天，恰好收到周退老为我题的“经纬斋”，一行一隶两横幅。随即给他打电话，96岁的老人声音洪亮，问我是隶书好还是行书好？我说都好。迫不及待问起正在展出的那册“黄宾虹八十纪念册”，电话那头周老很高兴。说，正

《黄宾虹八十纪念册》
（浙江省博物馆藏）

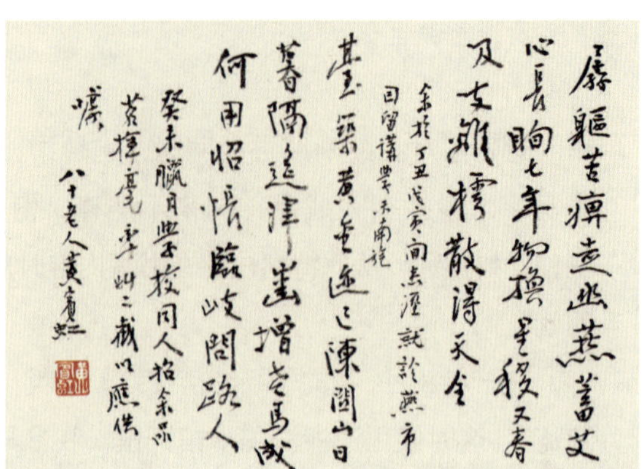

黄宾虹题诗

齐白石绘《花实三千年》

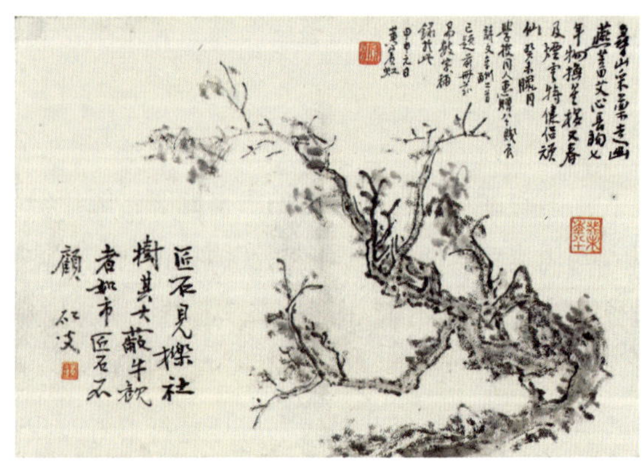

黄宾虹自题

是他的藏品，于解放初期在上海购得，原为荣宝斋的旧藏。当时得此册，他觉得应该捐给浙江更为合适，便托老同学秦彦冲交给浙江博物馆，当时黄宾虹先生还健在。但半个世纪以来，一直不知道当时是否捐出。曾多次托人到浙江博物馆打听，终无信息。老人在电话中，不免有些激动，他对故物记忆犹新，册页的封面颜色，内有几开黄宾虹，还有刘凌沧、齐白石画了什么，都记得清清楚楚。此册从未公开展出，这次应是周老捐献后的首次亮相。老人记挂数十年，今因在浙江美术馆开馆展出，由我发现并告诉他这个消息，了却了他多年的心事。这犹似一段约定的奇缘，于是我特意拍下每开作品的照片，并寄给他。

我萌生去上海拜访老先生的想法，午社诸君告诫我，老先生已近百龄了，贸然去看他只能是给老人增添麻烦。想想也是，素昧平生，能得先生来函与题字，已是莫大的福份，不能再打扰先生。就这样，整整两年没有再与老先生联系。

2011 年 9 月，我的第二本文字集《经纬斋笔记》出版，寄给周退老，时老人已 98 岁了。金心明君对我说："先生老矣，恐不会回你信了。"我原也不奢想老先生回信，想不到不过几日，便收到老先生的函，共两纸。捧读玉札，我心中一阵温热。

> 纬兄大鉴，多年未通音问，时在念中。昨承惠赐华翰，敬悉一是，并获赠鸿箸笔记乙册，开卷展诵，胜义络绎，欲罢不能，几忘寝食，何幸如之。足下书画兼工，而文笔斐然成章，尤深钦佩。弟衰耄益甚，乏善足录，匆覆顺敏秋绥。九八弟退密顿首，辛卯中秋。

> 多年前承足下为旧藏黄宾虹先生八十纪念册摄照，时时取出展观，出自足下所赐，屡深感荷，不作过眼云烟也。退密又顿首，辛卯中秋。

得讯老人生日将至，我约同事吴涧风君一起为老人的寿诞作画祝

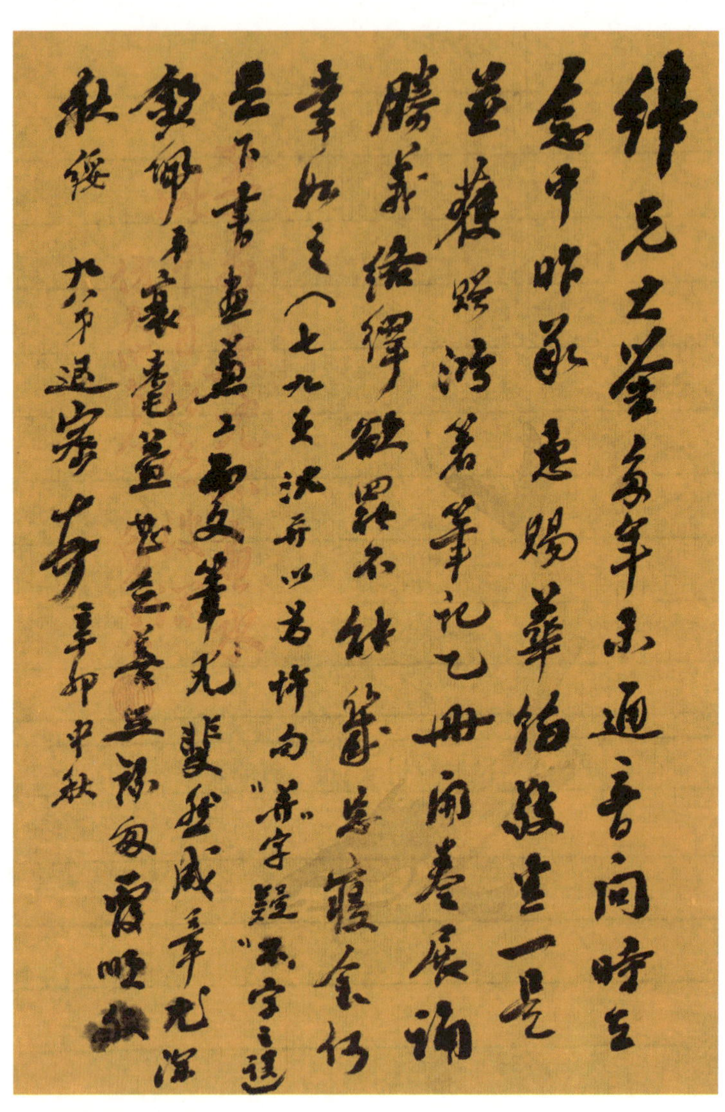

周退密 2011 年致陈纬信札

贺。我画蕉，涧风画佛，聊表一片心意。画寄出后，又接退老来信，云：

> 仲衡道兄大鉴：猥以九八贱辰辱承颁赐法绘一帧，不遗在远，曷胜感谢。往日承赐画册，早萌得陇望蜀之念，不意今日果能如愿以偿，如云中一鹤，翩然而下，欣慰奚似。顷知足下与吴涧风兄同在一个单位工作，同气相求，切摩道艺，可谓志同道合。而仆得后先获交，又何其幸也。仆孤陋寡闻，尚望时赐教言，以增知识。耑此奉臆，顺颂秋褀。九八弟退密手启，十月廿一日。

老先生总是每函必复。我实在不愿因此而耗其精力，此后便再没有给他写信。后来，时常得闻老先生的消息，老人还常为人题字作诗，出诗文集，无愧一代人瑞。陈鹏举先生说："好的人间，文化是用来完善自己和澄清周遭的。周退密更是这样的一个文人。尤其是这位长寿的人，到了他的晚年，犹如百年海上的文脉，留着他散发余馨。"而我，因有过与老人的一段交往，让我感承这温煦的余馨，真是无比的幸福！

2021年3月8日

五公公寄我一封信

周　勤

7 月 20 日，我与两个妹妹周琦虹、周勉一起参加了五公公在上海的追悼会后，乘雷舟弟弟的车返甬。

回家后先到爸妈处，向他们述说了追悼会的情形。两位又一一询问了我没有说到的细节。随后是黯然的沉默，沉默后是断续的追忆。三人相对，心绪沉沉。

“我们周家最年长的人逝去了。”“爷爷辈的人又少了一个。”在这样的感喟中，我记起三个月前爸爸转给我的五公公寄给我的信。

三个月前的一天，我去爸爸家，爸爸精神还不错，我陪着他聊天。聊天中他说，阿勤，我有一样东西给你。他从小房间里拿来的就是照片上的信。准确地说，是五公公寄给他的一张信笺和寄给我的有公公题字的贺年小画。

寄给爸爸的信只有里面的信笺了。从信末的日期看是 1988 年 9 月 24 日，从信的内容看，我推测是我爸爸告诉了五公公我高考考了宁波师范学院，并且“闷闷不乐”，于是五公公来信鼓励。信上公公还细致周到地对我的学习提出了指导。现在一一对照，既惭愧，更感佩！

寄给我的是一张贺年小画。从信封所写可知日期：1993 年 12 月 30 日。从“周勤小姐收”中我感觉到“八十叟”五公公在写这信时的时髦俏皮，甚至能推想他落笔信封写“小姐”时的嘴角上扬！这小画应是他的朋友钱老画给他的新年祝福，五公公转送于我，所以有“借花献佛”一说。画上红梅艳艳，寄寓了对美好未来的祝愿！而公公的题诗中“可有才情杨妹子，将诗来慰白头人”更表达了对我们后辈的拳拳之心。“杨妹子”为典故，或传为宋宁宗杨皇后之妹，或传

五公公赠我的贺年小画

为杨皇后本人，但有一点是明确的，就是这杨妹子本人善题画诗，她题马远的《倚云仙杏图》现藏台北故宫博物院。“可有才情杨妹子，将诗来慰白头人”，这是公公对我的邀约，更是殷殷期待！

这信距今快三十年了！三十年前，我一定是看过这信的，然而那时的我看了也就看了；三十年后，当再次细细浏览，长辈的深窈的期待才如此真切地浮现在心里，才真真实实地接收到、感悟到！而今自己也年过半百了！

用“如坐春风”形容退老，真是再恰当不过了

王震宇

107岁高龄的周退密先生，日前于上海辞世。我曾亲近过的这一时代的前辈，已凋丧无余。回忆登楼问字、持茗坐话的情景，如在目前。

我与退老的渊源，始于先师孔凡章先生。1996年，我到北京读书。从孔先生学诗，忝居弟子之列。先师与退老同龄，约在1934年，与退老一同考入上海震旦大学，有同窗之谊。及抗战军兴，先师中断学业，避寇西北，两人遂天各一方，待重新聚首，已是四十余年之后了。当时先师为中央文史研究馆馆员，退老为上海文史研究馆馆员。浩劫余生，幸沐晚晴。两位老友，不免额手相庆。先师嘱我可与退老通信，随时请教。

1999年，先师辞世。是年年末，我去上海，初次拜谒退老。退老所居，题为安亭草阁，为一旧式三层小洋楼，退老住第三层。居室不大，书房、卧室为一体。家具也不多，一床、一书橱、一博古橱，皆类晚清民国时期中西合璧样式。退老当时已将所藏图书字画等文物，分几批捐赠其家乡宁波图书馆，故而藏书不多。所存多为碑帖书画图册及函装古籍。博古橱中陈列小型瓷瓶、陶器数件，皆极简朴素净。有小灵璧石峰一，高约数寸，尤为奇峭。后来我又送退老绿松石一小拳，退老也把它摆置橱中了。虽是初次拜访，因通信已多，退老于我，颇为亲切，宛若家人。退老即席为我写一册页，并检出喻蘅、钱定一两位前辈的画作相赠。

这一次聆听退老的娓娓清谈，约两小时。退老又留我吃午饭，我们下楼步行至距他家不远的一家面馆。我于此初尝鳝丝面，颇诧其鲜美，为北方所无。自此以后，我每年必往上海，探望退老及马祖熙先

生。直到他百岁之前，杜门颐养为多，觉得不宜再多打扰，也不再写信，只在年节之际电话问候了。

退老 95 岁时，我又一次去探望。谈话之后，又是留款午饭。我们经过一条小街，看到对面有一古玩店，门面颇为宏丽。我便对退老说，您可有兴趣进去看看？退老莞尔云，除店主外，恐其余皆假货也。此亦可见退老也有风趣的一面。饭后又陪退老缓步回寓，我还赞叹退老身体健朗。退老乃云，近来颇感气力渐衰，下次恐怕不能下楼请我吃饭了。

晚年的退老，气色温润，仪度蔼然。谈话时语缓声柔，普通话也极为标准。用所谓“如坐春风”一语，形容退老，真是再恰当不过了。述及往事，虽惊心动魄之际，也以淡然出之。一次，我曾问及他在身家性命横遭凌虐之时，做何表现？退老竟低沉而坚定地吐出三个字：很激烈！此语令我颇感意外。因为在我的感受中，以退老晚年的心性看来，他早年也必是谦谦君子的类型，绝难有“金刚怒目”式的爆发。想要了解这样一位饱经沧桑的世纪老人，我想得过于简单了。

冲和恬淡的退老，其实一生颇具传奇色彩。他早年考入上海中医专门学校，师从名医陈君诒，虽时间不长，却能独立出诊，想必应有一定专业水平。后又考入震旦大学法学院法律系。毕业后加入上海律师公会，为职业律师。1948 年入大同大学，为国文副教授。又深造法文，1956 年任哈尔滨外国语学院教授八年。后调回上海外国语大学，专力编纂《法汉词典》。即此数端，即可见退老才智确非常人所能想见的。

退老的后半生，峰回路转，更以诗词、书法、碑帖鉴赏为当代巨擘。退老于书艺，各体皆工。谨守前贤的矩度，笔不妄下。于前贤典范之作，九十余年，临摹不辍。曾自言平生致力之碑帖达百余种。至其人书俱老、水到渠成之际，个人之气质变化浸润其中，形成了一种端穆雅正的风貌。退老有《墨池三咏》，以论书绝句兼以注释，阐述了他对书法的见解，可作为后学研讨书艺的津梁。

退老有“说帖谈碑七十年”之句，可见他在金石碑帖的鉴定方面，也是萃集了毕生的精力。这方面的考释文章很多。题识跋文，更是散在海内外，为收藏家所珍视。某次，我受友人之托，携一册赵松雪的旧拓，请退老过目。原有旧签题为明拓本，退老甫一展视，即云：“此康熙晚期拓本，末尾当有某某字样。”及观尾页果然。退老又云：“此种拓本在清末民国间，较为常见，卖家未必不知，提高年代，以图善价尔。”我因此趁着话题，想多请教。退老又以其温和的语气说：“墨老虎啊，最好别碰它！”

我受退老的教导，以诗为多。并且以为在退老诸多的艺术成就中，亦以诗词为最。而诗词于一般的读者，似不如书法之容易动人观感。这也许是退老书名高过诗名的缘故吧。即在晚年，退老的诗作，无论古近体，每能绝去藩篱，时见精彩，绝无老朽颓唐之气。反倒是一些年轻的诗人，往往有摹古太甚，陈腐肤廓之弊。退老所作《和观堂长短句》《菩萨蛮十四首》，于前人未到之境，多

周退密行书自作诗条幅
2003 年（王震宇藏）

有发挥。

最近几年，与退老交流已少，但有一事，似可一述。2015年，《诗刊》社拟陆续推出当代健在的前辈名家专题。主其事者为江岚先生。因知我与退老的渊源，便委以征稿、选辑之任。得到退老的允许后，我便选取诗词五十余篇，于《诗刊》发表。这原来也是极平常的事，但《诗刊》于此后还有一大型评奖活动。在当年发表作品的六十岁以上的诗家中，经专门评审委员会数轮投票，选出一位，授予“终身成就奖”，即“中国诗歌奖（陈子昂奖）”，并有奖金三十万元。退老于当年即获此奖。江岚先生因此又委我与退老沟通领奖等事宜。而退老于荣誉、奖金等一概谢绝。再次通话恳商，退老稍为缓和，云可接受荣誉，奖金则坚辞不受。再有琐事，由我办理。又征求退老家人意见，亦不愿退老因此事劳神。而《诗刊》方面，议程已定。尤其是支付奖金，不可草率。最终，奖金以退老名义，捐赠陈子昂故里射洪县，建希望小学。退老不能去开会领奖，我又模仿退老口吻，写一获奖感言，交与主办方了事。中间几经周折，情节亦颇有趣。而我总以为给退老“惹了祸”，专门致信道歉。

如今，退老已去，而捐资兴学，德泽长存，终称善举。或许他年，从那所希望小学走出来的莘莘学子，倘留意前贤往事，还能谈起曾经有这样一位老人吧。

（原刊《中国书画》2020年第7期）

捧读花笺句　诗书仰石窗

徐　兵

2020年7月16日凌晨12分，周退密老驾鹤西去，当日笔者早餐时阅之于朋友圈，未敢遽信，驰禀于徐圆圆老师，圆圆老师发来其与周师母的微信截图，方得证实。顿感月来天哭，于今为甚，乃无心进食，弃之而去。

梅雨季初，圆圆老师闻退老有恙，然足疾不利于行，又因我工作所在离退老不远，命往探望。笔者与周师母电话联系，师母正急于抓药，一时无人，遂嘱我就便寻购。送达之时退老适才安睡，曲肱而枕，睡姿极似弘一法师。师母说退老近来每每这样入睡，未敢惊动。

当时想一定是因季节关系，气压较低，退老毕竟已百又七岁，心脏不胜其荷，俟梅雨季过去当会好转，未曾想天不遂人愿，退老终于没有走出庚子雨季。

印文：乐琴书以消忧

退老原名昌枢，字季衡，号退密，亦号石窗，圆圆老师曾有“捧读花笺句，诗书仰石窗”句，即奉和退老之作也。晚年定居沪上，颜其室名安亭草阁，室名得来俱是写实，一则地处安亭路，二则平生喜吟草，三则所居在二楼。笔者数年前曾为退老制“安乐亭侯”印，退老颇喜之，时常把玩，未离案头。退老还发现了此印的三种读法，回环往复，可以读作“安乐亭侯”、“安亭侯乐”、“安亭乐侯”，此实笔者有意而为，然未知会退老，退老自己体味得来，心下畅然。笔者后又仿赵次闲作“乐琴书以消忧”印呈退老作新玩具，退老亦喜之如前印。

圆圆老师每年中秋、春节前必往安亭路，笔者随同，每去必先约

周退老与徐圆圆老师

时，每至退老必已安坐南窗藤椅，窗外绿意盎然，窗内满室春风。退老见我们到了，先和圆圆老师打招呼：“圆圆，你来了。”对我则称“徐先生”。周师母说退老平时健忘，刚说过的事很快会忘记，但圆圆老师来，他从未记错，连带笔者也一并能报出名来。退老与圆圆老师都是上海文史馆馆员，同时也是忘年的诗书之交，据笔者看来，两人相见聊得更多的是诗，圆圆老师每出近作即呈请退老过目，退老则摇头晃脑地吟咏，或赞或评，言必有中。海上诗翁，名下无虚。因考虑退老身体状况，圆圆老师亦不多坐，如此则意犹未尽，每每再想前往。

周退老德高望重，为海上耆宿。其于诗词、书法、文史掌故、艺术鉴藏等皆有造诣，享誉海内外。并能岐黄之术，擅法文，为执业律师，可谓真正的学贯中西并集大成者，当世难得一见，1988 年起受聘为上海文史馆馆员。笔者以为，如陈寅恪有“教授中的教授”美誉一般，退老也堪称为“馆员中的馆员”。

今日诗翁仙去，笔者已目见诗挽无数，徐圆圆老师当天发来的是“退自犹思启后学，密其所守识前贤”。歌以当哭，退老千古。

2020 年 7 月 16 日

（原刊《新民晚报》数字版，2020 年 7 月 16 日）

与周退密先生的翰墨情缘

周献洲

2008年初夏，我编先师陈云谷先生《蓉竹斋丛编》定稿时，还没有落实书名题签的事。国内学人之中，心赏周退密先生与饶宗颐先生的墨宝。于是鼓起勇气，以书信方式拜求。不想两位先生均满足了我的奢愿。

退密翁还赐毛笔大札云：

> 献洲先生大鉴：惠书诵悉，承赐令先师陈云谷先生自书诗草墨迹乙册，至以为感。云谷先生深于书道，体兼北魏，极为难得，无限钦佩，至以为谢。承嘱题写书签，兹草草写就两条，随函附呈，未知能否用……

语意谦卑之至。且没有通过任何关系，有求必应若是。这令我想到传统文人，都有这样的古风，诗文翰墨所长，不是恃以牟利，常常无偿为社会文化服务。饶宗颐先生也是如此。

退密先生收到云谷先生的书后，回信仔细谈了书中的好多情况，比如：钱（钱志熙）序甚佳，美院范教授（范景中）序文，文字清懿，铿锵有声，十分钦佩。云谷先生画梅、画荷饶有古意，不知市面上能觅到否？有市价否？

我知道先生喜欢，这样委婉表示！特地寄赠自己珍藏的云谷先生墨荷一帧。先生旋即回信：

> 承惠示并赐云谷先生宝绘荷花一幅，喜出望外。云谷先生之

周退老书桌前一直挂着陈云谷先生的《荷花图》

> 画，自属文人中之高品，其笔墨淡雅，尤非一般画家所能望其项背。足下为我割爱相赠，殊深感荷。日内即拟付诸装池，以便悬诸素壁，朝夕相当，如与云谷先生之高洁品格，共砥砺也。

说也奇怪，退密先生是海上大收藏家，家藏名迹惊人，竟这样喜欢云谷先生的画。后来这张荷花他还加了题跋，常常挂在自己的书房内。而且，我多次看到先生书房照片，背后隐隐中是这张画。

2009 年，我与退密先生信札往来多次，似乎熟不拘礼，竟向他老人家索求题写斋名“兰草书屋”，老人也是雅意惠赠。我于是寄上朵云笺、温州皮纸与云谷先生墨迹回赠，先生再赐大札：

> 日前捧读还云，并赐云谷先生遗墨尺页一纸，曷胜欣忭！云谷先生书法于魏墓志用力至深，以北碑遒美之线条融入草法，使

之面目一新，除于右任先生外，实无第二人有此瑰丽体态。

评价如此之高，令人惊叹！按照退密先生这样的修养眼界，不会胡乱作溢美之词。云谷先生身后竟遇到这样的知音，令人欣慰。

编辑云谷先生的书，退密先生帮忙不少。我着手编《陈云谷书法集》，他2009年冬天写来了几百字的《题词》：

云谷先生书法就予所见者有隶古、正楷及行草数种。先生隶宗礼器、曹全，遒丽古逸。楷法魏齐碑志，雄秀隽利，均足方驾前哲，毫无愧色。其能使人一见而为之惊心动魄者，其唯先生之行草乎？先生于斯，能解散传统之行书结构而代之以自选之魏碑笔致：严整方峻，骨秀神清；纵横开阖，使转流动而无往不利。此种方法惟深谙北碑之神韵者才能得之。求之近人，惟于右任先生早年之书有此壮彩（于公中年以后专写标准草书，其带魏碑体致之行草已不多见——自注）。

先生写此文，已是九六高龄，我自知此等奢求，令先生劳神费思，罪过不浅。然而翰墨往来，退密先生无意中为云谷先生书画留下了一篇评鉴短文，这也是陈云谷书画研究的一笔精神财富。

2011年冬天，我觉得不登门拜谢，于礼数不容。而且，先生上海寓所之雅，在2001年读沈建中所编《北山谈艺录续编》的编后记时，早已心仪：

红豆宧者，四明名宿周退密先生斋名也。主人工诗词、擅翰墨、精碑帖，泛富收藏而教授法文，大凡传统文人的雅嗜，他皆有造诣，与北山老人为多年的挚友，吉金乐石，过从甚密，郑逸梅先生称之为“海上寓公”。

红豆宧正合我记忆深处海上耆宿的书斋影像。穿过大都市的喧嚣，走进幽静的弄堂，至陈旧而雅致的小洋楼前，按门铃，踏上楼梯，暗魆中脚步蹬蹬和木梯吱吱相迭。入室，但见朝南大窗，阳光洒落大半房间，合客厅、餐厅、卧室、书房为一室。室内但闻书香、墨香、茶香，可恭听先生风流儒雅之往事；而观古董，识珍玩，赏立轴，又令人追寻沧桑世变之渊源。常常还能得读诗稿、新书、墨宝及其他有趣味的小件，真是眼福无穷。

如今我也有这样的清福，精神振奋。得见先生，其人面容敦厚，目光平静，心地清净，言语缓和，声音柔美。这是寿者仁相。先生拿《退密诗历》签名相赠，复取《周退密书法集》签名相赠。并强调，另有临《瘗鹤铭》擘窠大字，为出锋所临，一改藏锋常法，欲求魏碑墨痕原韵云云。

此语启我心扉。返回后，我随即写了篇《跋周退密临瘗鹤铭四屏》。后来先生刊行《周退密手临瘗鹤铭》专集，把拙文当作序言，这使我汗颜惊恐，但也暗自感谢老人有奖掖后辈的诚心。

第二次去周先生家，是趁观看饶宗颐“海上因缘”书画大展之便。这趟是一家三口趋前拜访。老人主动开口，送我女儿一张小笺，且当场书写：“秀外慧中，小璞小妹妹存念。”退密先生晚年的字，古

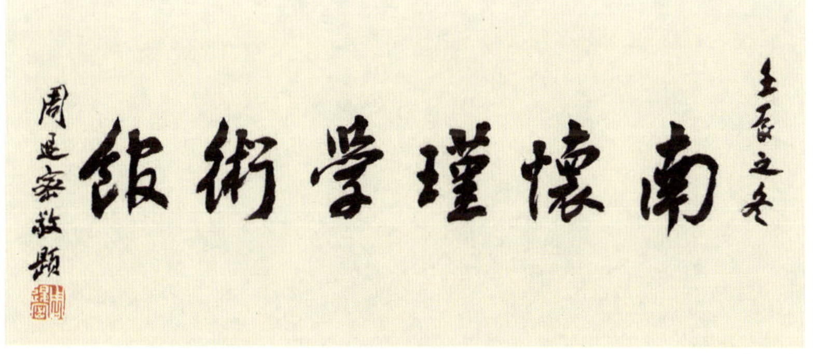

应作者之请，周退老 2012 年为乐清南怀瑾学术馆题匾

意盎然，有北碑的、颜的、苏的，融会贯通。最可贵的，是书卷气的外化，是松动稚拙的，虚灵之中，贯穿着略带清刚的优雅。这样的字代表着某种文化境界。我们怕有打扰，稍坐片刻即告辞。老人刻意要送至门口，我们至楼梯口，先生依依之情宛见，挥手云 :“我们 500 年前是一家。”我老婆后来屡屡提起老人相送的礼节，说退密先生、云谷先生这一辈老人都这样，送客人都要到门口。第三次是 2013 年，先生 100 岁。我携《陈云谷书法集》专程相送，因为序言是他写的。先生慢慢翻阅，见集中所书李白诗时说 :“云谷先生的字也是‘别有天地非人间’……”

后来先生年事已高，我再也不敢惊扰他老人家了。每每在上海，想趋前一访，随即打消念头。之后读到《周退密诗文集》《退密文存》，沈迦编的《周退密先生题签集》等书，都倍感亲切。前天早上，先生遽归道山，享年 107 岁。见讣告尊容背后左侧，挂的还是云谷先生的墨荷。我心潮悲涌，唏嘘落寞。今日深夜，谨述往事片缕，以示纪念。

2020 年 7 月 18 日夜 12 时写竟

（原刊《乐清日报》2020 年 7 月 24 日）

容膝一亭宽

——从周退密先生给我的一封信说起

朱昌元

2020年7月16日，著名的文史学者、诗人、书法家周退密先生走完了其107岁的人生历程。一时间，海内文坛哀悼者所撰文章甚多。敝人亦尝偶受先生指点，书信往来亦有年所，但为避“攀附”或“趁热点”之嫌，故迟迟没有动笔。兹者，寻出2014年5月先生致我的信一封，公诸如下，但为纪念。信云：

不佞自四月十六日晚，在看电视节目时突患血晕，一时天翻地覆站立不稳之后，即不再写诗，此两首尚为未发病时所作。近虽晕止，但不敢再用脑力，以防复发，此二首可视为“关门”或“谢幕”之作，至祈吟正是盼。

足下大作大胜往时，所作以写个人胸臆、一己之感慨为上，某些陈旧的词汇，如“檀郎”、“萧娘”，以不用为贵，未知足下以为然否？书不尽意，匆复顺颂

夏祺

此上

蕉庐诗人文几

退密手上　五月十四日

海宁诸稔友系望代候

老病疏交友，诗成只独看。
读书消永昼，阅报识时艰。
花草生意满，鱼虾素食欢（即素食之意）。

顺时在知足，容膝一亭宽。

百年一朝暮，慎莫笑蜉蝣。

人已过期废（期有两义，一期颐、二过期作废之期），天教破格留。

为诗耽苦茗，念远起幽忧。

刻意非常语，聊供楚客咻。

近作两首录呈

蕉庐诗人吟正

退密甲午榴月　时年百零一岁

书是信时，先生已经一百零一岁，故信封反面先生又特别注云：“恶札请勿在报上发表”，因此，我收信后多年未尝以此示人。不得不交代的是，先生此举一是自谦，另一个方面乃是缘于不得已的苦衷。先生晚年为盛名所累，海内求教、求字者太多，限于精力无法一一酬应，以致在近百龄之时不得不宣布“封笔”。其后虽偶有所书，亦诫以得之者勿得传播，以免又有登门者不断劳烦。

是信的回复，缘于我在此之前寄去了我写的一些关于先生的掌故文字，顺便寄去一些诗词习作。我本不敢奢望先生回信，哪想先生还回了一封写了这么多文字的信，且随信寄来了他所谓“关门”的诗两首，这真是意外之喜了。

我仰慕先生多年。自从 2009 年得海宁朱明尧翁引荐后，先生为我题过斋额、拓片，为我的诗词、古文写作提出过一些意见，先生对晚辈的奖掖，先生的宅心仁厚……皆世所公认，不待我赘言，我唯存感恩而已。

说到我和先生的往事，不得不提到曾经的一段误会：曾经，我为了感谢先生赐我书法，为先生撰写过一篇文章。又其时我乍来浙地，

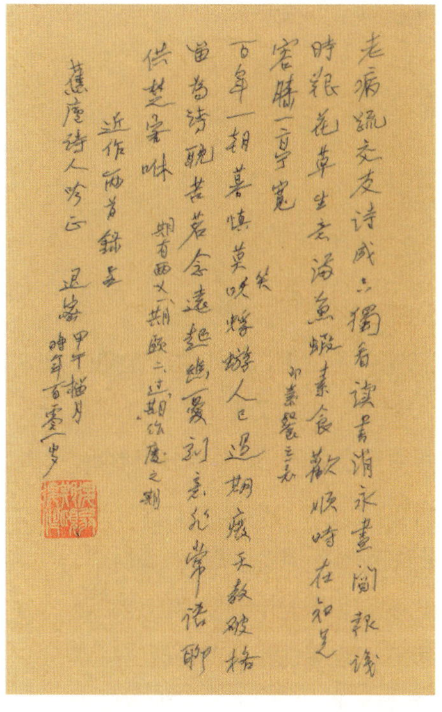

周退密 2014 年致朱昌元信札

和先生往来无多，对先生生平不甚熟稔，故写文章时引用了北地某书画商宣介先生的简历文字，但部分文字与事实有出入，而我却毫无知晓。文章发表后，我以样刊相示。先生读后甚为不悦，盖以为我没有能实事求是。其后，经过我详细辨明情况，并倩明尧先生转达，先生始为释然。因此事，很长的一段时间，我内心始终存一“芥蒂”，数载间，疏于向先生求教。现在想来，真是一大损失。

往事如梦。今先生已归道山，找出信札，重读一过，写上这点文字，亦是我的一瓣心香吧。

（原刊《书法报·硬笔书法》2021 年 1 月 1 日第一期）

怀退老

赵 胥

周退老走了，一百零七年的人生，堪称奇迹！

中国历史上得享高寿的学者、书法家并不少见，但如退老这样过百岁仍思维清晰、书写顺畅，交流无障碍的则少之又少了。笔者有幸与退老有十几年的交往，虽仅有两次拜谒安亭草阁，但平日书信不断，获益良多！

退老仁厚，对他人的请求，往往是有求必应。也因此被书名所累，极少闲暇，笔者也是这叨扰中的一员，现在想来是十分惭愧的。沈迦兄要为退老出纪念文集，善莫大焉，我作为退老的小朋友是理应写点文字的，一时间千头万绪涌到心头，怎奈水平有限，书写无力，仅举几件小事，以表对退老的纪念。

笔者喜欢收藏书信，以近现代学人墨迹为主，随着藏品日益丰富，也学着像旧时文人一样，请人绘制《读札图》。杨仁恺先生赐号“朴庐”，所以我的读札图就叫做《朴庐读札图》了。第一卷《读札图》是请谢伯子先生绘制的，媒人是海上的文史专家万君超老师。伯子先生是常州谢家正脉，师从张大千先生，山水、人物、花鸟无一不精，既守传统又有新意。收到伯子先生大作后，欣喜非常，可请谁来题跋，成了一时的难题。欣赏传统书画，以手卷为第一，不仅仅是手卷这种形式便于携带欣赏，累累题跋更是收藏者交游的体现。引首是请叶一苇先生题写的，于是退老成为题跋的第一人选。

我将画卷拍成照片，与书信一起寄给退老，请老人家作跋。退老慈悲，不以为忤，很快就收到寄来的挂号信，一封信、一件题跋，真是精彩！

雅人雅事逐年多，读札图成喜若何。

倘以文章论隽永，莫如山谷与东坡。

陈遵妙札想何如，隶古崔巍近漆书。

定有当时章奏体，便于手写应时需。（章草原有用于章奏而得名之一说，非谓创始于东汉之章帝也。）

藏札颗颐推栎园，颜家并驾亦多贤。

若教嘉话论今日，彭万郑千不等闲。

收藏尺牍文字之富当推周栎园，嗣后有曲阜之颜氏家藏尺牍，然不免小巫之见大巫矣。近日上海一隅藏札之富，郑逸梅以千计，彭长卿以万计，可称个中之翘楚。辛卯盛夏俚句奉题《朴庐藏札图》，即乞主人雅正。周退密，时年九十又八。

诗思敏捷如此，句句有典，毫无牵强，书写稳健灵动，极具书卷气，哪里像九十八岁的老人所书。得到退老的题跋，加上叶老的引首，一个手卷基本成型了，也增加了我继续绘图、继续题跋的信心。

随后我又有幸请吴子玉先生绘制了一卷《朴庐读札图》。子玉先生是谢稚柳先生的入室弟子，画宗石涛、八大，书法有明人气质，虽居岭南，眼光却是全国的。子玉先生的读札图卷高近二尺，取法石涛，朴茂浑厚，是名副其实的高头大卷。这卷引首四字“俯仰自得”是请饶宗颐先生题写的，而题跋的首选则又是退老。

右岭南老画师吴子玉先生绘《朴庐读札图》，笔墨清润，雅得四王神韵。先生曾师事容希白、朱庸斋、谢稚柳诸公，于金石、词章、绘事诸艺无不精，且淡于荣利，不骛虚名，洵当今艺坛之大隐也。其画固可宝，其人尤可重。朴庐主人自京华远寄嘱题，更赋小诗，用志墨缘。

前贤不见见今贤，金石词章绘事妍。画出主人闲适趣，山窗

谢伯子绘《朴庐读札图》

展读得真铨。壬辰春日，周退密时年九十有九。

那一年退老九十九岁，饶公九十五岁，子玉先生八十二岁，如今三老皆去，无限怀念。

除了为我的藏品题跋，退老对我出版的事情也是极为支持的。前几年，我要做一本《当代学人自书诗词手迹选》，打算收入四十位当代著名学人自作诗词，每人五首，且都要由作者本人抄录在花笺纸上，影印出版。我将想法说与退老后，很快便收到退老书写的作品，诗稿用的是荣宝斋印制的齐白石花果笺，再加上退老的书法，真是精美无比。可能因为我是北方人的缘故，其中《寄老友李锡胤教授》一诗令我倍感亲切，诗文如下：

君居东北我江南，虽曰退休实不闲。
弟子三千侍尼父，新诗一首吊苏髯。
松花鱼美殊难得，景教寺雄永不还。
回念边城留印象，滑犁俄菜旧书摊。

寄老友李锡胤教授，退密。

李锡胤教授是著名的语言学家，黑龙江大学教授。与退老曾在哈尔滨外国语学院（今黑龙江大学）一同教授俄语，互为莫逆，故有

“君居东北我江南”之句。诗的后四句是对东北生活的美好回忆，松花鱼、景教寺、旧书摊，读起来是多么有画面感呀！

退老还赠过我一首诗，是和张本义先生的。二〇〇九年夏，本义先生赴郏县拜谒东坡墓，感怀东坡一生，赋诗一首，并广邀同好相和。我将本义先生的诗寄给退老，老人家不仅和了诗，还分别书写一纸赠给我们。

诗赋感人深，古今同此心。
书风开百代，卓识俨千琛。
历劫犹存墓，咏怀得畅吟。
郏城萧寺外，松柏永森森。

次韵奉和张松斋郏城谒东坡墓诗，录呈赵胥画家吟正。九七弟退密未是草。

诗稿中退老称我为“画家”，画画的确是我的职业，但却从未请退老为我的画作题字，成为了永远的遗憾。我不会作诗，也无文采，但却与退老有如此墨缘和诗缘，真是上辈子积下的福分。

感谢沈迦兄及海上的朋友们能给我这样一个机会，在今天这个日子，写下这些文字，怀念他老人家。

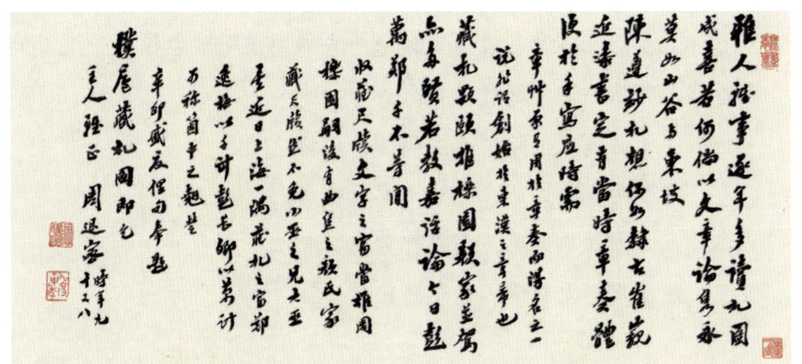

周退密为《朴庐读札图》题跋

季子平安否

——忆海上寓公周退密老先生

黄　勇

庚子中元节，适逢周退老断七，又是公历9月2日，恰是退老107岁冥诞。得曹中华居士引荐，于七宝教寺念经超度。师母施蓓芳女士及家属同往。在法师的梵乐诵经中，我回忆起了与退老夫妇交往的几个片段。

余与周退老及师母初识于2001年宝山静寺，从达法师约请素斋，余陪同先师谢冷梅前往。因为久仰周退老的大名，特意多拍了几张照片，印好后寄去，他有信来致谢。后一来二去，渐为熟识。蒙老先生抬爱，成为其座上客。每次前去，他都笑吟吟地说："黄居士来了，好久不见，是否工作很忙？"我嘴上诺诺，心里暗想，老先生年事已高，不应过分叨扰。现在思来，后悔不已，多么好的讨教机会啊。如今安亭草阁人去楼空，讨教无门。

丁亥立冬后五日（2007年11月13日），尝陪周退老夫妇游七宝教寺，老先生后赋诗一首寄函：

立冬后五日潜斋居士驾车邀愚夫妇同游七宝古镇，午饭于天香楼，归赋一律，简居士留念：

古镇遥追北宋年，水乡风物总堪怜。
桥通两岸人如鲫，肆列千家行擦肩。
来此方知羊肉美，点饥弥觉海棠妍。
残羹积想无从现，劳尔蒲轮梦一圆。

老先生似有预感，越二年，余亦迁居七宝。知老先生不吃猪肉，但嗜好牛羊肉，数次邀请来七宝品尝羊肉，但终因先生年事已高，又兼痛风频作，只得作罢。

多年前，我主持泰申中医，冒昧倩周退老为门诊部题写匾额。老先生取出珍藏多年的蜡笺，亲自裁纸，为我写下“泰申中医”四个大字。我倩大漆艺术家梁峰兄，用金丝楠木作胚，漆成大漆，绿底金字，古意盎然。从此金字招牌高悬于门诊大厅。记得周退老还赠我其家藏阿胶，为庚戌年（1910 年），其老太爷亲赴东阿，精选黑毛驴监制而成。仅剩两枚，皆愿赠我，我取一枚，曰一人一半，哈夫（half）一下。后珍藏在家，一直遍寻不着。前几日整理书橱，突然水落石出。灵性之物，知我将在巨鹿路楼上创建泰申中医博物馆，故又悄然出现了。睹物思人，触景生情，心痛不已。

周退老知我喜欢收藏名家书信，每次都郑重其事，用花笺，毛笔写信给我，又叮嘱:“黄居士，你要多练练字，以后回信也要用毛笔。”“要多临帖，字可以放大了临。”我不以为意，每次收信后也就草草了事，以电话回复，现在想来，失礼之至，也后悔之至。这几天，看着周退老写给我的数十通来信与诗稿，以及他赠送给我的朋友写给他的书信，想起了与他老人家近二十年交往，往事历历在目，恍若昨天。

遥想 1931 年，风华正茂的周退老考入上海老西门石皮弄的上海中医专门学校，吃着钟爱的“Soda Cracker”，攻读中医；过了近六十年，1990 年，年轻的我考入了零陵路的上海中医学院，吃着钟爱的康元梳打饼干，苦读中医。遥想那时候，周退老堂伯父周湘云住在青海路的周公馆，创办了宁波四明医院（今曙光医院）；而今其府邸成为了岳阳医院青海路门诊部，我也经常在曙光医院实习出没。遥想 1939 年的一天，周退老在宝米室看周湘云收藏的碑帖；二十一世纪的某一天，在阳光明媚的下午，我在安亭草阁欣赏着周退老珍藏的碑帖拓片。遥想上世纪 80 年代，沪上茂名路每周五的“五老会”，周退老与陈声聪等诗坛前辈吟诗作对；而今我在陕西路、茂名路之间的巨鹿路，与友朋喝茶聊天，回想前辈。时空交错，感慨益增。

退老百岁纪念墨

周退老一百岁时，我曾定制一百锭“百岁纪念墨”作为贺礼，周退老高兴不已，并相约，110 岁时再作 110 锭纪念墨。如今斯人已归道山，那一百锭墨估计也流散于同好之书房案头。“季子平安”为周退老常用印，取自清代诗人顾贞观的《金缕曲》，在这里，我也想问一句，远在天堂的周退老，“季子平安否？”

2021 年 5 月 2 日

一面之缘　永铭于心

——记周退密先生

卓　永

周退密先生被称为“海上寓公”，我知道他的大名是看到《蓉竹斋丛编》《怀馨阁杂俎》之后，他为两本书题签的时候年已九旬，但笔力遒劲，洒脱厚实，且韵味高致，让我倾慕不已。

2009 年“五一”假期，我出差上海，下榻于上海徐汇区某酒店。当晚购买地图以便规划行程，却发现与周老的住处不远，步行仅十余分钟，顿生拜访之念。

5 月 3 日上午九时许，到达安亭路上一幢顶部红色的古朴别墅前，这里便是周老的“安亭草阁”。在附近的超市买了两样“伴手”，可惜一楼大门紧闭，幸遇两位来拜访的客人按响电铃，立即跟随其身后上楼。周老得知我这位慕名而来的不速之客来自温州，就从房间里慢慢地走出来，并招呼我上去。

周老的房间不大，简朴整洁，卧室兼接待室。落座之后我便介绍自己从乐清来，此次冒昧打扰，深感歉意。周老则坐在对面的藤椅上，面容慈祥，额头饱满。他思维清晰，语气温和地问我来上海办事还是旅游。当得知我和张炳勋先生、周献洲兄都有交往之后，立即起身取来《退密诗历（二续）》三册，签赠张先生与周兄各一册，在最后一册的扉页上题写：“卓永仁兄指正，退密赠，〇九.五.三”。由于周老年龄已高，又有客人预约在先并在一旁等候，不敢长时间打扰，便请客人帮助摄影留念。我也趁周老摘掉圆框眼镜的时候，迅速按下快门，将周老精神矍铄、平和淡定的神态定格下来。起身告辞之时，周老从桌上拿出一张白纸上写下家庭电话递给我，并吩咐以后如果来上海，可以提前打个电话，再来坐一坐。

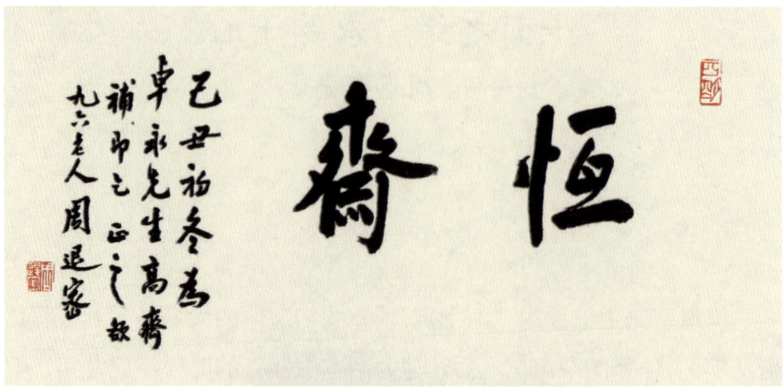

恒斋，周退密题，2009 年

拜别以来诸事匆匆，瞬经数月，遂致函问候，附寄照片二张并索题斋名。一周之后竟收到周老的挂号信函，内有题额二帧，循诵数四，大快下怀。尺翰转录如下：

恒斋仁兄先生大鉴：

日前接奉大札并照片二张，均拜诵收悉，谢谢。附下大风堂绘制之信笺数叶，当供老朽回信之用，今即用之。承嘱书写斋额，兹写就大小二纸，足下可以任择其一用之，未知合用否？知足下为怀馨阁主人高弟，受其熏陶，古人得一名师非易，当虚心请教，可谓谦受益是焉。斋以“恒”名尤具深意，往后成名成家诚非一“恒”字不能也。

匆复，即颂

文祺

不尽缕缕。

九六老人退密手启

十二·十五

真想不到周老先生对题额之事如此认真、谦虚。他的仁者胸襟与高士品格，以及具有传统文人的美德，在当下的诗坛与书法界，都是非常难能可贵的。

有几次出差上海，我坐在车内看到安亭路的路牌，只有在心中默默地祝福周老健康长寿，再也不敢登门拜访和写信。一是考虑他的年纪实在太高，另外在网络上看到一则信息，称周老家中已谢绝接收土特产和快递之类的温馨提示。

周老的题额“恒斋”一直悬挂于我的书房，“恒”字则成了微信名，那些勉励之语将永铭于心，将激励着我不断前行。

（原刊《乐清日报》文化周刊，2020 年 7 月 24 日）

退老手札收藏余话

陈　坚

庚子（2020年）八月，蒙友人惠让，喜获石窗周退密先生手札一通三页。上款是忍庵王瑜孙先生。另两页，一为退老原唱水调歌头，一为退老抄录的且冈吴祖刚先生和词。全文释读如下：

兹草草录奉吴且老之水调歌头及弟原唱两作，至祈台览。且老之作有新意，殊为可诵。未知足下亦能一和否？即上忍庵词长文席，顺请潭安。弟退顿首。四月廿八日。

退密原唱水调歌头。当代盛人瑞，屡见地行仙。求之吾党前辈，百岁属君先。况是鹿门双隐，乐只山林城市，布褐胜貂蝉。莲劫东流水，蔗境晚来田。擅文采，工纂组，思如泉，珂乡本是文薮，经史照人间。我似先衰蒲柳，仰望崇岗松柏，老干上摩天。起舞斟醽醁，和句致缠绵。祖刚仙翁寄示《百岁书怀》长调，敬赋奉祝双寿。

百岁一朝觉，梦里小游仙。传来天机音问，感激拜君先。挥尔春风词笔，润我余年秋色，落日噤寒蝉。振翼曳声唱，落叶满荒田。友麋鹿，漱白石，枕流泉，百端出世憧憬，投老落尘间。窗外车尘烟雾，窗里如聋如瞽，木立望南天。重读绸缪句，掬意报缠绵。石窗词长以水调歌头百岁贺词见颁，谨步玉言谢还，请法正。丁亥春日吴祖刚顿首。

从且老和词的落款时间推断，是札当写于丁亥（2007年），时退老九十又四。适逢老友百年华诞，心情极好，状态奇佳，腕底神采飞扬。尤其首页，写得至为精彩，十足坡翁遗韵。原唱豪放，和词婉约，堪称双美。只是“蔗境晚来田”之“田”字，令人颇觉费解。查《周退密诗文集》，此句作“蔗境晚来甘”，疑为编者校改，以应古人“蔗境弥甘”之谓。单独来看，这一改自然在理，却也不免尴尬，因为往来唱和之间,步的皆为“田”字韵。据闻王瑜孙先生后曾手辑一册《吴且老百岁华诞唱和词》，凡十余首，惜未得见。于是这个疑惑也一直未能解开，姑且就认为退老是以“田”通“甜”吧。这份牵强附会，也只能留待日后求教于方家了。

退老曾写过一篇《我的书缘》。如今回想起来，“初识”退老，也是因了我的书缘。大学时期养成的淘书癖一直延续至今。十年前初客南京——如今被誉为“世界文学之都”，更是如鱼得水、乐此不疲。汉口路汉口西路一带，高校林立，大大小小的旧书店散落其间。我的淘书的路线一般始于“唯楚”，止于“乐匋”。这家颇有些名气的“乐匋书社”，其店招即为退老手书，落款“九三老人，周退密”。四字楷书初看平平，后来越看越觉有味，以至于每回进出书店大门，都会向它行个注目礼。

“再识”退老已是二○一五年。董宁文先生的《开卷书坊》做到了第四辑，其中有退老的一册《退密文存》。熟悉的精装小开本，依旧素雅迷人。书不厚，拿到手后是一口气读完的，自此对退老这位文史大家的生平有了初步的了解。许是自己也是学外语的缘故，对退老书中记载的向施蛰存先生请教翻译的那一段印象尤为深刻：

> 解放初期，我有不少空闲时间，曾尝试学习翻译小说，以便加深对外文的理解能力，同时也想借此锻炼自己的语文笔头，曾以译稿请他笔削。后来他把我的译稿改了一页，作为示范。当时他还告诫我说，译文要离开原文愈远愈好。这对译事来说，肯定是一个不二法门。

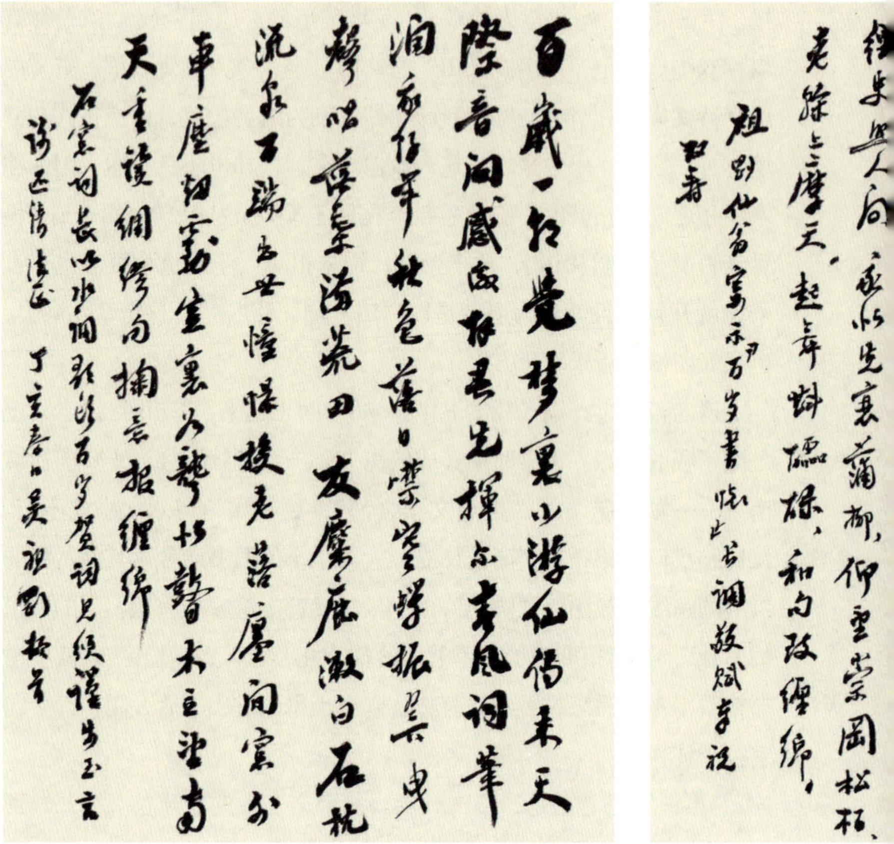

周退密 2007 年致王瑜孙信札（陈坚藏）

可惜最终没能见到退老的译作面世。以退老的中外文功底和见识学养，只需稍稍致力于此，国内定又多了一名伟大的文学翻译家。只是但凡自己能文的，多不为译，想来也是极自然的事情，因为翻译毕竟是“带着镣铐跳舞”，远不如自己创作自在。退老深爱更深谙中国传统文化，学法语更多地也是为了获取第一手资料，兼容并蓄，多渠道地滋养书法艺术和诗词文学创作。他说，“我的大哥对我讲，你现在只有一只眼睛，一个人应该有两只眼睛，只认识中文，不认识外文，就不行。所以我读了法语。学法语可以看看外面的世界，长知识多了

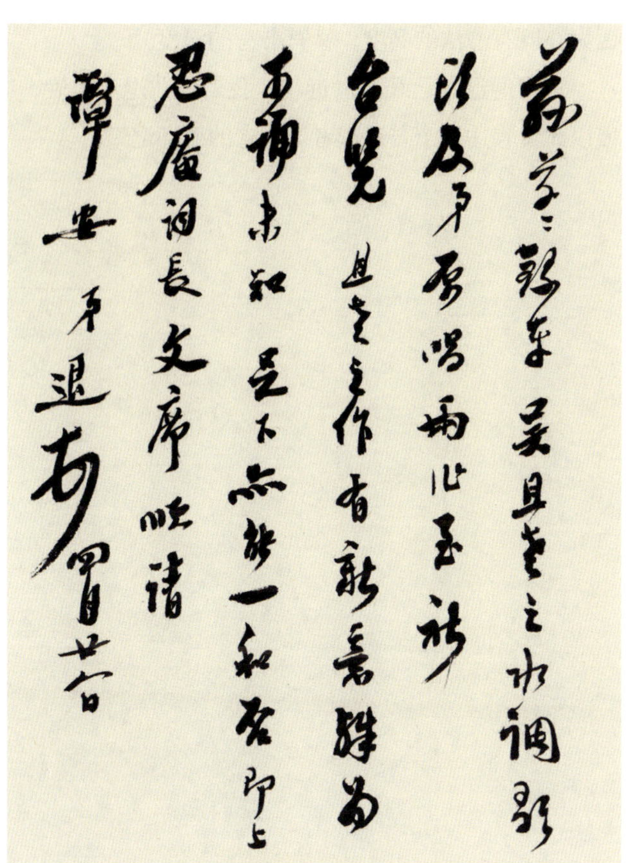

一只眼睛。”多么朴素而又深刻的外语学习初衷！另外我想，这跟退老热衷原拓碑帖也是一个道理吧。

再后来便开始留心收集退老的其他著作，三卷本的《周退密诗文集》、物外社的《立雪》和《周退密先生题签集》，陆陆续续还有一些自印本。尤其在展读《立雪》和《周退密先生题签集》之余，爱屋及乌，也萌生了寻求退老墨宝的想法。念念不忘，必有回响，于是便有了前文所述的那次收藏经历。手札之后我还有幸入藏退老的一副隶书对联，时不时会拿出来挂挂，但把玩更多、更心仪的，还是这件手札。

因为它既有书法的高度，又有书写的温度。

转眼间退老已经离世近年。我“识”退老也晚，终归缘铿一面，谨以此文表达一个普通读者对退老的缅怀之情。

周退老的最后三本书

沈　迦

周退老 7 月 16 日凌晨驾鹤仙游，其女孙周京女史次日发出一长文《他是这样走完一生的……》，罗列了祖父一生的著述，从 1988 年油印的第一本诗集《芳草集》开始，到今年春天印行的家族文献汇编《宁波湖西周家》，共计二十八种。最后三种：《立雪：宽斋藏周退密诗翰》《周退密先生题签集》及《宁波湖西周家》，都是“物外社”出品，我有幸经手。

余生也晚，虽早闻退老大名，也读过他的书、买过他的字，但一直无缘拜识，直到 2012 年秋，经海上名宿徐定戡先生哲嗣徐家祯老师的引荐，才有幸踏足老人晚年所居的安亭草阁。当时退老已近百岁，虽杜户封笔，但依然耳聪目明，聊起往事，记忆清晰。

十余年前，一偶然的机会淘到海上老辈画家沈迈士的一批旧藏，有书画、有诗札，其中最大宗的是退老写于上世纪七八十年代的一批诗稿，计四十一通四十七页，相当部分未收录于 2011 年黄山书社出版的《周退密诗文集》。沈迈士是退老 1932 年就读震旦大学预科时的老师，从此立雪程门，“谈画论诗五十年”。

2012 年与老人认识后，我陆续带这批书画、诗札给他看。老人见到自己早年的诗作颇感慨，他说沈迈士晚年住复兴中路五百五十三弄一号，他当时则住三十一号，两人是一条弄堂里的邻居。这些唱和的诗稿就是那时送来送去的作品，“他住一号，巷口，我每天总要经过的，送上楼，或投在他家信箱里，有时也叫保姆送过去。他也经常自己送过來，他家不是总有保姆，晚年经济不好就没叫保姆了。”这些早年诗作退老自己没保存，没想到历经劫难的老师却将它留存起来。

我近年客居海外，回国机会不多，但每次回沪都去看望老人。清晰记得安亭草阁临窗的方桌前，上海早晨的阳光斑斑驳驳地洒进来，我与老人对坐，听他说那些陈年旧事。他经常说起沈迈士，还几次问我沈家后人情况。因了同姓，他相当长一段时间都误以为我与他的老师有亲戚关系。老人对老师感念甚多，特别对其在“文革”中的遭遇，屡有唏嘘。他说沈迈士是世家子弟，祖父沈秉成官至两江总督，父亲沈瑞琳、母亲龚韵珊均擅丹青。民国后期因有亲戚在警备司令部当官，于是被介绍过去做了个文职人员。因在警备司令部，于是拍了张戎装照,身上还佩了把刀。同时那亲戚还将一把收缴的日本军刀送他。“文革”期间，沈迈士被打成“反动学术权威”，抄家时戎装照、军刀悉被抄出。于是斗他的人要他打扮成照片里的样子，跪在门槛上接受批斗。当时他已是古稀之年，弄得很惨。我问，这段经历您是听说的还是老师对你说的？“亲！眼！目！睹！”平日一直柔声细语的百岁老人把这四个字说得铿锵有力。

2016 年年初的一次见面，不知怎的又说起沈迈士及这批旧藏。我提出把诗稿整理出来,印本小书的想法。“既可让人欣赏到您的诗词、书法，又可增加人们对沈迈士先生的了解。”老人说：“谢谢你！”随后又补充了一句：“我的东西没意思，不值得收藏。我是三脚猫，不会抓老鼠的。”

获老人首肯，我即开始编辑、笺释，半年后，将初稿彩色打印一册送呈审阅。老人花了几天时间通读全书，改出七八处差错，有的地方还加了注，以让我看得明白。递校稿给我时，他又说自己这些不成样子的东西，劳我如此费心费力，还打印得这么漂亮，要谢谢我。与老人交往多年，他每次说起自己的作品，不论是诗词还是书法，都很谦虚。

记得那天我们对坐在窗前的方桌上还商量了书名，我原题《宽斋存周退密诗翰》，他改“存”为“藏”。我又问书名请谁题签好？本来老人亲自题写是首选，但他说自己手已抖，写不成字了。他还笑说你自己写最好，现在前辈、平辈都没有了。

因居海外，这本书的编排多有拖沓，直至 2017 年秋才最后定稿，并交方兄韶毅主持的“物外社”印行。方兄在出版界游走多年，自己又是版本迷，他建议此书走文人雅玩性质的自印本路线，限量印制、小众流通。他请了何天健设计装帧，鼓捣出了素色布面精装小开本样式，还分黄、蓝两色版本，真是既雅致又高冷。

这本小众读物 2018 年初印行后受到爱书者的追捧。退老远在澳洲的孙女周京见书后也给予赞扬，说这是“以爷爷名义面世的书里最漂亮的一本”。

对做书的人来说，有读者喜爱是最大的鼓励，于是萌发继续做点什么的念头。周退老擅书法，近几十年来为书刊题签甚多，编本《周退密先生题签集》很自然成为新的念想。2018 年临近春节前的一个上午，我把这想法透露给老人，他颔首、微笑，并说“我们应是前生有缘了”。一百多岁的老人说与我“前生有缘”，一时有受宠若惊之感。我虽数学不好，但脑子里还是飞快地心算了下——他生于民国初年，前生应在嘉庆道光年间，那时我又在干嘛？

那天因提议出题签集，我特意带去一本中华书局新版的《启功先生题签集》，精装小开本，厚厚一册，很精美。退老捧读在手时直说启老字好，并夸书做得漂亮。我说您的字一样好，我会努力把您这本题签集也做得漂漂亮亮！

当时我问师母，退老写过的题签到底有多少？有清单吗？师母闻之笑，说写是写了很多，但家里什么也没有。老人性情淡泊，平日随题随赠，不要说没有留底稿，连样书都没保存。

好在生逢网络时代，我于是在自己的微信公众号“遇见阿雅”上发起征集。2018 年 11 月 13 日刊出第一批几十种题签封面后，反响比预期热烈，不少人留言，提供图片或线索。后来我这小公号堪称周退老情报中心，各种题签纷至沓来。到 2019 年 6 月，已收集到一百四十二种，应该差不多了。

《立雪：宽斋藏周退密诗翰》

编辑这百多种题签时，我发现最早的书于 1978 年，为沈祖棻的《涉江诗稿》所题，最晚的书于 2018 年，为《郑逸梅遗印集》所题。前后跨度竟然正好四十年，完整覆盖改革开放的四十年。这看似偶然，其实有必然。在该书的《编者小语》中，我这样写道：“如果没有改革开放，就不会有周老这批传统文化老人的复出；如果没有改革开放，就不会有因改革开放而成长起来的一批喜爱、保存并力图弘扬传统文化的人。当然，也只有继续改革开放，中国文化才会在未来显出更大的魅力与价值。”写这段话时，我是想起沈迈士的遭遇的。书印行后，有人认为我把风花雪月的书法题签与改革开放联在一起，故作高调。但陈子善老师读书后却在微博上称赞我这句话“真是深得我心”。

《立雪》已“立”在前，《周退密先生题签集》自然由方兄继续担任策划人，设计也由何天健兄操刀，他采取《立雪》的小开本，但改直式为横式，两书既成系列又显区别。装帧很成功，发行也很成功，五百册除少量留赠作者、编者外几乎秒空。现在孔夫子旧书网上，有人标价三千元，出乎意料。

《题签集》印行前后，周京也通过我联系物外社，请为她参与主编的《宁波湖西周家》做设计。这是周氏家族文献汇编，其中有不少退老回忆先人、旧居、故乡的文章。

《周退密先生题签集》

《宁波湖西周家》

《宁波湖西周家》只印两百册，不对外发售，但物外社待之如正规大书，装帧、印制都极讲究。书稿编排几经周折，最后清样并下厂已是 2020 年 1 月，农历年关不远。方兄亲自到厂督战，终赶在印刷工人年假前将书印出，并赶装了六十本，于 17 日交付快递。老人收到书后赞精美，还分别给我们这三个经办人各题赠一册作纪念。周京发来她爷爷题签时的视频，一百零七岁的老人已显吃力地在扉页上写字。三本书的题字，老人分了两天才完成。当时我人在广州，答应春节后返沪即登门取书并致谢。不料 1 月 23 日武汉封城，荆楚疫起并蔓延全球，随后我也仓惶去国。更没想到的是老人前天突然下世，意外常比计划先来。

人间太乱，老人退而仙游了。明天是追悼会，无法回沪送别，昨斟酌了一日，撰写了副挽联，嵌入“题签”、“立雪”、“物外”几字，记我们与老人的一段文字因缘，在他漫长人生的最后岁月，我们有幸参与了他最后三本书的编印工作。挽联由方兄亲笔手书，长逾八尺，以我们仨的名义，敬献在老人灵右：

题签百叶、题诗千叶、题书万叶，物寄怜文字，清和幽远江湖上；

立雪程门、立行苏门、立德孔门，外游啸云烟，散澹隐沦天地间。

2020 年 7 月 18 日于温哥华

（原刊《文化交流》2020 年第 8 期）

翰墨真能结胜缘

方韶毅

二〇二〇年七月十六日，我在董宁文兄的朋友圈看到，周退密先生零点十二分去世，享年一百零七。虽然周退老高寿而逝，但多多少少让人觉得遗憾，本来我们还想给周退老做茶寿礼呢。追悼会上，沈迦兄、何天健兄和我一起送了副挽联："题签百叶、题诗千叶、题书万叶，物寄怜文字，清和幽远江湖上；立雪程门、立行苏门、立德孔门，外游啸云烟，散澹隐沦天地间。"这副对联是沈兄所撰，因他当时在加拿大，由我代为书写。此联嵌入"题签""立雪""物外"，记录了我们三人为周退老做书的一段因缘。

沈兄因为多年前淘到批周退老写给他老师沈迈士先生的诗稿，二〇一七年秋找我商量整理出版的事。周退老写的是旧体诗，如今出版社考虑市场效益，一般不大愿意出版，那么只有做自印本。近年随着社交媒体的发达，民间小众出版有了新的空间。周退老这批书稿大多没有收入黄山书社出版的《周退密诗文集》，具有相当的文献性。退老的书法精妙，沈兄认为当今文人书法以饶宗颐、周退密、章汝奭为最佳。也就是说，这批诗稿文献性与艺术性兼具。所以，我们觉得可尝试这种出版模式。

二〇一八年一月初，沈兄编注的《立雪：宽斋藏周退密诗翰》交稿后，我请何天健兄进行装帧设计。天健兄精于平面设计，对书籍装帧颇有心得，近年来我与他合作做书甚是愉快。当时，我们见到了几种日本印制的书法集，开本小巧，编排舒朗，决定借鉴他们的样式。最后定下做成二十四开本，布面精装，印五百册，设计成三种款式：特制本，蓝色布面，钤周退老章，并由沈迦兄签名盖章。印前，沈兄送大样到周老府上，退老亲自审定书稿，当时他已一百零五岁，手抖不能签字了，于是找出一方小印，盖了一百页。另一种叫签名本，也是蓝色布面，但只有沈迦兄签名钤章。余下的称为精装本，棕色布面。

二月底，书印成。三月二日八点，《立雪》通过物外社微信公众号正式亮相，上市的三百册想不到两三天就销售一空。其中三月五日晚由布衣书局发售的签名本，一小时售空。

《立雪》出版后，得到了爱书人的认可。退老远在澳洲的孙女周京说，这是以他爷爷名义面世的书里最漂亮的一本。书界收藏大家韦力先生在他公号发文推荐："翻看这本自印之书，能够看得出沈迦为该书的出版用了不少心思。"退老朋友徐定戡的儿子徐家祯先生也通过沈兄来找我们，想把他父亲的诗稿自印成书，不过后来因种种原因没有谈成合作。

我们小众的尝试受到读者的喜爱，很受鼓舞，于是打算趁热打铁编一本《周退密先生题签集》，沈兄在他的微信公众号广发英雄帖，征集相关线索。我也马上从当当网订购了中华书局新出的《启功先生题签集》、陕西美术出版社版《小题大做——于右任题签书法欣赏》作为参考。经过一年多的准备，沈兄于二〇一九年五月交来书稿，总共收集了一百四十来种题签，我和天健兄决定还是按《立雪》的开本来设计，以形成系列。初稿排成后，正好我和沈兄都要参加上海华东师范大学举办的浙南研究工作坊活动，就约好会后带上大样一起去拜访周退老。

二〇一九年六月二十四日上午八点多，我们一起到安亭路四十四弄拜访周退老。周老精神尚好，拿起《题签集》大样，翻了许久。周夫人九十四岁了，很精明，在边上说哪些求字者还有联系。那天，退老还用钢笔在我们准备的扉页上签名几张。

做书是件琐碎的事，幸好我们还有兴趣。后来我和天健兄数次调整版式，校对文字，不厌其烦。直到八月中旬，《周退密先生题签集》才付梓。还是印五百册，分为三种款式：一是普通精装本，棕色布面；

二为典藏精装本，有十册是周退老钢笔签名本，其余是钤周退老印及沈兄毛笔签名钤章；三乃典藏精装本毛边本，钤周退老印及沈兄毛笔签名钤章。我们把十本退老签名本编号放在孔夫子旧书网拍卖，以让更多的爱书者有机会得到百岁老人珍贵的签名。

我们为退老做的第三本是《宁波湖西周家》。周京女士非常认可我们做的《立雪》《题签集》，于是委托我们编印这部周家家史。早在上世纪八十年代初，周退老就开始准备这部书稿，起草了《宁波湖西周家》《宁波周氏的住房》《我的外婆家》等文章，后来又发动家族人员搜集整理相关资料，撰写回忆文章。退老年纪大了后，他的孙女具体操办此事。二〇一九年十月，书稿基本完整。应该说，《宁波湖西周家》资料详实，有极高的文献价值。我们接手此书后，选择了三十二开开本，设计了相对简洁的版式，注重插图、注解等细节，大红布封面，书名烫金，外套专色印有周家老房子图案的白底护封，典雅文气。我们为退老做的三本书，我最喜欢这本书，无论内容、装帧还是印制，都是最佳的一本。拿在手上，感觉很好。可惜这本书是真正的自印本，只印两百本，限家族内传阅。书印成后，周退老给我们仨分别送了签名本，据他家人转告，签这三册书，老人颤抖的手写了两天，真令人感动。这应该是退老最后的签名本了，弥足珍贵。

记得二〇一一年的时候，我从陈纬兄那里看到退老给他题写的斋名，觉得人书俱老，也想拥有一件。陈兄给了我退老的地址，让我直接联系，并说只要老人家愿意是不收润资的，但也提醒我退老因年迈已“金盆洗手”，可能不再为人题字了。我很冒昧地给退老写了求字信，夹在一本新出版的《瓯风》里面，果然“石沉大海”。前不久我看到鄞县图书馆提供的周退密捐赠图书目录，发现有《瓯风》，不知是否就是我寄去的那本。反正自此之后，我从未想过会有什么机会能与退老有交集。在周退老人生的最后几年里，我居然参与做了三本他的书，而且还当面向他请益，真是有幸。

在编印《立雪》《题签集》的几年中，我更加喜爱上了退老的书法，并有缘得到几件墨宝珍藏，尤值一提的是他送给丁景唐老先生的诗页。我曾写过一篇关于朱维之的文章，刊于《文汇读书周报》，丁老见之特意向编辑部问来电话与我联系。说朱维之是他的老师，对他提携帮助很大。我向丁老约稿写朱维之，渐渐有了往来。我在上海中华书局工作时，曾到华东医院拜访丁老，他送我新书和照片，介绍我认识同在华东医院的乡前辈黄宗英女士。丁老生于一九二〇年，比周退老小六岁。他们是宁波同乡。周退老与宋路霞合著《上海近代藏书纪事诗》，收录年龄最小的藏书家即丁景唐。赞曰："出版界中久策勋，藏书曾不废耕耘。网罗文献老弥笃，赤帜真能张一军。"而我收藏的这张诗页正可以见证他们的诗书因缘："翰墨真能结胜缘，白头相见浦江边。谈来往事都如梦，话到藏书半化烟。物产丰饶推上海，风光淡沲属湖船。何时共泛归槎去，威远城高壮甬川。癸酉岁暮喜景唐先生枉过谈艺，即请吟正，退密。"癸酉即一九九三年，是《上海近代藏书纪事诗》出版那年。二〇一七年十二月十一日，丁老以九十七高龄去世。我与两位老人都有一面之缘，又能收藏到见证两位老人交谊的墨宝，而其中一句"翰墨真能结胜缘"也可说明我们为周退老做书的因缘，这不能不说最有纪念意义了。

二〇二一年四月十六日改定

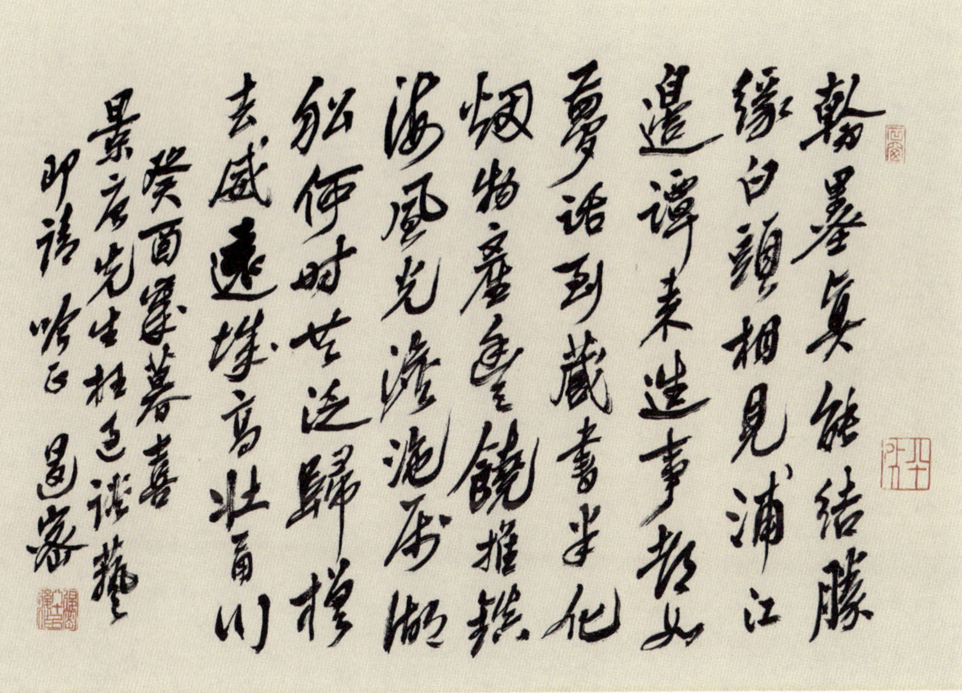

周退密 1993 年致丁景唐诗页（半亩方堂藏）

附录

周退密先生年谱简编

谱主周退密（1914-2020），原名昌枢，字季衡，号石窗。曾用笔名：矶痕、半盦、粟藏、周季子、退密、石窗、退翁、安亭亭长、红豆宧主等。斋名：湖西老屋、四明石室、杲堂、平安馆、忍冬华馆、抱砚庐、退密楼、红豆宧、安亭草阁等。

1914 年（民国三年，甲寅）一岁

9 月 2 日出生于浙江宁波城内月湖西畔虹桥下周氏故居。

父周扬孙（1879—1947），字慎甫，号絜非，浙江鄞县（今宁波市）人，世家子，商人，儒医。时年三十六岁。母王氏（1885—1938），时年三十岁。

1919 年（民国八年，己未）六岁

入读浙江省第四中学附属小学。

1922 年（民国十一年，壬戌）九岁

四中附小四年级，师从胡丕光先生读古文。

1924 年（民国十三年，甲子）十一岁

1 月 29 日，胞妹周昌芷出生。

父亲接盘汉口中药店保和堂为业。

是年，江浙战事波及宁波，母亲带家小避难上海。

1926 年（民国十五年，丙寅）十三岁

毕业于浙江省第四中学附属小学，时值北伐军占领宁波，省四中停办，无法升学，遂转入前清廪贡生黄际云（次会）先生主持的清芬馆肄业，诵读四书及诗古文辞，开始古体诗写作。

师从陈宗钊（字里仁，号种蕉道人）先生，初习篆刻。

1927 年（民国十六年，丁卯）十四岁

父亲退休回甬，二哥周昌铭辞去福建差事，前往汉口接手经营保和堂。

1930 年（民国十九年，庚午）十七岁

清芬馆肄业，转往前清秀才孙仲闿先生处继续攻读古文。

1931 年（民国二十年，辛未）十八岁

春，考入上海中医专门学校，仅读一学期，未卒业，改从名医陈君诒（字颐寿，为前清拔贡）并行医。

1932 年（民国二十一年，壬申）十九岁

入读上海震旦大学预科，重新开始接受现代教育。

是年认识在震旦大学执教的沈迈士先生，承其指导，“多所唱和，艺始有进”。

1934 年（民国二十三年，甲戌）二十一岁

于报刊读到周作人五十自寿打油诗，和作一首投寄《人间世》，未见发表。

1935 年（民国二十四年，乙亥）二十二岁

与陈君诒四女陈文菊女士喜结连理。

1936 年（民国二十五年，丙子）二十三岁

3 月 21 日，陈文菊在宁波诞下一子，取名周元（盛），字玄同。

二哥周昌铭在汉口法租界创办周同德堂药店。

1937 年（民国二十六年，丁丑）二十四岁

6 月，以震旦大学大一学生身份赴华漕镇参加上海市第三届大专学生集中军事训练（简称“沪三集”），翌月“七七事变”起，军训提早结束。8 月 13 日沪淞会战爆发，16 日日机轰炸宁波栎社机场，全家避居南乡樟村。即申请休学一学期，下半年在樟村陪伴父母。

11 月 12 日，上海沦陷，成为孤岛。

1938 年（民国二十七年，戊寅）二十五岁

夏，由宁波只身返沪，回震旦大学法学院继续因战事中断一学期的学业。

9 月，母亲在宁波去世，享年五十三岁。

10 月，汉口沦陷，保和堂华清街分店被敌机炸毁，民生路总店和江汉路分店被迫关闭。

是年夏，从伯父周湘云六十寿辰，随父登门拜寿。

1939 年（民国二十八年，己卯）二十六岁

正月初一，到从伯父周湘云家拜年，得赏王铎题签宋王淮藏本《淳化阁帖》第六、七、八卷，归来后撰写《宝米室观古物记》。

1940 年（民国二十九年，庚辰）二十七岁

夏，震旦大学法律系毕业，获法学士学位。当时上海为孤岛，原拟赴法深造计划落空，遂于 9 月入震旦大学法律学研究所一年级攻读法学博士学位，师从法学院院长彭廉石（Andre Bonnichon）。同时在高中部任外国史教师。

冬，获取重庆国民政府司法行政部律师甄别证书和律师证书，并加入上海律师公会。

1941 年（民国三十年，辛巳）二十八岁

继续在震旦大学法律学研究所攻读博士学位，撰有法语论文《民法上的抚养义务及其在刑法上的制裁》《限定继承法》。

4 月，宁波沦陷。

12 月，太平洋战争爆发，日军进入上海公共租界。

1942 年（民国三十一年，壬午）二十九岁

受震旦大学校长胡文耀聘请，出任萨坡赛小学教务主任。

1943 年（民国三十二年，癸未）三十岁

7 月，上海法租界收回，8 月，上海公共租界收回。

下半年，从萨坡赛小学辞职，到中法私立法商学院（原法政学院）担任法学教授。同时入职中国通用化学公司，后兼永泰银行工作。全家搬到辣斐德路（今复兴中路）辣斐坊一号三楼，楼下所住正是沈迈士先生。

1945 年（民国三十四年，乙酉）三十二岁

9 月，抗战胜利。

年底，辞去中法私立法商学院、中国通用化学公司两处工作，与上海知名律师费席珍合作，在其飞龙大楼律师事务所挂牌，开始执业律师生涯。

1946 年（民国三十五年，丙戌）三十三岁

是年，沈尹默先生重返上海，曾陪同沈迈士先生去其溧阳路寓所拜访。

1947年（民国三十六年，丁亥）三十四岁

父亲周扬孙去世，享年六十八岁。

是年有苏州灵严山行，并调寄《八声甘州》，为填词之始。

1948年（民国三十七年，戊子）三十五岁

秋，受胡敦复先生聘请出任大同大学副教授，教大一国文。

1949年（民国三十八年，己丑）三十六岁

5月，上海、宁波陆续解放。

9月，施蛰存先生出任大同大学文学系主任，从此结识。

1950年（庚寅）三十七岁

5月，加入上海教育工会。

1952年（壬辰）三十九岁

10月，全国高等院校院系调整，大同大学撤校停办，文学院并入华东师范大学。

离开大同大学后，在一商业机构工作。

冬，与家人游杭州，在葛荫山庄邂逅马一浮先生。

1956年（丙申）四十三岁

6月，哈尔滨外国语专科学校更名哈尔滨外国语学院，由原单一的俄语教学向多语种发展。9月学校赴华东招聘英、德、法语教师，先生被聘为法语教师，12月1日离沪，3日晚抵达哈尔滨。

是年，汉口周同德堂参加公私合营。

1957年（丁酉）四十四岁

2月，哈尔滨外国语学院西语系正式成立。

4 月，中共中央发出《关于整风运动的指示》，哈尔滨外国语学院号召全校人员积极参加运动，10 月运动进入反右派斗争阶段，并有所扩大化。

1958 年（戊戌）四十五岁

8 月，哈尔滨外国语学院扩建并更名为黑龙江大学，由一所外语类专门学校向综合性大学发展。

1963 年（癸卯）五十岁

暑假返沪省亲。

1964 年（甲辰）五十一岁

2 月，施蛰存赠诗《周退密夫妇五十齐眉祝之以诗》。

5 月，从黑龙江大学奉调至上海外国语学院，秋季开始在新创办的留学生出国预备部工作。

12 月 12 日，孙女周（懋）京在上海瑞金医院出生。

1966 年（丙午）五十三岁

夏，“文化大革命”风暴席卷上海外国语学院。

1968 年（戊申）五十五岁

9 月 14 日，孙子周（懋）越在北京出生。

秋，下乡赴宝山月浦劳动。

1970 年（庚戌）五十七岁

4 月，上海市革命委员会决定从“清理敌伪档案领导小组”中挑选五十五人成立《法汉词典》编写组，王道乾为负责人，交上海外国语学院主持。7 月，《法汉词典》编写组在上海西江湾路 574 号上海外国语学院“钧儒楼”成立。

夏，下乡劳动八月后，由月浦返回上海。

1972 年（壬子）五十九岁

2 月，尼克松访问中国。

暂调至《法汉词典》编写组，参与编写工作。

1973 年（癸丑）六十岁

12 月，施蛰存招饮于北山楼寓所，初识朱大可。

1974 年（甲寅）六十一岁

9 月，施蛰存为先生旧藏《唐太宗屏风帖》题写跋语。

是年有《甲寅杂诗》十六首，编入《蔓草集》。

1975 年（乙卯）六十二岁

秋，于施蛰存北山楼初识郑逸梅。

1976 年（丙辰）六十三岁

4 月，李白凤帮助施蛰存刻写《金石百咏》，先生撰写序言。

9 月，为柳北野《芥藏楼诗》撰写序言。

10 月，举国庆祝粉碎“四人帮”。

1977 年（丁巳）六十四岁

冬，郑逸梅为《石窗词》撰序。

1978 年（戊午）六十五岁

10 月，《法汉词典》定稿，正式交付上海译文出版社。

为沈祖棻《涉江诗稿》题签。

是年，去北京游玩约十天。

1979 年（己未）六十六岁

3 月，《法汉词典》工作结束，调回上海外国语学院留学生出国预备部。

暑假后被借至上海第二医学院，给医师和教师上法语课。

10 月，《法汉词典》由上海译文出版社出版。

1980 年（庚申）六十七岁

春，丰陈宝赠送胡均治编印《子恺先生诗词集》（初稿）油印本，嘱为校阅。即审读一过，并订正体例。

4 月，儿子周元全家移居香港。

暑假后到上外新成立的外国语言文学研究所工作，和王坚良合写论文《比较文学——根据法国百科全书 Encyclopaedia Universalis 词条编译》，刊于《外国语》1981 年第 3 期。

12 月，陪同日本帝京大学永保秋光教授夫妇、樱田芳树先生游宁波，后去绍兴。

1981 年（辛酉）六十八岁

春，经施蛰存绍介，谒陈声聪（兼与）于其茂名南路兼于阁寓所。后作《论书绝句》六十首，陈氏有和作，合编为《墨池新咏》，自印刊行。

4 月 10-15 日，永保秋光教授书法作品展在上海美术展览馆举行，上海外国语学院主办，周退密六件作品同时展出。

冬，于上海外国语学院退休。

1982 年（壬戌）六十九岁

与徐行恭、陈声聪、徐润周等唱和诗结集为《夙诺集》，自印刊行。

《四明今墨咏》自印刊行。

1983 年（癸亥）七十岁

2 月，为《于喁小唱》撰写序言，此为先生与徐定戡唱和诗集，后自印刊行。

4 月，包谦六为《杲堂书跋》撰写弁言。

9 月 6 日，夫人陈文菊不幸因车祸去世。

12 月 7-9 日，应柳北野之邀，赴镇江参加江南诗词学会成立大会，当选为理事。

1984 年（甲子）七十一岁

春，撰《落花辞》二十九首，悼念亡妻。

4 月 28 日，随半江诗社同仁拜谒苏局仙，苏翁时年一百零三岁，互有酬答。11 月 14-16 日，赴湖州参加沈迈士诗书画展。

12 月，调寄《浣溪沙·北山前辈八十》，并小楷恭录祝贺施蛰存八十大寿。

是年，《法汉词典》荣获上海高校哲学社会科学著作三等奖。

1985 年（乙丑）七十二岁

3 月，为《和陶九日闲居诗》撰写跋尾，此为先生与徐行恭、陈声聪、陈九思、陈琴趣、徐定戡等唱和诗集，后由古杭徐氏依然静好楼刊行。

夏，为沈轶刘《繁霜榭诗词集》题签。

是年，应儿子全家邀请去香港观光。

1986 年（丙寅）七十三岁

6 月 18-20 日，杭州行。

秋，赴上海宛平路拜访王蘧常先生。

秋，陈声聪、郑逸梅联名推荐先生入上海文史研究馆。

冬，撰《丙寅岁末怀人诗》四十首。

是年,《法汉词典》荣获上海市哲学社会科学优秀成果著作奖。

1987 年（丁卯）七十四岁

正月，撰《丁卯岁首怀人诗》四十首。

秋，为苏州耦园“储香馆”补题匾额。

为柳北野题写墓碑。

1988 年（戊辰）七十五岁

年初，与施蓓芳女士再结连理。

2 月，为《芳草集》撰写自跋，此为 1987 年诗作结集。

5 月 21-26 日，重游宁波，有《宁波游草》十七首。

7 月，应时任上海市市长朱镕基之聘，任上海文史研究馆馆员。

苏州重修耦园，应邀撰写《重修耦园记》。

是年起，义务担任瑞金街道书法班及卢湾老年大学书法教师。

1989 年（己巳）七十六岁

1 月，为徐定戡《七言律髓》撰写序言。

5 月 3 日，随上海文史馆春潮诗社赴绍兴活动，有《绍兴行脚》十四首。

1990 年（庚午）七十七岁

3 月，为《春酒词》撰写自序，此为 1988-1989 年词作结集。

4 月 28 日，与富寿荪同赴浦东高桥拜访沈轶刘。

5 月，包谦六为《春酒词》撰写序言。

7 月，为徐定戡《庚午销夏词钞》撰写序言。

冬，撰《庚午岁暮怀人诗》五十首。

为嘉兴南北湖云岫庵大殿书联，陈九思撰句："佛法无边，化被东西一脉；山光不老，翠浮南北双湖。"

1991 年（辛未）七十八岁

1 月，撰《庚午岁暮怀人诗》五十首。

3 月，第二次向宁波大学图书馆捐赠藏书，计线装古籍 15 种 37 册、正式出版物 37 种 47 册，还有自印著作等，共计 129 种 168 册。

4 月，作《菩萨蛮》十四首。

秋，徐定戡为《浅草词》撰写序言。

11 月 10 日，赴嘉定浏河观光。

是年，上海文史研究馆馆员陈逸庵、刘子善、彭古丁将先生与陈钟浩近年唱和诗词七十三首编为《陈周唱和集》，油印刊行。

1992 年（壬申）七十九岁

正月，为孔凡章《回舟续集》题签。

2 月 25 日，宁波大学图书馆派专人赴沪接受先生第三批赠书，共 100 种 217 册，其中线装古藉 20 种 87 册、手抄本 10 册。

3 月 3 日，迁居安亭路。

4 月 24 日，偕同高式熊、刘惜闇赴宁波参加沙孟海书学院成立典礼。书赠"千秋墨妙"条幅。

1993 年（癸酉）八十岁

春，为王蛰堪"半梦庐"题写斋额。

4 月，《上海近代藏书纪事诗》（与宋路霞合著）由华东师范大学出版社出版。

10 月 23 日，上海文史馆于重阳节举行集体祝寿活动，先生喜迎八十大寿。

是年有南京、扬州行。

1994年（甲戌）八十一岁

5月，为施蛰存代书“上海浦南烈士陵园”匾额。

6月8-13日，与孙子周越同游故乡宁波。是年秋，周越赴美国斯坦福大学攻读文化人类学博士课程。

秋，为朱子鹤《春来阁题画绝句》题签。

1995年（乙亥）八十二岁

1月，撰《甲戌岁暮怀人诗》六十首。

4月，为《梦余词》撰写自序，此为1992-1994年词作结集，自印刊行。

12月，撰《和观堂长短句》二十三首。

1996年（丙子）八十三岁

4月，为刘梦芙《啸云楼诗词丛稿》撰写序言。

5月26-31日，游曲阜，登泰山。

夏，为苏州拙政园芙蓉榭书联，王瑜孙撰句：“绿香红舞贴水芙蕖增美景，月缕云裁名园阑榭见新姿。”

1997年（丁丑）八十四岁

6月，为《陆维钊诗词选》撰序。

夏，撰《丁丑消夏杂咏》十首，后再续十首。

12月，贾光义为先生绘《石窗夜坐图》，王蛰堪题书《子夜歌》两首。

1998年（戊寅）八十五岁

5月，为《退密楼五七言绝句》（八卷本）撰写后记。

10月29日至11月12日，因胆囊炎住徐汇中心医院。

1999 年（己卯）八十六岁

1 月,为《安亭草阁词》撰写自序。此为 1992-1998 年词作结集，分八卷，收词二百数十首。

夏，为施蛰存《北山谈艺录》题签，此书年底由文汇出版社出版。

2000 年（庚辰）八十七岁

2 月，为周越然《言言斋古籍丛书》撰写序言，此书次年由辽宁教育出版社出版。

夏，为施蛰存《北山谈艺录续编》题签，此书 2001 年由文汇出版社出版。

10 月，撰写《文史馆感旧录》，后收入《退密杂著》。

所藏《旧拓唐太宗屏风帖》由上海书画出版社出版，《退密文稿》自印刊行。

2001 年（辛巳）八十八岁

为张炳勋“怀馨阁”题写斋额。

《红豆词唱和集》自印刊行。

2002 年（壬午）八十九岁

1 月，为《安亭草阁词》（十卷本）撰写自序。

3 月，为《退密楼五七言绝句续编》撰写自序。此后，自作诗词编为《退密诗历》，不再分类抄录。

3 月，为吴湖帆《佞宋词痕》撰写序言。

6 月，为《捻须集》撰写自序，此集收近十年五言律诗一百六十首。

6 月，为陈巨锁“文隐书屋”“隐堂”题写斋额。

10 月 11-21 日，住院。

2003年（癸未）九十岁

5月8日，三哥周诒新去世，享年九十四岁。

5月，因胆囊炎入院三周。6月2日夜急诊再入院，6月18日手术摘除胆囊，7月17日出院。

10月，撰写《施蛰存百岁寿言》，参加华师大举办的施蛰存百岁华诞祝寿会。11月19日，施蛰存去世。

12月，编定《退密诗历》，撰写《缘起》。此为2002年1月至2004年5月诗词结集。

2004年（甲申）九十一岁

4月6日，胡邦彦去世，撰挽联："蓄道德能文章忠言谠论当仁不让世罕其俦于古无惭称国士，爱朋友重然诺春风化雨奉君为师别才数日而今何处觅先生。"

6月22日，端午节，随文史馆同仁出游嘉兴。

《退密楼五七言绝句》《退密楼七言律诗抄》《退密词综》《退密诗历》《退密存稿》自印刊行。

2005年（乙酉）九十二岁

8月，冯其庸赋诗《海上呈周退翁》。

11月2日，赴上海图书馆参观"翰墨珍拓——上海图书馆藏善本碑帖展"。

为吴藕汀、吴小汀合著《词调名辞典》题签，此书后由上海书店出版社出版。

2006年（丙戌）九十三岁

1月8日，赴静安寺参加禅诗学会书画笔会，现场书写"唯心净土自性弥陀"八字。

春，整理父亲致林琴香太亲翁书信集，并撰写序言。

3月，为童衍方《艺苑清赏——晏方品珍》撰序，此书当年由上海书店出版社出版。

5月，为沈克成“挹西堂”题写斋额。

6月10日，由上海市文史研究馆、上海毛泽东旧居共同主办的《周退密书法集》首发式暨周退密书法作品观摩展在上海市文史馆举行。

2007年（丁亥）九十四岁

2月，上海文史研究馆馆长吴孟庆为《退密诗历续编》撰写序言。

2月，为《墨池三咏》撰写引言。

6月中旬，因痛风入住徐汇中心医院。

6月，为《退密诗历续编》撰写后记，此为2004年6月至2007年6月诗词结集。

《退密杂著》自印刊行。

2008年（戊子）九十五岁

4月25日，赴闵行古藤园观古藤。

5月，金心明绘赠《草阁填词图》，先生自咏一词，调寄《浣溪沙》，并遍征和作。

9月10日教师节，上外党委书记姜锋、校长李岩松和校党委副书记王静登门看望，表达全校师生对老人的亲切祝福。

岁暮，何满子为《退密诗历三续》撰序。

午社刊印《陈兼与致周退密翰札》。《退密楼墨海萃珍》自印刊行。

为海宁盐官海神庙大殿书联。

2009年（己丑）九十六岁

2月，为《退密诗历二续》撰写后记，此为2007年7月至2008年12月诗词结集。

夏，周栗、许宏泉合绘《退密先生九六小像》。

12月，为即将出版的《周退密诗文集》撰写后记。

《九九牧歌》自印刊行。

2010年（庚寅）九十七岁

6月7日至7月3日，徐汇中心医院住院。

夏，为海宁盐官金庸书院“丛桂轩”题写匾额。

10月6—23日，徐汇中心医院住院。

11月8日，发表《退密声明》：“退密行年九十又七，日即衰颓，多年以来，承各方友好，识与不识，屡有诿件，无不勉力为之，今以一病再病，气体不易恢复，不能再事笔墨写作。事出无奈，恳请原谅，兹特声明如下：（一）谢绝一切馈赠，包括大型书籍、画册以及土产食品等；（二）拒收事前毫不知情之邮件、包裹等物，倘遭损失，恕不负责；（三）如蒙通讯，请用平邮，切戒快递。”

12月25日，胞姐去世，享年一百岁。

为上海蔡元培故居题写“蔡元培故居陈列室”匾额。

午社刊印《徐行恭致周退密翰札》。小得斋编印《石窗翰墨》。

2011年（辛卯）九十八岁

10月28日，由海宁市文广新闻出版局、海宁市文联主办，海宁博物馆、徐邦达艺术馆承办的“学艺双携——周退密、顾易生诗书联展”，在海宁市博物馆开幕。

11月，三册本《周退密诗文集》由黄山书社出版。

11月，赋诗奉祝姚奠中先生百龄大寿。

为中华书局百年华诞题辞：“保持优良传统，弘扬学术菁英，与时俱进，日新又新。”

俟高轩编印《周退密手临瘗鹤铭》。

2012 年（壬辰）九十九岁

3 月，为海宁蒋百里纪念馆题写匾额。

6 月，向宁波天一阁捐赠 76 种 97 件珍贵书稿和文物，其中包括清代浙江首位状元史大成、甬上先贤范光阳、天一阁后人范永祺等人的墨迹。

10 月 18 日，“鉴湖影：江南书画六友展”在绍兴美术馆开幕。展出周退密、忆明珠、季彬、章耀、唐吟方、景迪云等六人书画作品。

《退密诗历四续》自印刊行。小得斋编印《珠玉冰心：周退密、徐续、张牧石墨薮》。箐磊轩主人编印《周退密致冯寿侃诗文翰札》。

为乐清中学“南怀瑾学术馆”题写匾额。

2013 年（癸巳）一百岁

1 月 24 日，天一阁博物馆在云在楼举办周退密先生书籍文物捐赠展。周京代表祖父出席捐赠仪式。

4 月，为《退密诗历五续》撰写前言。。

秋，黄勇定制“石窗填词墨”，祝先生百岁寿。

10 月，儿子周元移居澳洲与孙女团聚。

《周退密自书诗》作为《三老吟草》之一种，由中华书局出版。《周退密致陈巨锁翰札》由三晋出版社出版。《周退密致吴定中诗札》刊行。

2014 年（甲午）一百零一岁

《退密诗历六续》自印刊行。

2015 年（乙未）一百零二岁

《退密文存》由上海辞书出版社出版。

由先生题签的《龙榆生全集》由上海古籍出版社出版。

2016 年（丙申）一百零三岁

4 月，为《西泠石伽题画诗词集》撰序。

2017 年（丁酉）一百零四岁

为程千帆《闲堂诗存》题签，此书 2019 年刊行。

2018 年（戊戌）一百零五岁

1 月，《立雪：宽斋藏周退密诗翰》由物外社刊行。

9 月 22 日至 10 月 10 日，新加坡恩诚晶艺美术馆举办“畅情在游艺：近现代文人学者墨迹展”，展出饶宗颐、周退密、冯其庸、潘受、朱添寿、马双禄等人书作。

许全胜编《石窗翰墨》刊行。

2019 年（己亥）一百零六岁

5 月，上海文史研究馆于上海图书馆举办“盛世风华：上海文史研究馆馆员书画艺术作品展”，作为该馆最年长馆员，以隶书五言对联“读书破万卷，落笔超群英”参展。

8 月，《周退密先生题签集》由物外社刊行。

2020 年（庚子）一百零七岁

1 月，《宁波湖西周家》由物外社刊行。

7 月 16 日零时十二分，先生在上海去世，享年一百零七岁。7 月 18 日，宁波市委、市政府发唁电，代表家乡人民表示沉痛哀悼，并向先生亲属致以诚挚慰问。追悼会 7 月 20 日上午在龙华殡仪馆举行。

8 月 26 日至 9 月 25 日，海宁市徐邦达艺术馆举办“四明山绝奇——周退密先生墨迹展”。

11 月 24 日，由上海市文史研究馆主办的“周退密书法展”在市文史馆展厅开幕。《周退密书法集》同步刊行。

12 月 11 日二时十六分，施蓓芳女士在上海去世，享年九十五岁。

周退密先生中文著述目录

1.《墨池新咏》（与陈兼与唱和诗集，油印本，1981 年）

2.《夙诺集》（与徐行恭、陈兼与、徐润周等唱和诗集，油印本，1982 年）

3.《四明今墨咏》（油印本，1982 年）

4.《于喁小唱》（与徐定戡唱和诗集，油印本，1983 年）

5.《和陶九日闲居诗》（与徐行恭、陈兼与、徐定戡等唱和诗集，古杭徐氏依然静好楼刊行，自印本，1985 年）

6.《芳草集》（油印本，1988 年）

7.《陈周唱和集》（与陈钟浩唱和诗词集，油印本，1991 年）

8.《上海近代藏书纪事诗》（与宋路霞合著，华东师范大学出版社，1993 年）

9.《梦余词》（自印本，1995 年）

10.《和观堂长短句》（与马祖熙合著，油印本，1995 年）

11.《移情小令四种》（自印本，1996 年）

12.《移情小令四种、退密楼怀人诗、退密楼怀七言律诗钞》（自印本，1996 年）

13.《安亭草阁词》（八卷，自印本，1999 年）

14.《退密文稿》（自印本，2000 年）

15.《红豆词唱和集》（自印本，2001 年）

16.《鱼韵唱和三百首》（金翔、矫健编，自印本，2001 年）

17.《言言斋古籍丛谈》（周越然著、周炳辉编、周退密校。辽宁教育出版社，2001 年）

18.《捻须集》(自印本，2002 年)

19.《退密诗历》(自印本，2004 年)

20.《退密楼五七言绝句》(自印本，2004 年)

21.《退密楼七言律诗钞》(自印本，2004 年)

22.《退密词综》(自印本，2004 年)

23.《退密存稿》(自印本，2004 年)

24.《周退密书法集》(香港华夏文化艺术出版社，2006 年)

25.《退密诗历续编》(自印本，2007 年)

26.《退密杂著》(自印本，2007 年)

27.《退密楼墨海萃珍》(自印本，2008 年)

28.《退密诗历二续》(自印本，2009 年)

29.《九九牧歌》(自印本，2009 年)

30.《石窗翰墨》(《小得斋丛书》之五,香港书艺出版社,2010 年)

31.《周退密手临瘗鹤铭》(《俟高轩翰墨丛书》第一种，2011 年)

32.《周退密诗文集》(黄山书社，2011 年)

33.《吟边墨痕》(《小得斋丛书》之八,香港书艺出版社,2011 年)

34.《退密诗历三续》(自印本，2011 年)

35.《退密诗历四续》(自印本，2012 年)

36.《珠玉冰心:周退密、徐续、张牧石墨薮》(《小得斋丛书》之九，香港中国艺术家出版社，2012 年)

37.《周退密致冯寿侃诗文翰札》(箐磊轩主人藏编，自印本，2012 年)

38.《退密诗历五续》(自印本，2013 年)

39.《周退密先生自书诗》(《三老吟草》之一，周退密、何满子、吴小如著，萧跃华主编，中华书局，2013 年)

40.《红豆词唱和集》(修订本，自印本，2013 年)

41.《周退密致陈巨锁翰札》(陈巨锁编，三晋出版社，2013 年)

42.《周退密致吴定中诗札》(香港银河出版社，2013 年)

43.《鱼韵牧歌》(田遨、周退密著，王海峰编，中国文联出版社，2013年)

44.《退密诗历六续(附：退密文稿补编)》(自印本，2014年)

45.《退密文存》(开卷书坊第四辑，上海辞书出版社，2015年)

46.《石窗翰墨》(许全胜编，线装自印本，2018年)

47.《立雪：宽斋藏周退密诗翰》(沈迦编注，物外社，2018年)

48.《周退密先生题签集》(沈迦编，物外社，2019年)

49.《宁波湖西周家》(与周昌铭等合著，物外社，2020年)

50.《周退密书法集》(上海市文史研究馆编，2020年)

51.《石窗老人遗墨：周退密致王蛰堪翰札》(自印本，2020年)

(注：本目录仅列先生中文作品。先生早岁习法语，后专业从事外语教学，并参与编纂《法汉词典》，其西文著述详见前页《年谱简编》。)

编后记

动念编辑周退老的纪念集，是在老人刚去世的那一周。媒体一下子出现很多怀念的文章，让这位“退密”了一生的老人最后以热闹的姿态谢幕，这是出乎我意料的。退老健在时，我帮他编过几本书，于是再次萌生为他编本纪念集的想法。感谢退老孙女、远在澳洲的周京女史的首肯，有了家属的支持，我的征稿变得名正并顺利。

纪念周退密，纪念他的什么？首先当然是他的文化成就，诗词与书法，堪称“双峰并峙、二水深流”。

我其实是在退老的晚年才接触到他的书法，当时惊为天人，后有幸登门拜识，从此以“退粉”自居。我曾任性地给当时尚健在的文人书家排了座次——状元饶宗颐，榜眼周退密，章汝奭屈居探花。周边爱好书法的朋友不少，我这么说，他们基本认同。还有人将退老与张充和相比，两人正好同龄，认为不论是书法还是诗文，退老都不在“最后的民国闺秀”之下。

一个擅书法的朋友在坊间淘了幅退老的书作，然后与我谈老人的笔墨功夫。我说这个老爷爷临池百年，仅凭这一纪录，古今都罕有其匹。临池是书法的基本功，如同站桩之于习武。退老有家学渊源，自幼就在写得一手好字的父亲的督导下临池，六岁读小学时，已能用毛笔写不少字。他又高寿，过百岁后还保持字课，目前所见最晚的书作落款一百零六岁。说他临池百年，是实打实的。

二十世纪七八十年代，他的毛笔字即得老辈、同辈学人青睐，郑逸梅、施蛰存、陈声聪、程千帆、沈祖棻、孔凡章、吴藕汀、吴小如、冯其庸等纷纷请其为自己的书斋、著作题匾、题签。综观退老一生，为师友题写斋名多达百幅，题签更有两百多种，足见学界对其书法的推崇与厚爱。程千帆认为其书艺不亚于启功、顾廷龙，“启元白太熟，故不免近俗，顾起潜更不敢放手，似又低一筹……”这些写在私人书信里的“吐槽”，其实代表了圈里人的真实视角。

退老的书法成就其实是与其诗文功底相辅相成的，这也是中国书法一直以文人字为正脉、以雅正为旨归的奥秘所在。

他出生江南旧家，从小接受的是传统文化教育，后虽从事外语教学，但对传统文化的喜爱从未间断。负笈震旦时幸遇沈迈士先生，一生立雪程门。四十年代又与施蛰存同事，因着共同的对金石、古籍、诗词的爱好，亦师亦友终生。二十世纪八十年代初，从上海外国语学院退休后更是潜心诗文，从徐行恭、陈声聪等诗坛名宿游，艺臻高妙。他的诗词师法历代名家，入而后出，其诗温厚平和，如清泉流泻，雅淡而自然。词则天然神秀，如神工造物，清丽又飘洒。有评论家认为，其诗中“霁月光风之气象与夫海纳百川之襟抱尤见仁者之涵养修为，揆诸当代诗坛，实不多觏也”。

退老学问、成就都很高，但他不求闻达，没有名人意识、作品意识，更不会自我炒作。今天见到的他的书法作品，绝大多数是书信，当时随手写，没把它当作品，也正因此，字里行间的率性天真，成就为最好的作品。他的诗文也是这样，言为心声，下笔很快。据不完全统计，一生写诗填词达七八千首。我曾听师母打趣：“唐诗三百首，你早超过了。”他的诗文数量多，两三年即可结集一册，但他几乎不主动谋求正式出版，多以朴素的自印本在友朋中小范围流通。“名利场中无此人，潜修隐德信无论。”这是他晚年写给朋友的诗，其实也是自我写照。

许是因退老的长寿及淡泊，与我们生活在同一时代，以致我们淡忘了他的时代。他是民国三年（1914）生人，与今天隔着一个多世纪。若报出几个与他同龄的人，或有助于我们认识并归位他的时代。前面提到过张充和，生于1914年的文化名人还有苏青、杨沫、周而复、杨联陞、王瑶，若把聚焦的1914年前后推移一点，这张时代文人的名单里还会出现萧红、邓拓、胡乔木、周一良等。历史像故事片，叠加些定格的黑白人像，就像纪录片了。我们在过眼二十世纪中国纵横诡谲的风云时，也能窥见一代人同做时代必答题时的蹉跎心迹。

刘梦芙先生在为《周退密诗文集》撰序时这样评价退老的宝贵：“盖二十世纪百年间风云变幻，沧海横流，吾国旧有文化所遭劫难尤为深重，处兹礼崩乐坏、学绝道丧之世，知识人逐名利、堕气节者不知凡几，清介独立、自守家珍如先生者岂易易哉！”从这个角度看周退密和他的时代，或有助于明白他的“退密”之道。中国人讲“活着”，清介独立、自守家珍，走过一百零七年，岂易易哉！

编辑这本纪念集，应该就是出于如上的理解与感怀。

本书内容分三编，上编取名《海上仙人》，算综述，收了退老九十年代初期撰写的一篇《自传》，然后有些老照片、书法作品。他的书艺很高，面目也多，但这本书不是书法集，只能收他各时期的代表作品，期能窥斑见豹；中编《嘤鸣之声》，收录他健在时师友与他的唱和，其中多是二十世纪的文坛名家。衣冠重文物，诗酒足风流。另外，他健在时已发表的采访记、述评也收在这里；下编《念远怀人》，选录他去世后，很多人撰写的怀念文章。书后还有附录，是我编撰的《周退密先生年谱简编》与《周退密先生中文著述目录》，开启人物研究，这是基础文献。这本书，看起来像是一个文化老人的漫长岁月故事，但作为编者，我更期待，您将它视为一个读书人如何面对时代与生活的故事。

最后，要对乐府文化与它的总编辑涂涂说声谢谢，当责任编辑黄珊珊对涂总说起周退密时，他说他有三大本的《周退密诗文集》，于是，我们就此接上了头。

沈迦

2021年9月17日改定于温哥华

窗外（周京摄于安亭草阁）